地球村系列

烽火邊緣 愛的約定

Love By the War Zone

作者 葉子豪
攝影 蕭耀華

約旦簡介

地理位置 位於阿拉伯半島西北方的「肥沃月灣」，北鄰敘利亞，南瀕紅海，東北與伊拉克交界，東南與沙烏地阿拉伯接壤，西與以色列及其控制的約旦河西岸相望。沙漠占國土面積百分之八十以上，著名景點死海為世界陸地最低點。

面積 約八萬九千三百多平方公里。

人口 約六百七十五萬人，百分之九十八為阿拉伯人。

語言 官方語言為阿拉伯語。

首都 安曼。

氣候 大部分地區屬亞熱帶沙漠氣候，西部山地屬夏乾冬雨的地中海型氣候，年降水量不足五百公厘，水源有賴冬季雨雪。

經濟 磷礦年出口量達六、七百萬公噸，僅次美國及摩洛哥；肥料、紡織成衣、食品、塑膠等輕工業有一定發展；水資源短缺，可耕地占國土面積百分之十，蔬果勉強自足，主食類米、麥有賴進口；著名景點佩特拉、杰拉什的古城遺蹟，與死海、瓦地倫的自然奇觀，每年吸引大量觀光客。

宗教 百分之九十以上人口信仰伊斯蘭，百分之六信奉基督宗教。

黎巴嫩
貝魯特
敘利亞
大馬士革
地中海
戈蘭高地
伊拉克
伊爾比德
達拉
魯威西
南薩
馬夫拉克
杰拉什
札塔里
臺拉維夫
約旦河西岸
安曼
耶路撒冷
加薩
死海
加薩走廊
約旦
以色列
沙烏地阿拉伯
窪地芬難
佩特拉
埃及
沙格拉
阿巴西亞
艾拉特
阿卡巴
塔巴
紅海

自序

源自臺灣的中東傳奇

說到中東，您會想到什麼？是金碧輝煌的杜拜、財大氣粗的產油國？還是沙漠中的坦克殘骸、面露兇光的恐怖分子？

長久以來，世人對中東的印象，多半集中在石油能源及戰爭衝突。從二十世紀的五次以阿戰爭、兩次跨世紀的美伊大戰，到最近的「阿拉伯之春」革命、敘利亞內戰，生靈塗炭的場景不斷在當地上演。

千年百戰的滄桑，不禁令人感嘆，那人類古文明發源地，數十億基督徒、穆斯林的心靈故鄉，爲何自古至今都脫離不了戰略利益的競逐、族群教派的糾葛，欲求和平無爭的「文明」卻不可得？

所幸兵連禍結之地，猶有一方安穩樂處，被以色列（及約旦河西岸占領區）、敘利亞、伊拉克、沙烏地阿拉伯與埃及環繞的約旦，因內部情勢穩定，四十年來又以靈活的外交政策避免捲入戰爭，成爲中東少有的和平國度。

巴勒斯坦、伊拉克及敘利亞的難民，都想盡辦法逃到這個由伊斯蘭先知穆罕默德後裔稱王主政的王國。儘管沒有產油、資源匱乏、財政困窘，約旦君王與人民依舊發揮人道精神，讓數以十萬計的各國難民在境內安身，因此約旦人稱自己的國家爲「愛的庇護所（Beloved Shelter）」。

來自臺灣的慈濟人，也在這個不算富裕，卻擁有珍貴和平的國家留下愛的足跡。自一九九七年創立設點以來，這個人數一向不多的志工團體，不僅關懷約旦本土的社福機構和貧民聚落，也對從外國逃過來的難民伸出援手。

他們曾在二○○三年美伊戰爭後，進入伊拉克發放糧食及藥品，也曾善用通曉伊斯蘭世界民情的優勢，協助臺灣本會援助伊朗及巴基斯坦大地震。及至敘利亞內戰爆發，新一波難民潮湧入，又再次發揮「無緣大慈，同體大悲」的精神，將臺灣的愛心澤被於顛沛流離的苦難人。

二〇一二年底至二〇一三年初，我們有幸前往約旦，見證、記錄當地慈濟志工關懷本土貧民、救助敘利亞難民的行誼。在爲期一個月的採訪中，走訪了情勢緊繃的約旦、敘利亞邊界要塞，遇見火線餘生的倖存者；在難民營及邊區城鎮的角落，看到戰爭受害者無法消除的彈痕、年輕卻已成殘的軀體。

婦女掩面落淚、青年茫然無著、孩子們歌唱充滿詛咒的童謠，戰火不只奪走生命，也創傷人心、扭曲人性。而慈濟人幫助難民，不只提供救命的物資，也盡力療癒心靈傷痛；他們在發放現場播放臺灣志工募集冬衣的影片，讓難民看見半個地球之遙，有數以萬計的善心人士在關懷他們。

以九十度的鞠躬、柔和的言語，讓被幫助的人感受到眞誠的尊重。在施與受雙方相互擁抱、憂鬱的臉露出笑容的當下，相信難民對未來的想像，不再只有戰爭、殺戮與茫然。

相對於敘利亞難民離國出走多時，積蓄用盡、生計無著的煎熬，生於斯長於斯的本土貝都因人，雖然窮到近乎一無所有，甚至比難民營裏能獲得免費醫療及食物的敘利亞人還匱乏，卻有著安住故鄉的篤定。

慈濟志工前往大漠中的貝都因部落訪視關懷，十多年如一日，雖然提供的物資有限，但彼此之間卻已建立了親如一家的友誼。一杯甘甜溫暖的紅茶、一個盛裝善款的存錢筒，表達了眞誠護持志工朋友的情義，也示現了他們不爲貧窮所屈服的精神。

當然，人能弘道，非道弘人，這一切的愛心成就，都要歸功於付出無所求的志工。十六年下來，儘管志工團隊仍維持「小而美」的規模，但組成卻已多元化、本土化。而且每位志工的生命故事，都可說是「小人物、大歷史」。

一九九七年，慈濟志工林慧眞女士隨著外交官夫婿遷居約旦，接引臺灣僑民展開關懷當地貧民的慈善工作。

出身海軍陸戰隊莒拳隊的陳秋華，二十五歲那年被國防部派往約旦，幫助胡笙國王訓練軍警，並應王室邀請留在當地推廣跆拳運動；四十七歲受林慧眞感召加入慈濟行列，善用在約旦耕耘二十多年所結的好緣，進行「菩薩招生」。

如今志工成員中，有年輕時適逢臺灣經濟奇蹟的職場女性，遇到前來做生意的約旦青年，爲愛走天涯遠嫁中東，老來成了阿拉伯小孩的「臺灣阿嬤」，也跟著慈濟去愛更多孩子。也有人原是半調子穆斯林，在參與後改掉不良習氣，成爲親友眼中的虔誠信徒。

還有原居於耶路撒冷的巴勒斯坦基督徒，忘不了一九六七年以阿「六日戰爭」時被迫逃離家鄉的傷痛，而今發揮同理心，跟著來自東方的「好撒瑪利亞人」，關懷同遭戰亂之苦的敘利亞難民。

不同種族、不同宗教的人合作無間，同師同道同志願，在信仰自由、包容性高的臺灣或許不足爲奇，但在宗教壁壘分明、教派衝突激烈的中東地區，卻是甚難希有的組合。更可貴的是，他們頭頂中東的藍天、腳踏約旦的大漠，救助的對象是阿拉伯人，卻把榮耀都歸於臺灣，歸於證嚴上人所在的心靈故鄉。

這是源自臺灣的中東傳奇，是值得我們感到光榮的事蹟，但身爲第一次寫書的新手，面對大量的第一手紀錄、口述故事以及波瀾壯闊的中東歷史，我只能盡力將所有文史資料去蕪存菁、整合呈現。

由於中東為人類宗教重要發源地，本書內容亦涉及宗教歷史背景，為求眞實正確，我在書中使用的宗教名詞與臺灣慣用語稍有不同。首先，國人習慣以「基督教」一詞，稱呼十六世紀馬丁路德推動歐洲宗教改革後產生的新教派，但許多書籍著作也常以「基督教」一詞，涵蓋所有信仰基督的教會。

為了避免混淆，我改用宗教學界常用的「基督宗教」一詞，通稱耶穌及其門徒所創的初期教會，以及後期衍生的科普特教會、羅馬天主教、東正教、基督新教等諸支系，並泛稱其信徒為「基督徒」。

另對「回教」、「回教徒」、「回教世界」的俗稱，則與國際接軌，使用其原本用語，分別以伊斯蘭、穆斯林及伊斯蘭世界稱呼。其中，伊斯蘭（Islam）的阿拉伯原文意指「歸順、服從、安寧、和平」，而信仰伊斯蘭的人即為穆斯林（Muslim），意為順從眞主的人。

期待此一初試啼聲之作，能讓讀者開卷獲益，培養更寬廣的全球視野，以及「慈悲等觀」的國際觀。亦歡迎歷史、宗教、國際關係等相關領域先進審閱賜教，以助「報眞導正」。

目錄

春風撩戰火

一名約旦軍官居高臨下，眺望蘇內比谷地，對岸就是敘利亞領土。該國內戰爆發後，大量難民趁著夏秋乾季越過谷地，進入約旦境內尋找安身立命的機會。

二〇一二年冬，敘利亞南部邊界，狙擊手就射擊位置，槍上的瞄準鏡浮現出婦人帶著小孩，倉皇逃命的身影。「再往前走就是約旦了。」母親抱著嬰兒、牽著小男孩，悽悽惶惶地向前走，若能平安越過邊界，就能脫離內戰烽火，躲過政府軍和反對派的槍林彈雨，保住自己和孩子們的性命。

然而，槍的主人並沒有放過他們，計算距離、修正風偏後，放慢呼吸，在最平穩的狀態下扣下扳機。「砰！」撞針擊發底火，尖銳彈頭藉由火藥推進衝出槍管，在空中畫出近乎直線的彈道，飛越數百公尺，射中行進中的目標。

婦人沒有倒下，子彈卻擊穿了嬰孩的頭顱，小小的身軀失去了生命跡象。緊抱著染血的嬰兒遺體，驚慌又悲傷的母親不敢稍有遲疑，帶著倖存的小男孩繼續往前行。

「爲什麼？爲什麼要把土蓋在弟弟身上？」哀傷的葬禮中，小男孩坐在墳墓邊，不解地看著大人們正進行的事。人死不能復生，來不及長大的敘利亞嬰兒，孤淒地被埋進異國的土地裏，成爲人道救援志工口中，另一個令人鼻酸的故事。

大難不死的敘利亞難民，在約旦邊防軍收容所等待後送至難民營，他們在家園蒙受生命危險，卻在鄰國獲得保護。

根據聯合國統計，敘利亞內戰已奪走超過十萬條人命，迫使兩百多萬人逃往約旦、土耳其、黎巴嫩等鄰國。爭取民主自由的抗爭，最後竟演變成家破人亡。延續長達三年的內戰，不僅許多「離國出走」者始料未及，也令外人感到震驚——是什麼樣的深仇大恨，使同胞相互殘殺，連小孩都不放過？

敘利亞內戰，是二〇一〇年歲末「阿拉伯之春」民主運動中令人遺憾的挫敗。是年十二月中旬，北非突尼西亞一名失業的大學生，因無照擺攤遭警察取締，憤而引火自焚，雖經搶救仍不幸於隔年一月往生。小民之殤引爆了累積已久的民怨，飽受失業、貧窮之苦的民眾，不滿上位者貪污腐敗、箝制自由，以遊行、罷工的方式展開抗爭。

群眾運動從事發的南部城市蔓延到首都突尼斯，執政長達二十三年的班・阿里（Ben Ali）總統下令警方鎮壓驅趕，並調軍入城戒嚴宵禁，試圖以高壓手段遏阻，但終究不敵人民力量，於一月十四日逃往沙烏地阿拉伯。由於突尼西亞國花爲茉莉花，該國的民主運動因此被稱爲「茉莉花革命」。

從大學生自焚到總統出逃，突尼西亞人民僅用一個月時間就推翻「萬年執政者」。藉由電腦網路傳播，茉莉花革命的訊息很快傳遍全球，其他阿拉伯國家的人民受到鼓舞，也發起大規模的反專政運動。

二月中，阿拉伯國家中人口最多的埃及，執政長達三十年的強人總統穆巴拉克（Mubarak）倒臺，被捕受審。茉莉花風潮在北非、中東遍地開花，擴大成了「阿拉伯之春」。

受到突尼西亞、埃及群衆的鼓舞，敘利亞人民也掀起反專制爭自由的怒潮，二〇一一年三月，各地爆發反政府抗爭，但當局卻以武力鎮壓。眼見和平手段無望，反對派拿起槍桿，組成「敘利亞自由軍」等武裝團體對抗，政府軍則以戰機、坦克、重炮回應，烽火綿延不息。

從阿拉伯諸國的情勢來看，人民期待的「春天」能否降臨敘利亞？軍隊動向是一大關鍵。以突尼西亞、埃及爲例，軍方在緊要關頭不是保持中立，就是站在民衆這一方，使得班・阿里、穆巴拉克等強人面臨

巴士開入約旦軍方臨時收容所，接送敘利亞逃難者至札塔里難民營，這是冒死逃亡的終點，也是寄人籬下的起點。

「衆叛親離」的孤立局面，不得不交出政權，向人民力量低頭。

然而，敘利亞的軍民關係很不一樣。現任總統巴沙爾・阿塞德（Bassar al-Assad）的父親哈菲茲・阿塞德（Hafez al-Assad），於一九七〇年奪取政權後，就大肆整肅異己安插親信，牢牢掌握黨、政、軍大權。統治集團形成一個利益共構體，軍隊以維護高層利益、鞏固當局統治爲首要任務。

再者，敘利亞人多爲遜尼派（Sunni）穆斯林，兩代阿塞德總統出身的阿拉維派（Alawite），則爲伊斯蘭什葉派（Shiite）支系，占敘國人口比例不及一成五。遜尼、什葉兩大支派對立長達千年，彼此間的衝突久爲伊斯蘭世界的心腹大患。敘利亞的內部紛爭，也因摻雜了教派對立的變數而更加激化。

血腥衝突早有前例，一九八二年二月，因遜尼派穆斯林兄弟會激進分子暗殺軍政要員，老阿塞德總統下令政府軍出兵討伐，對其大本營哈馬市（Hama）發動攻擊，毫無分別地對城中敵陣與住民投射火力。在長達三週的戰事中，激進武裝分子死於戰火或被俘處決，無辜的老百姓則有將近四萬人死亡。

三十年前哈馬市慘遭血洗，今日敘國全境烽煙四起，血濺如花，爭權奪利加上教派分歧，讓原本該保國衛民的政府軍，成爲統治集團的私有武力。出身特定族群的政府軍將士，並不把對百姓開火當成骨肉相殘的暴行，反而視爲剷除異己的戰鬥。

「他們認爲殺死遜尼派穆斯林是無罪的，若是再加以凌虐，還會得到更多的恩賜與福報。士兵們每殺害一個遜尼派的人，可獲得獎金一萬敘鎊（約一百美金）。」一位華裔敘利亞媳婦，難以置信地轉述當地人的說法。

經過多年建制，敘利亞政府軍兵力超過三十萬，配備兩千多門各式火炮、四千多輛坦克、四百多架戰機；雖然大多是前蘇聯製造的舊式武器，難敵美軍或北約的現代化武力，但對於沒有制空權，又缺乏重裝備的反對派來說，仍具戰鬥優勢。

自知硬實力不夠，敘利亞自由軍等反抗勢力，大多採取游擊戰術「蠶食」對手。遇強則游、遇弱則擊的打法，讓執政當局無法以一戰定江山，但相對的也拖長了戰爭的期程，讓內戰綿延更久。

為了消滅反抗軍及其支持者，政府軍故技重施三十年前蹂躪哈馬市的手段，無情地轟炸市街民居，濫捕濫殺無辜百姓。許多服過兵役的後備軍人家破人亡，憤而重拾槍桿與當局對抗。

對於不認同當局的現役官兵來說，向百姓開槍無異於屠殺親人，於是紛紛投靠反對陣營，調轉槍口攻打自己的同袍和長官。如敘利亞自由軍的指揮官利亞德．阿塞德（Riyad al-Assad）即為前政府軍空軍上校，而目前已知叛逃的高階軍官，甚至達到將領層級。

自願投入的民兵，加上倒戈投奔的正規軍，讓自由軍等反政府勢力日漸增長，而熱血青年則把推翻當局視為救國之道。但也有人擔心，阿塞德集團雖然威權專制，但至少走世俗化路線，容許各宗教信眾擁有一定的信仰自由。可是反抗陣營中的激進分子，還未取得江山，就已對控制區內的非穆斯林族群如基督徒百般迫害。一旦敘利亞「變天」，激進分子上臺掌權，未來的宗教族群問題可能更加惡化。

除了國內民心向背，外國勢力的角力周旋，也使得情勢更加複雜。

美國、歐盟以及阿拉伯國家聯盟，已明確表態支持反對陣營，並各自採取禁運、中止投資等行動，制裁敘利亞當局。

但中、俄卻主張敘利亞的問題，要由敘國人自己解決，反對外國勢力強行介入，並數度否決聯合國制裁敘利亞的議案。敘國反對派於是將兩國視為阿塞德陣營的支持者，被迫逃到鄰國的敘利亞難民，也因此對中、俄抱持敵視態度，認為自己會家破人亡、流離失所，就是因為這兩大國助紂為虐所致。

戰區的高度危險，加上詭譎多變的情勢，人道援助很難進入敘利亞境內，國際社會於是把關懷重點轉向逃到鄰國的敘國難民身上。

為了幫助難民，歐盟與阿拉伯國家提供資金、物資及醫療援助，遠在數千公里之外的臺灣也沒有缺席；慈濟約旦分會將來自寶島的愛心，面對面送達敘利亞難民的手中。

離國出走避烽火，難民身流離心飄泊，一紙蓋著聯合國印記、英阿文並列的難民證，是他們賴以居留他國的憑證。

「我們規畫在難民營裏發放，一個區塊一千五百戶，四個區塊就是六千戶，總人數達四萬六千人。」約旦慈濟負責人陳秋華，道出了二〇一二年六月，聯合國宣布敘利亞進入內戰狀態後，最初的援助構想。

當時志工們想進去發送食物，希望讓難民一打開罐頭就可食用，然而實際執行卻是困難重重。因身受家破人亡、顚沛流離之痛，加上營區裏環境克難、生活艱苦，群衆情緒不穩，很容易引發暴力衝突，如約旦境內最大的札塔里（Zaatari）難民營，就曾爆發嚴重的警民衝突，造成二十六名安全部隊人員受傷。

尤其難民認爲中國支持阿塞德當局迫害人民，普遍有排華心態，臺籍或華裔的慈濟志工不免成爲遷怒的對象。因此，當時主管難民營事務的約旦皇家哈希米組織（Hashemite Charitable Organization）基於安全考量，婉拒了慈濟志工入營發放的好意。

「我想要一個帳棚、一個帳棚地發放，但他們說不行。你若進去會被打死！」難民營進不去，陳秋華爲此煩惱了兩個月。直到一天做早課時，領悟到證嚴上人彷彿對他開示說：「憨弟子，難民營裏的是難民，難民營外面的也是難民啊！」

一念心轉，志工們不再執著於難民營的「圍城」，轉而關照流落在約旦大城小鎮的敘利亞難民家庭。其實那些向約旦人租房子，自謀生路的流離者，人數比難民營裏的收容者還多，處境卻好不到哪裏。

在約旦籍親友擔保下，他們離開難民營，可以自由行動、居住，但相對於克難卻「包吃包住」的營內生活，擁有自由的同時，也意味著房租、生活費都要靠自己。

祖國戰事曠日持久，歸鄉之日遙遙無期，滯留約旦的時間，從一、兩個月延長到兩、三年，許多人盤纏用盡，生活開始出現問題，或為槍彈所傷成為殘障，失去謀生能力。於是，約旦慈濟人走入難民營外的城鄉暗角，甚至是第一線接觸敘利亞難民的邊塞。

慈濟志工在約旦官員安排下，攜帶一百條毛毯、兩百多瓶飲水及七十公斤餅乾，來到北疆伊爾比德省（Irbid）南薩（Ramtha）段的邊防據點，為營區內的難民臨時收容所補充糧食。

由於到訪的前一天，該據點的一名士兵為接應難民，遭敘利亞狙擊手射殺，當天指揮官前往參加告別式，改由副指揮官接待。踏上眺望臺遙望黑夜中若隱若現的山谷，上校軍階的副座解說敘國難民，如何越過谷地邊界逃到約旦的過程。

「自由軍車輛先把難民載到山谷下躲避，等到日落後再快跑穿越峽谷到達約旦境內；常有人半途就遭敘利亞政府軍射殺，能幸運到達邊境的人，再由約旦軍方接應，但我們每次僅能以一部四輪傳動小卡車接應七人。」副指揮官表示，還有人是穿越峽谷，爬山越過邊境，但一直要等到入夜後才能逃過來；在缺糧缺水的情況下，常有人在半路暈倒或死於途中。

副指揮官話才講完，無線電對講機就傳來快報，接應到一位逃過邊界的難民。於此同時對面的敘國地界，黑暗中亮起了一閃一閃的光點，那是敘利亞自由軍打的訊號，表示有人要過來了。

不久，一輛軍車緩緩從谷底小路開上來，陳秋華立刻請志工傑米（Jameel）拿出瓶裝水，待難民下車立即雙手奉上。那是志工第一次面對面，把愛心物資親手贈與敘利亞難民。「我從今天上午十點走到現在，一路上都沒吃沒喝……」驚魂未定的難民又渴又累，一口氣就喝下半瓶水。

當天，志工參訪的邊防軍據點共接應了六個難民，分別是三名男子、一對夫婦和他們的小孩。有感於秋意已深、入夜漸冷，志工送每人一條毛毯、一盒七百公克的餅乾、兩大瓶礦泉水，以及兩盒起司，讓劫後餘生的他們暫時免於飢寒，養足精神面對即將展開的新生活。

約旦民衆盛傳，爲了防止反對派成員及其家屬潛逃出境，敘利亞當局不惜僱用外籍狙擊手，進駐邊界射殺自己的國民。槍彈無眼、殺手無情，卻擋不住如潮水般湧向鄰國的難民，不少人一槍斃命或傷重不治，但有更多人願冒死越界，即使負傷也要忍痛逃離戰火。

由於約、敘兩國同爲阿拉伯國家，語言相通且信仰、習俗相近，異國同族的聯姻十分普遍。因此，基於血緣與人道援助，約旦政府與人民多能友善對待敘國難民，並盡力給予協助。

訪視關懷邊界第一線後，志工也展開城鄉社區中敘利亞難民家戶的發放及訪視。

身爲約旦跆拳道開路先鋒的陳秋華，在昔日弟子的引介下，結識了

逃到約旦的敘利亞難民多半租屋而居，其中醫護人員甚至與約旦本地善心人士合作，在公寓開設重傷患收容中心，幫助中彈的同胞療傷復健。

由伊斯蘭善心人士創辦的阿爾塔卡富（Altkaful）慈善組織，結合穆斯林弟兄的在地力量，分別在南薩地區尼安美鎮（Neame）及撒哈何蘭鎮（Sahel Houran），展開物資發放。

「來領物資的民衆，看到陌生的外國臉孔，一開始是抱著懷疑及不信任的態度，有的民衆還會問，物資是從哪裏來的？才決定要不要領。」陳秋華表示，對於大多數支持反對派的敘國難民來說，黑髮黃皮膚的中國人是阿塞德的幫兇。因此，對於臺籍或華裔人士的發放作爲，除了懷疑，也多少帶點「不食嗟來食」的排斥心態。

幸好經過解說，難民們放下了心中的疑慮；有人露出靦腆的笑容，有人激動落淚。在尼安美鎮的首次發放，嘉惠了三百六十八戶；撒哈何蘭鎮的發放，幫助了五百五十一戶。慈濟生活包暫時紓解了他們物資匱乏、金錢用盡的生活壓力。

令我印象深刻的是，身穿白袍、戴白帽，留大鬍子的伊斯蘭教長，也加入了搬運發放物資、關懷的行列。不同宗教合心爲善，慈濟援助敘利亞難民的第一步，步伐不大卻踏得扎實。

千年古都成斷垣

敘利亞物產豐饒、人文薈萃，自古以來即為中東精華區，首都大馬士革老城區內千年古蹟林立，為聯合國核定的世界文化遺產。（攝影／馬儁人）

因戰亂不斷，敘利亞早被臺灣外交部列入紅色旅遊警示名單，也就是不宜前往的地區，駐留當地的臺籍留學生、商旅人士更是早早離境，返回臺灣或轉到安全的鄰國。

斷垣殘壁、戰機、坦克、進擊的士兵與逃難的婦孺，勾勒出人間地獄景象，讓人幾乎遺忘了，在子彈貫穿胸膛之前，這個地處歐人所謂中東，臺灣稱之為西亞的古國，曾有過令世人歎為觀止的輝煌。

敘利亞位於「肥沃月灣」的西北部，北望土耳其的安納托利亞高原，西迎地中海之風，東鄰伊拉克，南接約旦、黎巴嫩、以色列三國。

從世界古文明分布圖來看，這個位置可謂「左右逢源」，其東邊鄰國伊拉克境內的美索不達米亞平原，得益於幼發拉底河與底格里斯河的潤澤，早在西元前三千多年就孕育出著名的兩河文明，創造出世界上最早的文字及律法典籍，鐘錶所用一分鐘六十秒、一小時六十分鐘的六十進位法，也是兩河流域先民的貢獻。

而敘利亞南邊的「上帝應許之地」，也就是由今約旦、以色列、加薩走廊、約旦河西岸組成大巴勒斯坦地區，亦不遑多讓。居住於當地濱

大馬士革的烏瑪雅大清真寺，悉由基督徒的禮拜堂改建而成。二〇〇一年五月，教宗若望保祿二世入寺參訪，並禮拜聖者約翰的遺跡，為基督宗教與伊斯蘭的和解交流寫下歷史紀錄。（攝影／馬儁人）

海城邦，精於航海通商的先民腓尼基人，爲世界上第一個書寫字母的民族，所用的二十二個字母，堪稱ABC的老祖宗。著名的耶路撒冷，更是猶太教徒、基督徒及穆斯林共同尊崇的「三教聖城」，全球一半以上人口的信仰寄託。

若把敘利亞周遭的文明地圖範圍放大，不難發現北非的金字塔古國埃及、南歐哲學與神話之邦希臘、亞洲古代強權波斯，距離它都不遠。

在多樣文明薰陶、本土物產豐饒，以及地處歐、亞、非三洲樞紐等有利條件下，敘利亞早在西元前就是人文薈萃、經濟富裕之地，首都大馬士革甚至被阿拉伯人讚歎：「人間若有天堂，大馬士革必是其中之一；若天堂只應天上有，大馬士革必與之齊名。」

但也因爲地理位置優越，敘利亞諸城自古就是兵家必爭之地，八〇年代臺灣高中歷史課本《世界文化史．上冊》有段描述，貼切地說明了當地的重要性：「控制敘利亞，等於控制了伊朗、中亞到地中海的商路。」

爲了稱雄於天下，波斯、亞歷山大、羅馬、拜占庭（即羅馬帝國東西分立之後的東羅馬）、阿拉伯、十字軍、鄂圖曼土耳其等強權，都曾用金戈鐵馬的「硬實力」進占這塊土地，在地跨歐、亞、非三洲大帝國的版圖中，敘利亞都是不可或缺的一塊。

然而，天下沒有恆久不墜的朝代，也沒有長生不死的帝王。大漠之風，地中海的浪，淘盡千古英雄人物，而文學、藝術、宗教等「軟實力」，卻能傳之久遠。

「為耶穌施洗的約翰就葬在這裏。」中東鼓演奏家馬儁人點擊滑鼠，電腦螢幕上出現的，卻是敘利亞首都大馬士革的烏瑪雅大清眞寺，一個基督宗教史上的重要人物，竟被後人厚葬於伊斯蘭的神聖空間。乍聽之下讓人不免困惑，但這個傳奇，正是敘利亞宗教人文變遷的見證。

大清眞寺的原址，在羅馬統治期間為敬拜邱比特等希臘神祇的神廟，拜占庭時期基督宗教大興，於是改建成施洗者約翰教堂。西元六六一年，伊斯蘭阿拉伯的第一個世襲王朝——烏瑪雅王朝

（Umayyad）定都大馬士革，敘利亞一躍成爲伊斯蘭帝國的中心，在宗教寬容政策下，基督徒依然保有自己的信仰，施洗者約翰教堂運作如常，但得挪出部分空間，給穆斯林進行一日五次的朝拜。直到七〇五年，烏瑪雅君王瓦立一世（Walik I）才調集能工巧匠，把紀念約翰的教堂，改建爲現在的伊斯蘭聖堂。

施工期間，工人挖到約翰的遺骨，基於對伊斯蘭先知之一爾薩（Isa，即基督徒尊崇的耶穌）及諸聖徒的崇敬，瓦立一世下令在原址厚葬。由於是在基督宗教教堂的基礎上改建，烏瑪雅大清眞寺保留了許多羅馬式的圓拱結構及柱頭，但爲符合穆斯林禁止崇拜偶像的戒律，所有的壁畫、裝飾都除去人像及蟲魚鳥獸圖案，改爲阿拉伯文書法、幾何圖形、花木植物圖案等伊斯蘭傳統圖飾。

古羅馬風格與伊斯蘭宗教藝術的「混搭」，光可鑑人的大理石中庭，金、綠、藍、紅色調組成的繽紛壁飾，讓這座清眞寺展現不凡的華美，與聖城麥加、麥地那、耶路撒冷的大清眞寺齊名，被譽爲世界四大清眞寺之一。

十二世紀，薩拉丁大帝（Saladin）一統分崩離析的阿拉伯，驅逐十字軍，收復聖城耶路撒冷。庫德族出身的他，將國都設在大馬士革，並埋骨於此，阿拉伯人居多數的敘利亞，也將他視同民族英雄，造像紀念。（攝影／馬儁人）

若當時的中國文人有幸到此一遊，當會題詩一首，讚歎大馬士革之盛，賽似大唐長安城。千年古風悠悠，現代化的氣派亦有可觀，行入首都精華區，大道筆直，車流有序，華廈巍巍，公園如茵，穿著入時的男女從容而行，與歐美都會幾無差別。

如要品味正宗的阿拉伯民風，就得到傳統市集轉轉。由堅果和糖絲做成，油亮亮的甜點，讓人光看就血糖上升；精雕細琢的阿拉伯水煙管，即使反菸人士也會想買一支當裝飾；畫攤子上，美女與聖地的圖像掛在一起，分別呼應世俗與宗教生活的需求。更特別的是，一個販售女性內衣的攤位，竟由一對未成年小兄弟看顧，小男孩不覺彆扭，反而為自己能分擔家計，露出自豪的神氣。

歷史足跡引人目光，友善民情暖人心房。為了節省旅費，馬僑人充分利用大衆運輸工具，有一次在古城哈馬搭公車，正要掏腰包投幣時，竟獲免費的特殊待遇。「你是外國人，車費就免了！」司機豪邁招待，儘管省下來的車資折合新臺幣不過幾塊錢，卻讓不遠千里而來的他，感受到敘國人民的親切。

身為中東鼓樂演奏家，馬儁人除了參訪古蹟、逛市集，還尋訪名師，選購合適的鼓。有朋自遠方來，不亦樂乎！熱情的樂器業者，請他到家中做客，看到東方面孔的叔叔，孩子們興奮地詢問，外頭的世界長什麼樣？

「他們渴望接觸外界，家境稍微好一點的，就鼓勵孩子們學音樂，希望他們成為音樂家，能到國外去。」馬儁人接著展示孩子們學音樂、練樂器的留影，照片中的小樂手，持小提琴演奏阿拉伯傳統樂曲，小小年紀就接受兩種文化洗禮，也多少反映了敘利亞自古以來文化多元、兼容並蓄的傳統。

「這些小孩現在不曉得在哪裏？也許流落到某個難民營了。」看著螢幕上大人的笑臉，孩童的歡顏，曾任戰地記者、親赴伊拉克戰場的馬儁人感嘆人事全非，昔日共享歡樂時光的敘利亞朋友泰半失聯，是生是死都不知道。

「很可惜，那時候沒有到阿勒坡（Aleppo）去看看。」自認是「半個穆斯林」的他，在二〇〇九年前往敘利亞，遊歷了首都大馬士革、古城

大馬士革的音樂廳，建築語彙融合了現代風格與中東傳統，既氣派又不失典雅。（攝影／馬儁人）

哈馬等地，雖未走遍全境，但對古蹟之美、人情眞善留下深刻印象。如今走過的城市、想去的地方皆已成交戰區，曾經擁有的美好，只能魂縈夢牽。「去過的人都說，不曾到過這麼友善的國家。」馬傿人感慨道。

井然有序的國家社會，才短短幾個月就陷入全面戰亂，敘國的無常令人震驚，但從過往的足跡來看，今日的內戰是長期高壓統治，導致衝突矛盾、驟然爆發的結果。

一九四六年四月，敘利亞獨立建國，旋即陷入政爭、兵變頻傳的亂局，從建國到一九七〇年這二十多年間，只有兩位總統執政超過五年，最混亂的一九四九年，甚至創下一年內發生三次政變的紀錄。大政策方針搖擺不定、對外戰爭失利、經濟不振、教派族群衝突等憂患，讓敘利亞示威暴動頻仍，政局動盪不安。

及至一九七〇年，國防部長哈菲茲．阿塞德發動政變取得政權，混亂失序的局面，更走向另一個極端。如同韓國朴正熙大統領、印尼蘇哈托總統，阿塞德也是以威權專制手段治國，也因此埋下了日後內戰衝突的隱憂。

在當局嚴密監控下，敢與統治集團唱反調者，難逃被情治單位逮捕、拘禁的命運，不少人甚至「人間蒸發」；膽敢拿起槍桿以武犯禁者，一九八二年的哈馬慘案即為殷鑑。

但當局打擊少數反抗者的同時，也不忘推動建設照顧民生，讓大多數國民對生活的改善「有感」，藉以爭取基層民眾支持，消弭不滿情緒。在經濟成長尚佳，資訊還不發達，人民自主意識較薄弱的一九七、八〇年代，「胡蘿蔔與大棒」並用的手段，收到了一定的成效。

異議人士的言論，教派、族群間的矛盾，在威權高壓下一概噤聲，勤奮的人民在此「安定」環境下，配合政府建設腳步努力拚經濟。憑藉著農產豐饒，又有石油、磷礦等資源的先天優勢，大馬士革、阿勒坡等大城工廠雲集，輕工業發達，紡織品、農產品等民生物資充足，滿足內需之外也大量外銷賺取外匯。

儘管敘利亞不像波斯灣產油諸國，富得財大氣粗，但大部分人民皆能衣食無虞，過著小康生活。因此當外國遊客蒞臨大馬士革等地，看到的都是一派生機勃勃、物阜民豐景象；當然，阿塞德父子志得意滿的笑臉，也無所不在地注視著大街小巷，甚至在公車上也看得到他們的圖像。

「即使被包圍封鎖，人民也不會餓死，它有石油和糧食能自給自足。」久居約旦的陳秋華還不忘補充一句：「敘利亞是阿拉伯國家中，唯一沒有外債的國家。」

從一九七〇年至今，阿塞德「父子總統」統治敘利亞超過四十年，然而高壓下的穩定，在時序進入二十一世紀，「兒子總統」巴沙爾・阿塞德就任之後逐漸土崩瓦解。首先是網路資訊流通，讓接受E化洗禮且人數多於父執輩的年輕世代，形成更強的自主意識，不願再屈從一言堂的威權統治。

二〇〇八年的金融風暴，使阿拉伯世界陷入經濟寒冬，敘利亞也難逃池魚之殃。民眾對青年失業、貧窮加劇、官員貪腐、政府濫權的情形益發不滿。

經濟的「胡蘿蔔」已不管用，但當局依舊以「大棒」手段強力打壓人民，終於使情勢惡化到武力相向的地步，加上教派、族群間長久以來的積怨一夕爆發，更使得內戰情勢愈加凶險。

「民不畏死，奈何以死懼之！」參加反抗軍的年輕人前仆後繼，以步槍、機槍和火箭彈等輕武器，對抗政府軍的坦克大炮。擋不住無情的戰爭機器，手無寸鐵的老百姓只能往沒有戰火的地方逃；城市打起來了，就到鄉下避難，當戰火延燒到鄉村，就只能越界到鄰國。

爲了幫助逃到約旦的敘國難民，當地慈濟人除了緊急發放食物，並知會臺灣慈濟本會，希望能募集大量冬衣，幫助滯留約旦的難民，抵擋地中海型氣候區低溫、雨雪交相侵襲的冬季。

在證嚴上人登高一呼，慈濟志工大力推動下，各地民眾熱情響應，各類衣服如潮水般擁入慈濟會所及環保站，總計募得十八萬八千餘件，分裝成六個貨櫃。「高雄區各環保站的貨車都不夠用了，我還開自己的車幫忙載運呢！」家住高雄左營的志工谷風泰，回憶了當時的盛況。

熱心的民眾挑選較厚實，且不花稍的冬衣送給這些婦女。而因應敘利亞家庭出生率較高的情況，捐贈的童裝、嬰兒服數量頗多，甚至有不

老市集藝品店內，古色古香的器皿、水煙管，連結著阿拉伯世界輝煌的過去，而今內戰烽火四起，昔日繁榮景況只能追憶。（攝影／馬僞人）

少印著中文字的中小學制服。送來的衣物先由志工精挑嚴選，有髒污的馬上剔除，掉扣子的整排換新，而通過檢查、修補的衣服，還得摺得整整齊齊，就像在服飾店裏販售的新衣一樣。

「起初，是請規模較大的環保站收集比較好的衣服，後來大家知道要募冬衣給敘利亞難民，便踴躍地參與。」慈濟三重志業園區志工葉明珠，負責帶領志工整理、打包冬衣，從二〇一二年十月中旬到月底，她嬌小的身影，都隱沒在上萬件捐贈衣物之中。

曾因車禍身受重傷的環保志工黃許秋英，得知需要人手幫忙整理衣服，特地拚著半邊殘障的身體，從六張犁的住處，來到三重園區支援，兩個多星期天天報到。「我只有一隻左手，不能做什麼，有動就好。」把付出當復健的她笑著說。

臺北慈濟醫院趙有誠院長參加志工早會，聽到證嚴上人呼籲捐冬衣助難民，當天就帶動全院醫護響應。院長室專員張雁寒表示，冬衣募集活動爲期一週，醫護同仁約好一天攜帶募來的冬衣，前往三重園區整理打包，把參與人道援助當成慶祝醫師節的活動。

院長、副院長、護理長及主治大夫都彎下腰動手摺衣服、封紙箱，展開另類的守護生命行動，也從中體會到「施比受更有福」。「我們『想要』的比『需要』的多好多啊！」看到許多還很新的衣服成爲捐贈品，有的甚至連吊牌都還沒有拆，中醫師吳佩菁心有所感地說。

六個貨櫃的冬衣和兩個貨櫃的環保毛毯，於二〇一二年十一月下旬，從高雄港啓運航向約旦，在十二月中旬抵達。從貨輪行經的航道來看，南中國海、麻六甲海峽、印度洋、亞丁灣、紅海，與十五世紀鄭和下西洋的航線高度重疊。

古有三保太監率艦隊遠航，宣揚明朝國威，今有萬噸巨輪乘風破浪，載著「臺援」冬衣行向苦難深處，殊勝的人道遠航，讓我回想起那段在軍艦駕駛臺掌舵，親見波瀾壯闊的藍海軍旅。

可惜因緣不具足，無法乘艦側護於左右，只能寄望巡弋於「非洲之角」亞丁灣外海的各國海軍弟兄們，好好守護承載臺灣愛心的「法船」，莫讓索馬利亞海盜趁虛而入。

安曼今昔

約旦曾被羅馬帝國列入版圖，安曼也因此留下了半圓形劇場、拱門等大型公共

臺、約實質關係良好，國人前往當地得享落地簽證的方便，但爲了避免轉機時，因爲沒有入境簽證而被拒絕登機，我們還是預先辦妥簽證。幾天後護照發還，打開一看，約旦簽證除了蓋上官章和有效期限外，還「附贈」三枚郵票，讓人在入境之前就留下深刻印象。

我們先飛抵香港，再轉搭約旦航空班機，途中在泰國曼谷機場小歇片刻，而後在星月相伴下飛向中東。

行經阿拉伯半島上空之際，還能俯瞰點點的綠洲城市，像絲絨布上的金飾一樣，在漆黑的沙漠裏，閃閃發亮。

從臺灣到約旦首都安曼，航程超過十二小時。由此可知，國人對阿拉伯世界的陌生其來有自，除了國情、宗教與人文差異極大外，距離遙遠，也是原因之一。

飛機於清晨六時許抵達，完成通關程序走出航站，一行人分乘陳秋

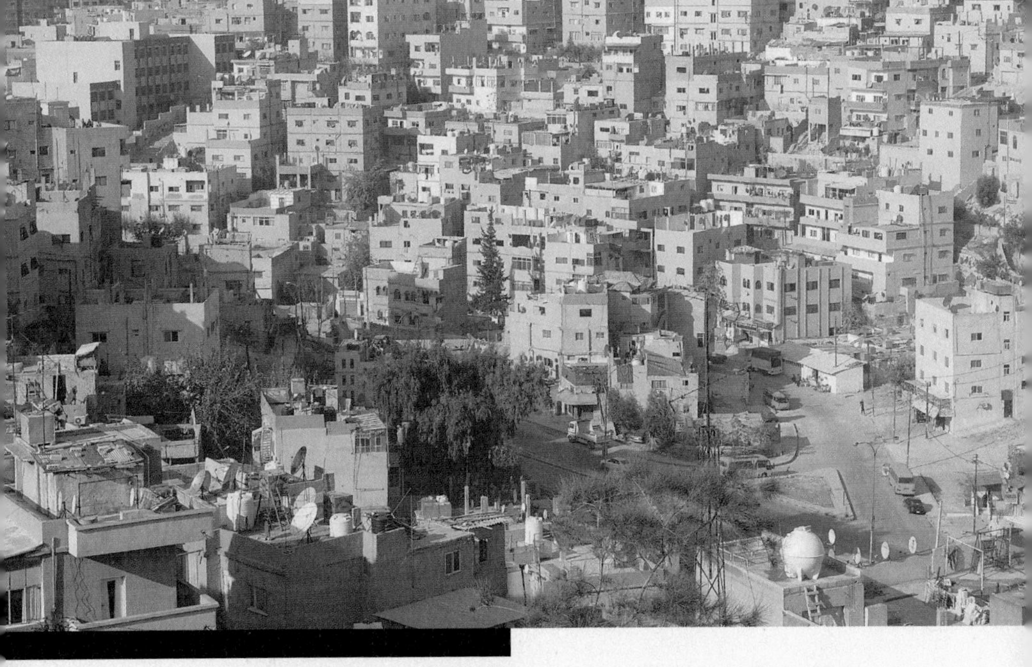

安曼人口稠密，房子蓋得密密麻麻，加上位於沙漠邊緣，放眼望去盡是砂黃色的建築與灰濛濛的天空。

華及傑米的車，向北駛往三十公里外的安曼市區。時已十二月底，氣溫明顯比臺灣冷，一路上盡是枯黃蕭瑟的景象；雖有些許綠意，但也僅止於點綴。

「今年雨季來得晚，到現在都還沒下雨呢！」在安曼住了近四十年的陳秋華有些不解地說。對於以冬季雨雪爲主要水源的約旦而言，耶誕節前就應該下雨飄雪。但新的一年即將到來，雲層依然稀薄，降雨量聊勝於無，讓人不禁擔憂水量是否足夠供應全國六百多萬人口，以及與日俱增的敘利亞難民使用。

缺水之外，約旦還面臨物價、失業率雙漲的壓力。由於本身不產石油，加上一半以上的國土是沙漠，農產無法自給自足，因此民生糧食和能源必須仰賴進口。

一旦國際市場價格上揚，相關物價也只能跟著水漲船高，漲幅之大，就連經濟條件中上的家庭也感壓力沈重。「兩個月前，暖氣用的柴油每一千公升是五百四十丁，現在漲到七百丁。」

陳秋華所說的「丁」，是當地華人對約旦貨幣第納爾（Jordanian

Dinar）的簡稱。以一丁換算美金一點四元的匯率計算，一千公升的柴油漲幅高達兩百二十五美金，相當於六千七百元新臺幣。由此可見，屋裏每一度的溫暖，都來之不易，甚至有點奢侈，買不起油或瓦斯的人用不起暖氣，淒寒之苦可想而知。

談到就業問題，年過六旬，育有一個巴勒斯坦裔養女的陳秋華，語帶感嘆地回應我們的提問：「現在連約旦大學畢業生，都不容易找到工作呢！」

討論採訪行程告一段落，我們先前往安曼市最大的麵包店，了解當地的民生狀況，因爲麵包、大餅是約旦人不可或缺的主食。

「我們店有四層樓，每層面積有一千平方米，販售的麵包多達一百七十多種。」麵包店顧問曼蘇爾語帶自豪地說。

店裏除了國人熟悉的西點麵包外，還有一半是臺灣吃不到的中東式麵包和糕點，「有一些麵包是給有特殊需求的人吃的，比如用玉米粉做的，適合胃不好的顧客，還有全米做的……」顧問如數家珍地介紹著。

架上的麵包琳瑯滿目，但我們最想知道的，卻是哪一種最便宜？

「就是這種大餅（Khubz），大的一公斤五片，賣一毛六分錢；小的一公斤十二片，賣兩毛四分。」曼蘇爾表示，現在汽油、瓦斯都漲，麵包店也面臨調漲的壓力，幸好政府會給予業者補助，以確保最便宜的大餅不漲價。店裏每天會用一公噸受補助的麵粉，製作廉價大餅，顧客只要付一丁錢，就可以購買大約五、六公斤。

以「美食之島」臺灣的標準來看，這種阿拉伯大餅分量夠卻太陽春，最好加蛋做成蛋餅，或是包餡料、淋醬汁做成捲餅。但對於貧困的家庭來說，它卻是唯一買得起，能讓一家大小免於飢餓的救命糧。

政府補貼業者提供廉價食物，不只在約旦行之有年，其他阿拉伯國家也以同樣的方式，照顧社會中最底層的居民，例如埃及就有百分之四十的國民，必須仰賴政府補貼的大餅維持生存。

從基本民生物資的補助政策來看，阿拉伯國家的執政者，都以此作為穩定民心的施政方向。只是近年來貧富差距擴大，青年失業率暴增，糧價不降反升，阿拉伯世界窮人不斷增加，生活愈來愈苦，長期執政的威權政府，卻無法妥善因應。

安曼的天主教徒在平安夜虔誠祈禱並領聖體，他們吃下神父祝聖過的小麵餅，象徵人與耶穌合一。

禮拜時段，小茶館一名工作人員放下手邊工作，鋪開地毯往聖城麥加方向朝拜。約旦九成以上人口信仰伊斯蘭，信徒按照《古蘭經》教規，每日朝向聖地麥加禮拜五次。

人民被迫走上街頭，要求民主自由，爭取經濟及生計的權益。仔細分析民衆的訴求，不難發現扳倒強人的主力，不是盧梭、孟德斯鳩的民權思想，而是漲翻天的民生物資；當人民連大餅都吃不起，在上位者難辭其咎。

今日在安曼的麵包店裏，還能看到直徑約三十公分，卻只賣幾分錢的大餅，可見當局的確把塡飽人民的肚子，當成嚴肅的「國安問題」，畢竟石油、瓦斯的漲勢無法擋，爲了國家的安定，大餅的最後防線不容閃失。

看著麵包師傅手中剛出爐的圓型麵餅，我想到了基督宗教《聖經》中，耶穌以「五餅二魚」餵飽千人的奇蹟。或許在兩千多年前的中東，這種簡單卻實在的食物，就已經成了當地先民們賴以維生的資糧，並且流傳至今。

意識到突尼西亞、埃及的強人，就是敗在大餅與民主上頭，約旦記取前車之鑑，除了繼續補貼廉價食物安定民生，也順應民意推動政治改革。根據新法令，未來約旦的總理人選，不再是由國王一人決定，必須獲得國會同意方得就任。

儘管反對者如穆斯林兄弟會抨擊，約旦的改革是換湯不換藥，國王依然大權在握，但仍吸引超過一千四百位候選人，角逐一百五十個衆議員席次。

爲了在二〇一三年的大選中勝出，候選人和助選員卯足全力打廣告。但或許是法令限制，或國情使然，我們一路上沒有遇到掃街拜票車隊，沒有看到任何候選人，道路兩旁也不見旗海飄揚、布條橫陳的景象，只有參選者面帶笑容的大頭照，提醒選民們認清支持的對象。

從外相上來看，約旦的選舉活動不像臺灣，熱熱鬧鬧地像辦嘉年華會，不過在某些「次文化」方面，倒是與早年的臺灣很類似。

「有時候，你會在路邊看到大帳棚，那是候選人開設的，裏頭準備了阿拉伯手抓飯（Mansif）。」一位留學生語帶玄機地說，大伙兒聽了心領神會，至於眞實情況如何，我們這些沒有投票權的外國人，就不便說三道四了。

乘著下午光線還足夠，志工開車載我們外出取景。

身為首都的安曼市，號稱「七山之城」，市區內山丘林立，因此開車常常要上下坡。為了改善交通，市政府做了不少建設，不同於臺北市大蓋高架道路的作法，安曼是想盡辦法往下挖，讓多處車道地下化。由於開挖的深度是臺北的兩倍以上，車道的立體交叉可以全面地下化，因此車行於地下道時，常可見橫向來車從上方的地下隧道冒出來，通過陸橋，鑽進另一頭的隧道口。

少了礙眼的高架路，登高望遠可將全市的景象一覽無遺。但因位處沙漠邊緣，年降雨日數不到一個半月，總降雨量不到三百毫米，安曼的天空經常充斥著沙塵，一片灰濛濛。

志工說，幾年前市政府為了美化市容，要求全市建築的外牆統一使用白色調，剛開始成效不錯，然不久後，原來的白變成了蒙塵的黃。約旦人口約六百多萬，三分之一以上的人民都住在安曼，喝的水都可能不夠，遑論把全市建築洗刷一新，只能任憑老天爺用黃沙把全城染成「沙漠迷彩」。

當地人喜歡使用天然石材，由石塊或石板砌成的外牆，如印璽般方正的房子，流露著穩重、簡樸的優雅，而來自沙漠的黃，則爲這座「石頭城」增添幾許歲月洗練過的質感。

就城市歷史來看，安曼足以名列中東古都之林，但歷盡滄桑的它，卻有過一段長達數百年的「失落時期」。

安曼之名源於三千年前在當地建城的阿蒙族（Ammon），它曾被猶太人的大衛王納入版圖，後於西元前八、九世紀短暫復國。猶太民族之後，亞述、巴比倫、波斯及三大希臘化王國中的塞流卡斯王國（Seleucus）先後統治過當地。

西元一世紀，羅馬帝國占領安曼，並納入阿拉伯行省，好大喜功又善於享樂的羅馬人，在安曼建立了石柱廊道、劇場、公共浴池等設施，直到今日都還看得到這些滿足古人感官之樂的石造建築。

西元七世紀，歷經羅馬、拜占庭統治的安曼成了伊斯蘭的領域，後來又因戰爭、商業重心轉移等因素荒廢，到十九世紀初幾乎無人定居，只有游牧的貝都因人偶爾路過。直到一九〇二年，連結大馬士革和聖地麥地那的漢志（Hejaz）鐵路開通，身爲中途站的安曼才逐漸恢復人氣。

其實二十世紀初的安曼，根本連「城市」的條件都不具足。如果當年大阿拉伯國的理想能夠實現，今日約旦王室哈希米家族，可能會選擇大馬士革或巴格達定都，或是將王座奠基於猶太教、基督宗教及伊斯蘭共尊的聖城耶路撒冷。

而這一段有點複雜的歷史，要從阿拉伯、土耳其與西方帝國主義的糾葛說起。十三世紀蒙古西征大軍攻陷巴格達，阿拔斯（Abbas）王朝覆亡，動搖了阿拉伯人主導伊斯蘭世界的局面。

一四五三年，伊斯蘭世界新秀鄂圖曼土耳其帝國（今土耳其共和國前身），攻陷拜占庭帝國首都君士坦丁堡後遷都至當地，並將此千年名城改名爲伊斯坦堡。接著在十六世紀初，把約旦、敘利亞、伊拉克等阿拉伯人的土地，納入自己的版圖，穆罕默德後裔哈希米家族所居的漢志地區（今沙烏地阿拉伯王國西部，包含麥加和麥地那兩聖地），也難逃被併吞的命運。

如同中國元朝的蒙古統治者、清朝滿人皇帝善待至聖先師孔子後代的作法，信仰伊斯蘭的鄂圖曼土耳其君主，基於對先知穆罕默德的尊崇，以及籠絡阿拉伯人的需要，授予哈希米家族「麥加埃米爾」的榮銜，也就是讓他們成爲聖地麥加名義上的統治者，雖擁有部分的自治權，但仍須聽命於伊斯坦堡。

聖裔家族與阿拉伯諸部族並不甘於被外族統治。隨著十七世紀下半葉，鄂土帝國由盛轉衰，連敗於英、俄等國，被西方國家譏爲「近東病夫」，阿拉伯民族揭竿而起、恢復昔日榮光的機緣，也日漸成熟。

一九一六年六月五日，哈希米家族宗長胡笙・伊本・阿里（Hussan Ibn Ali）以「漢志國王」之名，糾集各路阿拉伯勇士興兵反抗土耳其，史稱阿拉伯大起義。時値第一次世界大戰，鄂圖曼土耳其與德、奧聯合組成同盟國連線，與英、法等協約國對壘。爲了削弱鄂土勢力進取中東，英國派遣情報員與阿拉伯起義軍接觸，給予武器裝備等支援。雙方合作打擊土耳其在中東的勢力，並且約定起義成功後，將讓阿

伊斯蘭戒律嚴禁飲酒，信仰虔誠的穆斯林滴酒不沾，但不少人喜歡抽傳統水煙，安曼市區內供應水煙的小館為數不少。

拉伯人建立自己的國家。阿、英聯軍於一九一八年十月，攻下鄂土帝國在阿拉伯地區的根據地大馬士革，終結了土耳其人四百年的統治。率義軍進擊的漢志國王三子費瑟（Faysal）被擁立爲敘利亞國王，電影《阿拉伯的勞倫斯》傳奇故事，便出自於這段阿、英合作的戰史。

趕走土耳其人，復興大阿拉伯的理想露出曙光，然而西方列強早在起義之前，就行暗盤交易。一九一六年五月，英、法、俄之間簽定賽克斯・皮科協定（Sykes-Picot Agreement），祕密協議瓜分鄂土帝國的勢力範圍。隔年，英國政府發表影響後世甚鉅的貝爾福宣言（The Balfour Declaration），同意猶太人返回巴勒斯坦重新建國。

不滿英、法的片面決定，敘利亞國王費瑟嚴正抗議，要求列強信守承諾，讓阿拉伯人成立自己的大阿拉伯國，並反對賽克斯・皮科協定與貝爾福宣言，拒絕英、法等強權，以「委任統治」、「託管」之名，行殖民統治之實。

然抗議之聲終究難敵鋼鐵槍炮，一九二〇年七月，法國派軍攻陷大馬士革，展開對敘利亞和黎巴嫩的「委任統治」，費瑟被迫放棄敘利

約旦是阿拉伯諸國中，西化色彩較重的國家，首都安曼市內除傳統水煙、阿拉伯式咖啡館，也有美式連鎖咖啡店，與傳統老店競逐年輕客源。

PANAMA
LA FLORENTINA
STARBUCKS COFFEE

亞，在英國安排下轉任伊拉克國王。敘、黎被法國占領，伊拉克、外約旦（Transjordan）被英國宰制，世界各地的猶太人如潮水般，返回英國管轄下的巴勒斯坦。漢志國王胡笙．伊本．阿里的大阿拉伯之夢，在列強干預下隨風而逝，阿拉伯諸部族也分崩離析，甚至爆發內戰。

一九二五年，內志（Najd）王國君主阿布都．阿濟茲．沙特（Abdul Aziz al-Saud）攻陷哈希米家族的根據地漢志，將其領土與自己的邦國合併，改國號為沙烏地阿拉伯王國，在西方強權與敵對部族夾擊下，哈希米家族被迫放棄麥地那、麥加兩座聖城，遷離故土。

所幸，胡笙．伊本．阿里的次子，也就是約旦首位國王阿布都拉一世（Abdullah I），早一步入主英國統治下的外約旦。一九二三年五月，外約旦酋長國成立，儘管當時主權尚未完全獨立，仍由英國顧問「協助」統治，但終究為哈希米家族奠定東山再起的基礎。

忍辱負重，努力與英、法強權周旋，阿布都拉為聖裔家族掙得一席之地，自己也成為外約旦的酋長，後來外約旦改制為約旦哈希米王國（Hashemite Kingdom of Jordan），他便順理成章成為第一任國王。

不過萬事起頭難，一九二一年三月，阿布都拉抵達安曼時，當地居民只有三千人，整個外約旦人口也不過三十五萬人。與繁榮了幾千年的大馬士革相比，安曼除了千年的羅馬遺跡尚可引以爲傲外，其餘建設付之闕如，連像樣的清眞寺都沒有。因此，現代安曼等於是從零開始急起直追。

「這是安曼最古老的清眞寺——阿布都拉國王清眞寺。」聽本土志工說到，那座清眞寺落成的年份是一九開頭時，我對安曼失落的千年感到驚訝。更特別的是這座以首位國王爲名的清眞寺，除了宗教禮拜功能外，還有警惕教化的作用，早年到這裏做禮拜或是在附近攤商買東西的人，偶爾可見死刑犯在寺前廣場受絞刑伏法。

所幸一九七〇年代中期以後，約旦不再公開執行死刑，駭人景象已不復見，但清眞寺前車水馬龍、人聲鼎沸的情景一如從前。

對安曼市民來說，國王清眞寺周邊的街區，是典型的老區，那裏的店面老舊，充斥廉價衣物和日用品，還有不少賣骨董藝品的老店，懷舊氣氛有點像臺北市的後火車站。

敘利亞內戰爆發前，許多商販看中敘國農產品物美價廉的優勢，
大量進貨，而今戰火影響耕作及物流，也波及安曼的民生消費。

歲末時節，安曼的氣溫會降到零下，因此圍巾、毛線帽等禦寒用品銷路不錯。

特別的是，由於鄰國敘利亞內戰激烈，約旦民衆及敘國難民對戰況相當關注，因此腦筋動得快的商人，就乘勢推出取材自敘利亞反對派旗幟，由綠、白、黑三色塊組合，中間鑲嵌三顆紅星的反抗軍系列商品。不少逃到約旦的敘利亞年輕人或反抗軍傷兵，就穿戴這些色彩鮮明的織品，顯示與阿塞德當局誓不兩立的決心。

當然，如果本地人支持反抗軍、同情敘利亞難民，也能買一套穿上身，表達自己的心意。走在老區的街道，攤子上、店門口，紅星閃閃的織品及小物林林總總，而敘利亞國旗的「綠色雙星」卻不見蹤影，民衆的心向著哪一方，便不言而喻了。

INRI

阿拉伯世界平安夜

天主教彌撒有一定的程序及規範，但也會因應全球各教會所在地人文做調整，如約旦的平安夜彌撒，即安排國旗入場儀式，並以阿拉伯文誦念禱詞。

在國人的既定印象中，基督宗教的歐美，與伊斯蘭的阿拉伯，就像兩個截然不同的世界，彼此之間的武力衝突、恐怖攻擊，可說是當代最嚴重的亂源。

但撇開「聖戰」與「反恐」的激進對立，眞實世界中的兩大宗教卻是「你中有我，我中有你」。

以英國爲例，二〇一〇年時，境內信仰伊斯蘭的人口有兩百七十四萬多人，占總人口數百分之四點四，僅次於基督徒及無特定信仰者。反恐大本營美國的穆斯林人口，雖占不到三億人口的百分之一，亦有兩百七十七萬。

歐美大城，聽得到讚頌眞主的喚拜聲，阿拉伯諸國也不乏在十字架前誠心祈禱的基督徒族群，八千多萬人口的埃及，有四百一十二萬基督徒，比例超過百分之五。擁有聖城麥加、麥地那主權的沙烏地阿拉伯，境內基督徒亦有百萬之多。至於我們造訪的約旦，儘管九成以上的人口是穆斯林，但政府對各宗教仍抱持友善、開放的態度。

走在安曼的街道，除了見到清眞寺外，還有規模不小的各種教堂。

行經一座有著金色圓頂的東正教教堂，陳秋華解說道：「我們的志工阿比爾（Abeer），就是在這裏做禮拜的。」

由於抵達當天晚上，恰好是耶誕節前夕，於是我們請信仰天主教的當地志工莉莉（Lily Issam Arida）協調，帶我們上教堂一探阿拉伯世界的平安夜。

走進位於小丘上的天主堂，非教徒的我們竟被安排坐在第一排，儘管方便攝影取景，但看到數百人湧入教堂，座無虛席，心裏多少有些不好意思，好在教友們很包容，攝影作業也沒有阻礙儀式進行。

祭壇上，神職人員身穿傳統的羅馬式長袍，教徒們皆盛裝出席，就連小女孩也穿上白紗公主裝，跟著父母一起學習天主教的聖事。

天主堂裏，必備的十字架、祭壇，以及應節日布置，迎接耶穌降生的馬槽一樣不少。彌撒儀式除了外加迎約旦國旗入場的流程外，唱詩班

帶領信徒詠唱讚歌，神父以葡萄酒和薄麵餅，象徵耶穌的身體和寶血，信徒們依序「領聖體」等儀節，與歐洲或臺灣的天主教堂一致。若要說有什麼不同，就是主祭的神職人員與信徒們用阿拉伯語進行彌撒，連《聖經》的經文也是阿拉伯文。

「在地化」的彌撒禮儀，說明了把阿拉伯人和穆斯林劃上等號，是以偏概全、不符事實的。而從世界宗教發展史來看，基督宗教的發源地就在巴勒斯坦地區，即今日的以色列及約旦。

西元四世紀，羅馬將基督宗教合法化，進而尊為國教，巴勒斯坦及其周邊地區如敘利亞、黎巴嫩、伊拉克，以及北非的埃及，盡成基督宗教傳播區域。

即使後來中東地區伊斯蘭化，大部分人口成爲穆斯林，基督信仰依舊傳承不絕。信徒們的背景有土生土長的阿拉伯人，也有非阿拉伯裔的少數民族或外來移民，若干歷史悠久的基督徒族群，如埃及的科普特（Qubt）教派，甚至有千年以上的傳承歷史。

而從歷史紀錄來看，阿拉伯穆斯林對待「異教徒」的氣度，甚至比

約旦王室為先知穆罕默德後裔，在伊斯蘭世界享有崇高地位，採取宗教寬容政策，讓天主教徒可以在約旦境內自由祈禱、禮拜。

言必稱上帝、天主的歐洲人還要寬宏。

話說一〇九九年七月，歐洲十字軍從阿拉伯人手中攻下耶路撒冷後，就將城中的穆斯林屠戮殆盡。勝利者在血泊中揚起耶路撒冷王國的旗幟，但以刀劍拚出來的基督王國，只維持了八十八年，就在阿拉伯英雄薩拉丁大帝的反攻下滅亡。

一一八七年，穆斯林大軍手持彎刀重返耶路撒冷，但城中的基督徒並未被屠殺。相反的，薩拉丁免除了所有戰俘的贖金，將之全部釋放，並開放城內聖地，讓基督徒、猶太教徒、穆斯林自由朝聖。強大而不殘暴的王者，不僅被阿拉伯人奉爲英雄，就連歐洲人也敬畏三分。

與古代氣度恢宏的大帝相比，今日高舉聖戰名號，攻擊無辜製造動亂的恐怖分子，就像是十九世紀末，打著扶清滅洋旗號，濫殺洋人平民、燒教堂的「義和團」一般，反映了阿拉伯世界於近代屢遭西方強權壓迫，又數度敗於以色列之後，屈辱悲憤的複雜情結。

對歐美、以色列的反感，使阿拉伯諸國境內的基督徒承受不小壓力，所幸約旦仍傳承薩拉丁的寬宏，不僅尊重基督徒信仰自由，甚至給予國會議員保障名額。

安曼的天主教平安夜彌撒，符合梵蒂岡教廷規範，也兼容本土人文，在神父引領下，莉莉與眾信徒十指交握、低頭祈禱，我也隨順因緣祈福，希望往後一個月的發放關懷，能夠順利圓滿地進行。儘管因語言隔閡，無法了解宣講內容，但從不斷出現的「敘利亞」一詞，可知眾人都很關心在鄰國內戰中受苦受難的人。

相較於營利取向，只有耶誕老公公沒有耶穌、鼓勵消費的商業化耶誕節，這些阿拉伯教友敬天愛人的宗教情懷，虔誠莊嚴的祝禱，才是平安夜、耶誕節的眞實義。

但儘管官方尊重基督徒的信仰自由，大部分穆斯林同胞也都能與他們和睦相處，前來維安的警察及教會志工們還是不敢大意，不時巡視場地及出入口，防止激進分子趁著「異教徒」聚會的時候下手。因爲在約旦，恐怖攻擊不只是外電新聞，而是確實發生過的慘案。

「我參加慈濟後的第一個任務，就是關懷旅館爆炸案的傷者。」莉莉所說的事件，發生於二〇〇五年十一月九日，當時激進分子身藏炸藥

身為亞美尼亞難民後代的莉莉，年輕時遭遇以阿戰爭，走過顛沛流離的歲月，憑著丈夫以薩阿力達的扶持，及宗教信仰度過生命難關。（下圖／莉莉提供）

進入安曼市三家大飯店。「人肉炸彈」連環爆，導致五十七人死亡、三百多人受傷，臺灣僑胞及遊客幸運地避過一劫，但中國大陸公民卻有三人不幸罹難，一人受傷。

自殺攻擊摧毀了約旦引以為傲的和平與安全，國王阿布都拉二世下令嚴查嚴辦，誓言和恐怖組織對抗到底；伊斯蘭世界聯盟也同聲譴責，並重申禁止殺害無辜者的教義。

爆炸案讓安曼風聲鶴唳、草木皆兵，軍警全面戒備以防後續攻擊，約旦慈濟負責人陳秋華獲安全單位許可，帶領志工進入醫院，關懷慰問傷患。

看到被炸成殘、失明的受害者，以及傷重不治的悲傷場面，莉莉沒有被嚇退，「我被他們感動，一個年輕男子因爆炸失去一隻眼，他的未婚妻就坐在他身邊，和他說話並為他讀《聖經》。」在關懷傷患的過程中，莉莉見證了患難見真情，而巧合的是，當初引領她加入慈濟的人，也是一群在醫院關懷病人的志工。

爆炸案發生前幾個月，莉莉旅居澳洲雪梨的母親生病住院，和前來醫院當志工的澳洲慈濟人結了緣。她前往探視母親，認識了這群身穿藍天白雲的東方人，「他們很善良，爲我母親梳頭、買東西、整理花園，還帶她去參加活動。」

經由澳洲志工介紹，莉莉才知道在自己的國家也有同樣發心的志工。她與掌理約旦體育事務的丈夫以薩阿力達（Issam Arida），談到澳洲慈濟人介紹的「陳先生」，方知他就是跆拳道國手教練陳秋華，因此夫妻倆很快就加入約旦慈濟人行列。

「二〇〇七年到臺灣受證後，我把在慈濟的所見所聞告訴他，他撰寫成專文刊在報紙上，並把新書的部分收入捐給慈濟。他從不把版稅放進自己口袋，都捐給慈善團體。」丈夫以生花妙筆，爲約旦同胞介紹發源於臺灣、澤及阿拉伯世界的慈濟；而在安曼一所美國學校擔任教職的莉莉，則利用課餘參與慈濟活動。

從安曼市區的貧戶關懷，到死海以南的沙漠部落發放，在持續而密集的付出與學習下，莉莉獲得證嚴上人受證成爲慈濟委員，法號慈力。然而，就在同一年，以薩阿力達寫下了生命的句點。

彌撒結束後，我們來到莉莉的家中作客，並參觀以薩阿力達的書房。回想從前，莉莉指著法國政府發出的感謝狀解說：「他不只爲約旦效力，也曾幫助五十個在伊朗陷入困境的法國家庭，給予食物、毛毯，還協助買機票，幫他們從伊朗返回法國。當時法國總統密特朗得知消息後，就責成駐約旦大使表揚他。」

故人已蒙主寵召，但他的書桌依舊陳設整齊。寬大的空間裏，除了汗牛充棟的書籍，就是一張張放大的合影照，老照片裏年輕的約旦先王胡笙、穿著綠色軍服的伊拉克前總統薩達姆．海珊，證明了以薩阿力達從政時縱橫國際的風光。官拜副部長的他，不僅對約旦體育發展及國際賽事交流貢獻良多，也留下了許多關於體育與社會公益的著作，可說是才氣橫溢的賢達。

爲了表彰這位已故副部長的貢獻，約旦政府每年都會在報上刊登他的照片及紀念短文，莉莉就把這些剪報貼在冰箱上，五年五張剪報，說明了她對丈夫的深深思念。

身為遺孀的她，並沒有因為喪夫之痛而關閉心門，憑著精通阿拉伯文、英文、德文等能力，她以英文版《靜思語》為藍本，將這本慈濟志工視為人生指南的智慧語錄，譯成阿拉伯文。二〇一〇年二月，英阿文並列的《靜思語》問世，自此，阿拉伯世界的人們得以一覽證嚴法師的智慧之言。

除了翻譯慈濟著作，身為美國學校阿拉伯文老師的莉莉，也把「竹筒歲月」的概念帶進自己任教的學校，並把慈濟人關懷本地窮人的影片播給學生們看。

目睹住帳棚的小孩沒有足夠的食物、缺鞋子、少玩具，中小學生們的惻隱之心油然而起，開始募衣服、鞋子，甚至有人效法慈濟志工，自己做「竹筒」存錢助人。

教學生做好事，當老師的也要以身作則，「有時學校辦園遊會，我就做爆米花和披薩義賣。」廚藝不錯的莉莉信心滿滿地說。

與大多是本土穆斯林學生的約旦公立學校相比，美國學校的風氣較自由開放，相對的老師們必須花更多心力去引導學生。莉莉面對的是一群十到十六歲的青春期孩子，要如何協助他們認識自我、找到人生方向，不是件簡單的事。她帶領學生接觸慈濟，也無形中影響了年輕學子的觀念與想法。「有個學生從中學部畢業後，寄了張卡片給我，卡片裏寫著——莉莉老師，是您啓發了我去學習特殊教育。」

學生的回饋，讓莉莉感到相當欣慰，投入慈濟至今七年，原本就熱心公益的她，在陳秋華等志工的接引下，學到了如何把善事做得更完善，把好事做得更好。「慈濟志工親手將物資交到受助者手上，還對受助的人表達感恩的作法，是很重要的。」

由於發送的物資要有足夠的分量，方能有效紓解難民家庭的生活壓力，莉莉以年近七十的「硬骨頭」，一包又一包地遞送超過十公斤重的生活包，幾天下來腰痠背痛難免，不休息不行，但想到敘利亞難民的困境，她又忍不住牽掛。

「我的父親來自亞美尼亞，算起來我也是難民的後代呢！」眼前的難民事務，讓莉莉想起了自己和家族的歷史。

二十世紀初，第一次世界大戰烽火正熾，統治小亞細亞、阿拉伯半島及高加索地區的鄂圖曼土耳其帝國，在英、法、俄夾擊下走向覆亡。當時亞美尼亞西部被鄂圖曼土耳其統治，大戰後期帝國境內動亂頻仍，導致許多亞美尼亞人死於非命、流離失所。

爲了求生存，莉莉的父祖輩於一九二〇年代逃離土耳其人統治下的故鄉，落腳於英國管轄的巴勒斯坦。

「我是在巴勒斯坦出生的，我們家住在約旦河西岸的耶路撒冷，後來猶太人來了並控制當地（西耶路撒冷），我們於是搬到約旦控制的這一邊（東耶路撒冷）。」在聖城，莉莉度過了從出生到少女的成長階段，十八歲高中畢業後，到德國留學兩年，而後返回老家當德文老師，二十三歲與約旦作家以薩阿力達結婚。

遙想當年，黑白照片中的才子佳人風華正茂，夫妻倆流露著媲美電影明星的風采，讓志工夥伴們看得驚呼連連。然而，從那一年起，「回故鄉」變成無比艱難的一件事。

一九六七年六月五日，第三次中東戰爭爆發，以色列主動出擊，在

14
Cherishing our life is the way to repay our parents grace. Giving of our selves is the way to express our gratitude.
أنْ نهتمّ بأنفسنا وبحياتنا هي الطريقة
المثلى لنعبّر عن امتناننا لوالدينا.
والتضحية هي الطريقة المثلى للتعبير
عن العرفان بالجميل.
15
الدارما شانغ ين
تعاليم الدارما شانغ ين
English/العربية
《阿拉伯文／英文對照》

莉莉翻譯的阿拉伯文版《靜思語》，是中東人士了解慈濟的重要管道；書頁中，阿、英文並陳的靜思語原文，為「自愛是報恩，付出是感恩」。

六天之內重創敘利亞、埃及、約旦三國，占領了約旦河西岸、西奈半島、戈蘭高地、加薩走廊等地。

儘管在國際壓力下，西奈半島及戈蘭高地部分地區，分別還給埃及和敘利亞，但原屬約旦的東耶路撒冷及約旦河西岸，卻就此被以色列占領並管轄至今。

當「故鄉」成爲必須辦簽證才去得了的「外國」，心中的苦楚非三言兩語能道盡。所幸丈夫力爭上游，在約旦政界、文壇闖出一片天，稍稍彌補了妻子被迫遠離故鄉的心酸。

「感謝天主，我到現在還活著，而且兒子們都在身邊。」年輕時經歷烽火離亂，老來又失去另一半，莉莉靠著自己的天主教信仰，以及志工服務所結的善緣，度過生命中的無常考驗。

隨著時間推移，她與丈夫所生的二子一女均已結婚成家，昔日風姿綽約的官夫人，而今成了和藹可親的阿嬤。儘管年事已高，老當益壯的她還是分秒不空過。

「週一到週四上課，週五就留給家人，我喜歡一家人團聚，爲他們下廚。週六去探視住安養院的阿姨，因爲她沒有其他親人，我必須照顧她；然後還要照顧一些亞美尼亞裔的貧窮家庭。週日是我自己的日子，做禮拜、訪朋友，日子排得滿滿的。」論年紀，不少和她同年齡的人，都已經退休了，但莉莉依舊樂於當個「資深職業婦女」。

教職、宗教活動、志工服務並行而不悖，她藉由服務他人療癒心靈創傷，也從中獲得源源不絕的慈悲力量，年齡的增長、身體的老化，似乎沒有阻礙她享受付出的喜悅。「如果你好好安排的話，事情就會很順利。」莉莉笑著說。

「再見，祝您耶誕快樂，晚安！」用過了莉莉阿嬤精心準備的阿拉伯式宵夜，我們在世人眼中充滿神祕的阿拉伯世界，度過了充滿宗教氣息的正統平安夜。

杰拉什古城與加薩難民

綿長的石柱大道，記錄了羅馬帝國的威武氣派，而今帝國已成歷史，杰拉什古城遺跡仍引人發思古幽情。

高聳的石砌拱門、半圓形的劇場、地板上繽紛的馬賽克拼圖，勾勒出帝國盛世的富庶華美，這裏不是義大利的首都羅馬城，而是有「羅馬之外的羅馬」美譽的約旦古城杰拉什（Jerash）。

走進古蹟園區，線條優美的柱體，歷盡滄桑但氣勢猶在的千年石城，讓初來乍到的人們驚歎不已。

這座歷史悠久的古城，約旦慈濟人並不陌生，因爲自二〇〇〇年開始，他們即在此展開關懷巴勒斯坦難民的訪視發放工作。

早期志工回報訊息給臺灣本會，都以「紮來喜」稱呼當地，但就如同西諺所言：「玫瑰不以玫瑰之名稱之，也不損其芳香。」不論是慈濟志工翻譯的紮來喜，還是旅遊局爲它選取的中文名杰拉什，指的都是這一座位於首都安曼北方六十多公里處，與約旦南部世界文化遺產佩特拉（Petra）並駕齊驅的名城。

古城的羅馬足跡，可以追溯自西元前六十三年，大將龐貝（Pompey）進軍敘利亞及周邊地區，時稱蓋拉薩（Gerasa）的杰拉什與費拉代爾費爾（Philadelphia，即今日的安曼）等小城邦不敢夜郎自大，於是組成「十城聯盟」，成爲附庸於羅馬的半自治行政區。

在羅馬文化的影響下，杰拉什除了保留希臘化王國統治時期的基礎建設外，還增設了許多藝文、娛樂設施，以滿足人們身心的需求。

若有商旅從帝都羅馬城風塵僕僕而來，可以先到大澡堂裏洗個熱水澡，和在地的客戶朋友袒裎相見、天南地北一番。洗過澡後再換上乾淨的衣服，信步於長達八百公尺，有五百根石柱羅列兩旁的「列柱大道」，迎自然之風，賞人間勝景。

想看運動比賽，距離南門不遠處，有一座可容納一萬五千名觀衆的橢圓型賽馬場，可以讓人觀賞緊張刺激的馬車競速，感受駿馬奔騰的豪邁。要求神問卜，城內也有規模宏偉的神殿，供奉宙斯等希臘諸神。有興趣欣賞當代表演藝術者，則可到城南或城北的半圓型劇場，看表演者戲說人生。

「它還可以注水變游泳池，讓人游泳呢！」來到擁有三千個觀眾席的南劇場，陳秋華指著入口處的溝槽解說道。

就面積來看，這個位於舞臺與觀眾席中間，半圓形的空間一旦注滿了水，足可供百名泳客消暑戲水，而階梯式的觀眾席，剛好可以讓游累的人們休息，順便做日光浴。

一座劇場兩種功能，讓人不得不佩服古羅馬人的城市規畫設計，的確有其獨到之處。

不過今日來到南劇場，未見規模宏大的表演陣容，也沒有人戲水曬太陽，只有幾位戴阿拉伯頭巾、身穿長袍的貝都因人，像街頭藝人一樣地吹吹打打，讓這千年表演場所發揮點功能。

風笛手吹奏〈蘇格蘭勇士進行曲〉，另外兩個人負責擊鼓，阿拉伯的表演者，在千年的古羅馬劇場，演奏近代大英帝國的招牌軍樂，可說是多重文化元素的「混搭」。

興致高昂之際，一個「胡人」把我拉進去一起手舞足蹈，連負責攝影的耀華兄也被拉入繞圈子，成爲遊客矚目的焦點。

儘管莫名地充當臨時演員有些錯愕，但這幾位貝都因樂師「有聲有色」的表演還是值得掌聲鼓勵，畢竟在斷垣殘壁不少的古蹟園區，如果只有冬風呼號，就未免太滄桑、淒涼了。

「以前她小的時候，我和太太都會帶她來這裏玩，那時候我們的跆拳道隊還到這裏團練呢！」站在南劇場觀衆席的最高處，眺望石柱圍繞的橢圓形廣場，以及遠方的神殿遺跡，陳秋華有感而發地話說從前。

二十多年前，時值中年的他，就常開車載著妻子陳高怡怡及養女「娃娃」到杰拉什遊玩。身爲跆拳道高手，陳秋華雖未修練氣功，卻也明顯感受到古城的「氣場」特別好，對練武很有幫助，因此幾度帶隊到此，讓學員在古羅馬戰士踏過的廣場上擺開陣勢練拳。

只是隨著時光飛逝，昔日讓人望而生畏的跆拳國手教練、皇家禁軍教頭，如今已成和藹親切的志工伯伯；當年在殘柱、大石塊間嬉戲的小女娃，也將屆三十而立之齡。

然同樣的時間之流，並沒有在杰拉什的石牆、石柱上留下太多痕跡，畢竟與兩千多年的歷史相比，數十年不過是一剎那。且隨著考古學家的考證，工程人員重新砌造，原本因地震、兵燹傾圮的遺跡，已重新從地湧出，時間愈久，古城的原貌反而愈見鮮明。

在諸多古蹟中，入口處的哈德良拱門，記錄了杰拉什歷史的高峰。西元一二九年，「巡狩天下」的羅馬皇帝哈德良（Hadrian）御駕親臨，城主為了歡迎這位帝國元首，特地造了一座拱門以顯尊榮。

儘管昔日地跨歐、亞、非的羅馬帝國，已成為過往歷史，奉承皇帝的拱門成了園區的迎賓牌樓。但通過其下，走上石塊鋪成的寬闊大道，仍不難想見當年皇帝及諸位大將入城時，軍伍嚴整旌旗飄、百姓歡聲雷動、少女婀娜曼舞、鮮花如雨而降的風光。

和前任的「武帝」圖拉眞（Trajan），將領土擴張到最大的戰功相較，「文帝」哈德良的主要貢獻在於鞏固內部統治。由於即位時，羅馬的疆域已經大到難以治理，帝國有分崩離析之虞，因此他果斷地割捨了從波斯灣到高加索的新占領區，令軍隊棄守幾個鞭長莫及的東方行省，以加強對固有領土的控制。

在帝國西北部的不列顛省（今英國南部），務實的他採取了和中國

為迎接哈德良皇帝而造的拱門，記錄了杰拉什歷史的高峰，儘管歷經千年風霜，雕刻紋飾已磨損，建築仍保有穩重厚實的氣勢。

秦始皇一樣的作法，在今日的英格蘭、蘇格蘭交界處築了一條「百里長城」，以便士兵據壘堅守，遏止蠻族侵擾，哈德良長城也因此成爲羅馬帝國在英倫三島上最明顯的史跡。

但是戰力堅強的羅馬軍團在他統治期間，並沒有馬放南山、刀槍入庫，反而頻頻出擊平定內亂。在哈德良皇帝蒞臨杰拉什後的第三年，位於約旦河流域的猶太省爆發大規模反抗，羅馬帝國遣堅甲利兵之師強力鎭壓。

鏖戰三年期間，軍團的步騎和戰車踏平上千村莊，殺戮近六十萬人，與六十六年前暴君尼祿發動的第一次猶太戰爭相比，不遑多讓。

從《聖經》福音書對耶穌生平的記述，可以看出羅馬統治者與猶太人曾有一段和平相處的日子。當時猶太人雖已亡國，但仍生活在自己的土地上，擁有一定程度的信仰自由和地方自治權，耶路撒冷猶太教士的權威、鄉民的群衆力量，就連手握重兵的羅馬總督都不敢小覷。

然而統治者的懷柔政策，隨時可化爲干戈烽火。西元六十六年五月，因不滿羅馬剝奪其公民權，加上總督掠奪耶路撒冷聖殿的財物，猶太人憤起反抗，消息傳回羅馬城，尼祿皇帝於是派遣大將韋斯帕薌（Vespasian）討伐，是爲第一次猶太戰爭。

開戰兩年後，羅馬帝國爆發政變，衆叛親離的暴君尼祿被迫自殺，韋斯帕薌趕回首都爭取大位，遂改由其子提圖斯（Titus）掌兵符。儘管帝國內部一團混亂，但羅馬軍依舊攻勢凌厲，於西元七十年打下耶路撒冷城。

城中的猶太聖殿毀於刀兵戰火，就如耶穌在《聖經》中所預言的「再也沒有一塊石頭，疊在另一塊石頭上。」只有西側牆基，因被留下來當作勝利的標記而殘存，即著名的「哭牆」。

耶路撒冷失守，猶太殘軍退守馬薩大要塞，憑藉險要高地與強敵對抗長達三年，最後集體自殺殉難，只有兩個婦女和五個小孩逃出來，訴說悲壯的故事。

不敵韋斯帕薌父子的強攻，敗戰的猶太俘虜被羅馬軍釘上十字架，在痛苦哀號中死去，史學家以「沒有地方可立十字架，也沒有多的十字架可以釘人」形容其恐怖，而僥倖未死者則淪爲奴隸，被羅馬人當牲畜一樣役使、販賣。

第一次猶太戰爭以慘烈的犧牲收場。蟄伏六十六年之後，捲土重來的猶太義士，也遭遇兵敗被俘，任人宰割的命運。而第二次猶太戰爭的勝利者哈德良皇帝，除了消滅猶太人的肉體生命，就連其歷史記憶、人文足跡也一併抹煞。

他將「猶太」的地名廢棄，改用當地另一個民族之名，稱其地為腓利斯丁（Philistine），並在毀於兵燹的耶路撒冷城上另建新城，移入大量外族人口，並禁止猶太人定居。

在有計畫的「種族清洗」下，猶太人被迫離鄉背井，流離於世界，在自己的土地上幾近銷聲匿跡。

而腓利斯丁於西元七世紀，被納入阿拉伯帝國的版圖後，改稱巴勒斯坦（Palestine），其種族與人文也逐漸阿拉伯化。因此到了二十世紀，猶太人結束千年流離，返回發源地重建祖國時，就不免與久居當地的阿拉伯裔巴勒斯坦人發生衝突。

默默無言的杰拉什古城，示現著人世的無常，而慷慨悲歌的戰史，

每年七月杰拉什藝術節，表演藝術家會在具千年歷史的羅馬劇場推出民族舞蹈、芭蕾、歌劇等戲碼，平日則有鼓樂手吹吹打打、娛樂遊客。

則讓我想起大學時修讀「佛教概論」課程，授課的法師在講解「無緣大慈、同體大悲」觀念時，曾語重心長地開示，若人們過分執著國家民族的大我，缺乏對他者、衆生的慈悲：「那麼一個民族的英雄，就可能是另一個民族眼中的屠夫、侵略者。」

回顧羅馬歷史，曾經造訪杰拉什的哈德良，因勤修內政、福國利民而獲得極高的評價，被列爲「五賢帝」之一；然而，在猶太人心目中，他與韋斯帕薌父子，在兩次猶太戰爭中立下的「豐功偉業」，無疑是罄竹難書的暴行。

面對羅馬帝國毀滅性的打擊，當時的猶太人不是如馬薩大義士拚命抵抗，就是逃難保命，設法在外地延續民族的薪火。然而到了二十世紀，原本飽受迫害的猶太人回到故土，卻成了阿拉伯人眼中的侵略者。

一九四八年五月十四日，回歸故土的猶太人高唱悲壯的國歌〈希望

（Hatikva）〉，升起大衛星旗，宣示滅亡超過兩千年的以色列正式復國，但幾個小時之後，就面臨再次亡國的危機。阿拉伯聯軍排山倒海而來攻下多城，然而各國領袖各有盤算未能團結，加上以軍有效動員增兵，海外猶太人大力資助，最後戰局逆轉。

經此一役，以色列占領了西耶路撒冷，以及原屬約旦的艾拉特港（Eilat），並奪取大片巴勒斯坦人的土地。阿拉伯國家亦有斬獲，埃及取得了加薩走廊，伊拉克軍占領的約旦河西岸及東耶路撒冷，則轉由外約旦接管。

一九五〇年四月，外約旦酋長國宣布合併約旦河西岸，國號改爲約旦哈希米王國，當地數十萬居民加上從以色列占領區逃出的難民，成爲阿布都拉國王的子民，巴勒斯坦人也因此成爲約旦最大族群。

然世事無常，一九六七年六月，以色列發動震驚世界的「六日戰爭」，連敗埃及、敘利亞及約旦等國，席捲西奈半島、加薩走廊、戈蘭高地及約旦河西岸。

以軍進入原本由約旦控制的耶路撒冷舊城，許多將士趁著戰事稍歇的空檔，前往當地的聖殿西牆遺跡憑弔。當猶太大兵站在「哭牆」前，爲收復祖宗聖地而激動落淚時，住在加薩走廊和約旦河西岸的巴勒斯坦居民，則爲家園變天而哭泣。

面對以色列的優勢武力，憤怒青年不惜以卵擊石，就算當「人肉炸彈」犧牲生命都在所不惜，但也有不少百姓舉家逃到其他阿拉伯國家。

由於約旦河西岸，在第一次以阿戰爭後被約旦接管併入領土，因此當地的巴勒斯坦人多半具有約旦公民身分，六日戰爭後逃到東岸的安曼等地，形同在國內搬家，要安身、安生比較容易。

相對的，加薩走廊的巴勒斯坦人不具約旦公民權，就只能以難民的身分居留，在約旦政府及聯合國難民署協助下，許多加薩難民就在杰拉什落腳。

揮別了羅馬古城，我們前往志工筆記中的「紮來喜」難民營，它是個位於丘陵地上的聚落，慈濟人於二〇〇〇年初訪該地時，那裏已有三萬多人。

由於難民沒有公民身分，要維持生計非常困難，因此早年志工們都會定期前往探視，發放米、糖、豆子、食用油等生活物資。

二〇〇二年，甚至因應當地老殘人士需求，致贈了二十三部輪椅，這對人力有限、募款不多的約旦慈濟人來說，算是大手筆的付出了。後來隨著難民聚落經濟條件改善，志工於是停止大規模的發放，但對當地照顧戶的關懷，從未間斷。

「願真主祝福您！」抱著有點沈重的食物包，我們進了阿布耶雅德的家門，年過六十的他坐在電動輪椅上，吃力地表達歡迎之意。

「我的電動輪椅電池壞了，希望您能幫我換一個。我已經一個月沒出門了。」看到陳秋華，他露出了充滿希望的笑容。而陳秋華也立刻跪下來彎下腰，檢視電池的型號和尺寸，幾個孩子則好奇地湊過來觀看。

對信仰虔誠的阿布耶雅德來說，電動輪椅等於是他的腳，電池壞了不能動，就無法到清眞寺做禮拜，被迫悶在家裏的他，總是愁眉不展。

「結婚時，他十九歲，太太十七歲，碰到六日戰爭，就從加薩那邊逃了過來。夫妻倆生了六個孩子，二男四女，他受傷時最小的兒子才一歲大。」陳秋華訴說二〇〇一年，與這家人結緣的經過。

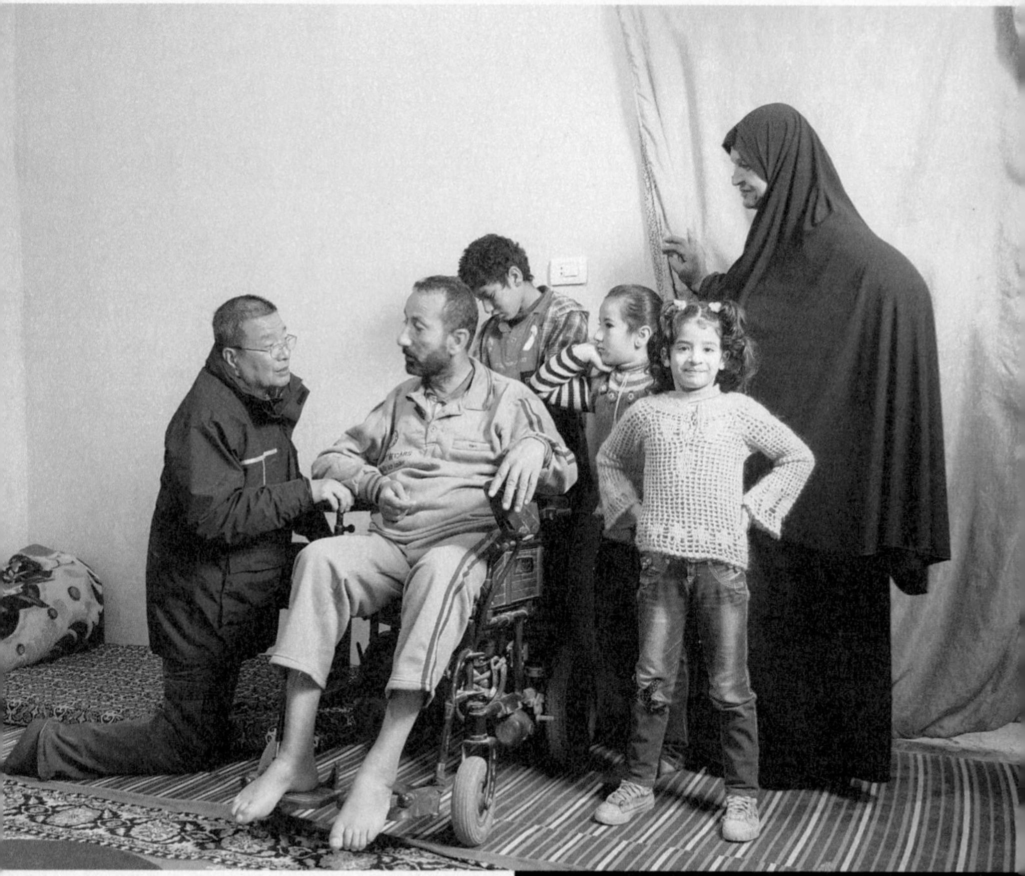

阿布耶雅德因車禍傷及脊椎而癱瘓，只能靠輪椅代步。志工關懷他十多年來不曾中斷，陳秋華一路陪伴，也看著他的孩子長大。

當時，阿布耶雅德因車禍導致脊椎損傷，下半身失去知覺無法行走。臂力還算強壯的他，拉著窗戶的鐵欄杆當單槓，想盡辦法活動筋骨做復建。

由於孩子都還小，太太哈利瑪又要照顧癱瘓的他，一家人生計無著。志工們訪視後，將這一家列爲長期照顧戶，爲他訂製健康鞋以協助復健，至今已持續關懷十二個年頭。當年才一歲的小兒子，如今個兒不小，而最大的兒子都成年了。

「天氣冷了，我們就燒瓦斯取暖，不管有錢、沒錢，總是要生活嘛！」面對捉襟見肘的家境，近乎全身癱瘓的阿布耶雅德，只能聽天由命了。

隨著年齡增長、身軀老化，阿布耶雅德的雙手肌肉退化萎縮，已無法像過去一樣拉欄杆復健。欣慰的是，懂事的兩個兒子會去做資源回收，多少貼補家用；一家人省吃儉用下，原本破爛的臨時屋逐漸改建，開始有家的模樣了。

「他們以前沒有屋頂，家裏就兩個房間，女孩子睡一邊、男孩子睡一邊。現在把外面的那一間整理出來了。」陳秋華指著房屋的邊邊角角，說明從以前到現在的變化，不同於富裕人家一次到位的房屋整建，經濟能力有限的他們，只能有多少錢做多少事。

牆建起來了，但沒錢做窗戶，就拿透明塑膠布湊合，儘管看起來不夠體面，但有水泥牆可以擋風，比起過去住帳棚、臨時屋的日子還是好多了。

坐在鋪上地毯與軟墊的客廳地板上，冬天的寒意從腳底、臀部一路往上竄，不過主人的誠意與熱情卻是無比溫暖。

「請自行取用！」阿布耶雅德令晚輩們端出一盤盤好料，炸薯條、黃瓜、煎蛋、醃茄子、酸奶、大餅擺滿桌，這才曉得當大夥兒閒話家常時，身為女主人的哈利瑪卻不見蹤影，原來她早就進廚房為賓客們準備餐點。

「你們一定要多吃點，不然他會生氣喔！」看到大夥兒動作有些遲疑，阿布耶雅德臉色有些不對，陳秋華於是拿起大餅，把盤子裏的菜包在裏面，沾了些酸奶大快朵頤，並頻頻稱讚女主人的手藝。

看到賓客們吃得開懷，身爲主人的他也露出了笑容。或許是因爲久久才能見一次面的緣故吧，每次慈濟人來，阿布耶雅德夫婦總要留人下來吃飯，即使瓦斯、電價節節上漲，好客的他們卻毫不吝惜，總要讓慈濟的好朋友飽足後再回家。

「你們要記得提醒我，回安曼之後要買電池。」拜別了加薩難民照顧戶後，陳秋華把換電池的事記在心頭，待敘利亞難民發放工作告一段落，又載著我們驅車北上杰拉什。

「啦啦啦……」經過了十幾分鐘的拆換及測試，阿布耶雅德的電動輪椅可以動了，太太哈利瑪發出阿拉伯婦女拿手的快速彈舌音，彷彿歡慶著自己的另一半「活」過來了。

禮尚往來，誠意爲重。夫妻倆按例又爲我們準備了餐點，熱騰騰的馬豆湯加上大餅，讓一行人吃飽之後再賦歸。儘管大家心裏明白，那些馬豆可能是不久前慈濟送去的救濟物資，但眞摯的誠意與熱情，無論如何都要記在心裏。

「我們每兩個月給的食物就是這些，最重要的是我們那一分陪伴、

相較時有武裝衝突的故鄉，杰拉什加薩難民社區平靜、安全許多，住在這裏，不用擔心以色列坦克突然出現在街上，石塊與子彈齊飛。

那一分愛。」談起阿布耶雅德一家，陳秋華語帶不捨。

目前，杰拉什的加薩難民營，已逐漸「進化」成有模有樣的社區，不少人持著約旦發給的臨時護照，到阿拉伯聯合大公國等產油富國打工，匯回來的錢改善了社區的經濟，連汽車也增多了。外來的人到當地，若無人指點解說，還眞看不出那兒曾是個難民營呢！

從造訪杰拉什古城，到「紮來喜」的難民家戶，一趟貫通古今的旅程，示現了今日中東衝突的緣由、難民問題的來龍去脈。

誠如古人所說：「一將功成萬骨枯！」古往今來，英雄的功勳、王者的偉業，莫不以千軍萬馬的犧牲、無辜百姓的流離失所爲代價，而今世界已成地球村，國與國、民族與民族的交流，已非羅馬帝國、秦皇漢武時代可比，對於戰爭與和平的思考，英雄豪傑的定義，或許更該與時俱進。

حسين المعظم
بية الألعاب الأسيوية بالدوحة
لعاب الأسيوية
ABU AZAB

走過首都安曼鬧區、杰拉什古城及難民戶，我們對於地處中東肥沃月彎的約旦，有了初步的認識。

儘管行前已閱讀多篇報導約旦慈濟負責人陳秋華的文章，但直到置身完全陌生的阿拉伯世界，接觸截然不同的語言與人文，方體會到他一個臺灣人，在異國贏得尊重與信任，推廣跆拳道、力行菩薩道的不易。

「出生在臺灣，我們眞的要惜福啊！」近距離見證中東地區的烽火動亂，難民貧戶的困苦人生，在約旦落地生根四十年的陳秋華有感而發地說。

回溯一甲子的人生經歷，生於一九五〇年的陳秋華，和同時期的三、四年級世代一樣，也都是努力打拚過來的。

「爲了讓弟妹能夠讀書，他選擇就讀不花錢的士官學校。」弟弟陳得雄表示，父親早年熱心地方事務，曾當選民意代表風光一時，但也因爲從政參選所費不貲，使得家庭經濟入不敷出，甚至負債累累，無力供孩子讀書升學。

因此陳家的大兒子於十五、六歲時，便離開故鄉苗栗北上打拚，老二陳秋華則於一九六六年進入高雄左營的海軍陸戰隊士官學校就讀，之後進入專修班受訓，取得軍官資格。

一九六〇、七〇年代，越戰烽火正熾，面對美軍優勢火力，北越共軍採取游擊戰術偷襲，讓美國大兵死傷慘重。而前來支援南越的韓軍，則以國技跆拳道的拳腳功夫，在近身搏鬥中屢屢擊斃來犯的敵人，越共因此不敢輕犯其陣營。

一九六六年，時任國防部長的蔣經國率團訪韓，親眼見識跆拳道的威力，於是延聘韓國教官來臺教學。次年，軍方責成海軍陸戰隊派員受訓，並取「毋忘在莒」精神，成立「莒拳班」，開始在軍中推廣跆拳道，以增強官兵近身格鬥戰技。

二十啷噹的陳秋華，乘此因緣進入莒拳班，師從來自韓國的「中華跆拳道之父」盧孝永，成為跆拳道在臺灣的第一批傳人。

「當時有一百多人進來，但淘汰到最後，剩下不到二十名，我是其中之一。」經過韓國教練的嚴格訓練、篩選，陳秋華從學員一路破關晉段，成爲臺灣本土的第一批跆拳道教官。

「喜歡運動，或是喜歡打架的，出列！」學成後，陳秋華等莒拳隊教官走入部隊招募後進。當時海軍陸戰隊役期三年，以訓練嚴格、戰力堅強著稱，莒拳隊的操練又更爲嚴酷，仍吸引各路英雄好漢前來挑戰。

「我練過拳擊，但因爲腿比較短，踢不高，所以就把他當成學習的對象，模仿他手的動作。」前莒拳隊學員賴崑榮表示，當年的陳秋華很威嚴，講話時沒有笑容，讓人望而生畏。

雖然當時受訓的學員，年紀普遍比教官大上一、兩歲，大家還是尊師重道，只有服從沒有反駁。

對於跆拳道訓練的嚴格艱苦，不只受訓的陸戰隊員刻骨銘心，陳秋華的胞弟陳得雄也印象深刻。

在陸戰隊長官的通融下，陳得雄在高中畢業、當兵前的空檔，到莒拳隊跟著哥哥練拳，親眼看到學員們在沙袋上留下的斑斑血跡，也經歷

海軍陸戰隊莒拳班結訓後，陳秋華留隊任教。身為臺灣跆拳道種子教官的他，提攜後進為國爭光，因此被國防部表揚為「國軍英雄」。（照片／陳秋華提供）

軍紀教育的震撼。「那時刮颱風，大高雄都停班停課了，但我們卻被命令爬到樹上，抱著樹唱陸戰隊隊歌。」

對於紀律，莒拳隊要求非常嚴格，好比吸菸，在一般部隊稀鬆平常，但莒拳學員若是偷抽菸被教官抓到，下場就是手舉一盆水、蹲馬步，一張嘴抽好幾支菸，嗆得眼淚直流。等到菸抽完了，還得喝下教官精心調製的「菸草茶」，整個處罰過程才算結束。如此嚴厲的處罰，令學員們都不敢再犯，有些癮君子還因此戒掉抽菸的習慣。

「禁菸是基於團隊紀律，而且抽菸影響呼吸功能，對練拳不利。」陳秋華道出了莒拳隊超前國軍各部隊，率先禁菸的理由。而學員們經歷嚴格的戰技與體能訓練後，拳腳的力道、速度都強韌許多，具備在戰場上「秒殺」敵人的能力。

因此，教官們都不忘提醒學員，到外面一定要守規矩，把「武德」守好，不可輕易動手。「因爲我們的一雙手、一雙腳就是利器。」賴崑榮認眞地說。

隨著莒拳隊學員及教官陸續退伍，跆拳道在臺灣的傳播也愈來愈廣，第一家民營跆拳道館於一九六九年開設，四年後中華民國跆拳道協會成立，首任理事長就由退役的海軍陸戰隊司令袁國徵將軍擔任，形成「軍中莒拳，民間跆拳」相輔相成的體系。

一九七三年，陳秋華率領代表隊，前往韓國漢城（今首爾）參加第一屆世界盃跆拳道錦標賽。幾經激烈對打後，系出海軍陸戰隊莒拳隊的中華健兒，爲臺灣摘下團體賽銅牌，將本土化的跆拳道運動推上高峰。

在韓國與本土教練嚴教下，臺灣的跆拳道武者「打」出了威名，也引起了友邦國家的注意。

當年約旦胡笙國王（King Hussein bin Talal）來臺訪問時，對莒拳隊戰技留下深刻印象，於是向我政府提出延攬教練，到約旦訓練軍警的需求。一九七四年，二十五歲的陳秋華奉命前往約旦任教，就此展開了近四十年的旅外生涯。

「剛去的前兩年，皇室有派翻譯給我，但兩年後那位翻譯就離開了。」陳秋華馬上感受到語言不通的難處，英文不識幾個，遑論完全陌生的阿拉伯文。好在跆拳道是「動手」重於「動口」的技能，一番比手畫腳，外加動作示範，原就有武術基礎的禁衛軍學員很快就能跟上來。

扎實的功夫、盡忠職守的態度，不僅胡笙國王激賞，就連國王御弟哈山親王（Prince Hassan bin Talal）也十分賞識，特地延請陳秋華當自己的侍衛長兼武術教練。

身爲王儲的哈山親王，雖然當時才三十出頭，卻已執掌經濟大權，並數度出訪外國。見多識廣的他，在培養人才方面，也有自己獨特的一套方法。

「他曾經半夜找我，叫我跟他一起搭直升機到戈蘭高地，下機後就跟著他一直走。」從拂曉走到正午，陳秋華又餓又渴，但哈山親王卻不發一語。到底要走到哪裏？走過幾個山頭？走多遠？不知道。

「好，我就拚給你看！」憑著陸戰隊員不服輸的精神，陳秋華硬撐著走完全程。

「他整整磨了我八年，之後送我去練槍。」通過各式各樣合理、不合理的磨練後，哈山親王認定這位臺灣來的武者是可靠、可造之材，才放心地派他受特勤訓練，成爲「帶槍侍衛」。

陳秋華頗得哈山親王信賴，一九九九年起，陳秋華承擔約旦慈濟負責人，哈山親王令其一手創辦的哈希米組織鼎力相助。（照片／陳秋華提供）

這位一人之下、萬人之上的主公，也在陳秋華面臨冤屈危難的時候，發揮自己的影響力，情義相挺。一九七七年四月臺灣與約旦斷交，風雲詭譎之際，陳秋華被人誣告「叛國」。在那個動員戡亂時期戒嚴的年代，這莫須有的罪名，足以讓人枉死或判處無期徒刑。

得知自己可能「有去無回」，陳秋華在奉命返臺前，心情沈重地與論及婚嫁的女友高怡怡話別，好在哈山親王力挺，擔保他沒有做對不起雙方的事。

「他要回臺灣時，哈山親王寫了三封信——一封給蔣經國總統，一封給國安局長……」太太陳高怡怡回憶道。

高層互通訊息後，陳秋華含冤昭雪，免除了牢獄之災。接著，他便辦理退伍、籌備結婚事宜。眼見未婚夫脫離險境，高怡怡也匆匆來臺完成終身大事，在老家香港啓德機場轉機時，她打了電話回家。

「你要去臺灣，爲什麼不順便進來啊？」「我要去結婚啊！」得知寶貝女兒要嫁給臺灣人，而且還是個當兵、打跆拳的「粗人」，母親又驚訝又焦急。當時臺灣經濟才剛有起色，然東方明珠香港已繁榮了二、三十年，雙方經濟水準差距頗大，因此親友多不看好這樁婚事。

相較於陳秋華的清苦，高怡怡可是出身香港太平山高級住宅區的千金小姐，從小就有傭人照顧，中學念的是私立貴族學校，畢業後又從事高收入的空服員行業。富裕的家庭背景、時髦亮麗的形象，吸引不少富家子弟追求，怎料最後贏得芳心的，卻是除了一身武功、別無長物的陳秋華。

「我退伍後可能要去開計程車，怕養不起你。」濃情密意之時，木訥老實的陳秋華，竟不適時地講出了讓自己吃大虧的老實話，不過高怡怡卻不在意。「那就去開吧！」心有主見的她爽快地說。

婚後，高怡怡冠上夫姓，跟著陳秋華返回安曼，當時他口袋裏只有七十幾塊美金，可說一切從頭開始。遵循胡笙國王與哈山親王在民間推廣跆拳道的指示，陳秋華在訓練軍警之餘，也在安曼開設道館招生教學。嚴酷的沙漠環境，養成了阿拉伯人強悍尙武的習性，但看到陳秋華迅猛的拳腳、銳利的眼神，就連「大內高手」也不禁心生敬畏，更別說學齡孩童了。

「奇怪了，地上怎麼有一灘水呢？」陳秋華納悶是不是道館裏的水管漏水了。仔細查詢後，方知那一灘水是剛才那個望著他，怯生生的小男孩，嚇到尿褲子留下來的。嚴格的態度、懾人的氣勢，有利於調教優秀選手，卻不利於他融入當地。「我的阿拉伯文一直都講不好，因爲弟子們都不敢跟我講話。」陳秋華語帶苦惱地說。

沿襲臺灣莒拳隊的精實訓練，陳秋華帶領約旦跆拳道運動扎穩根基，邁向國際。一九八〇年，他把同樣擔任跆拳道教練的弟弟陳得雄召來一起打拚，在兩人調教下，約旦跆拳道選手，於一九八八年的韓國漢城奧運嶄露頭角。當時中華隊女將陳怡安在跆拳道表演賽中，爲臺灣踢下了參加奧運以來的第一面金牌。而約旦跆拳道代表隊，則是奪得男子組兩面銅牌。

參賽獲獎，臺、約兩地民衆歡欣鼓舞，奪牌選手被稱頌爲「民族英

陳秋華與同為教練的弟弟陳得雄（右二）數度率領約旦選手出征，奪得國際跆拳大賽獎牌，獲胡笙國王（左四）及哈山親王（右四）表揚嘉勉。（照片／陳秋華提供）

雄」，陳氏兄弟在約旦的成就，亦與臺灣跆拳界老友的耕耘成果相互輝映。兩年後，七名約旦選手來臺灣參加亞洲盃跆拳道錦標賽，創下了百分之百得牌的紀錄。「那時團體金牌由韓國獲得，臺灣居第二，約旦排第三，而且我們約旦選手，有人獲得金牌哦！」陳得雄欣慰地說。

從一九八〇年代至今，約旦跆拳道實力已穩坐中東第一，在亞洲僅次於韓國、臺灣，居前三強，功不可沒的陳秋華，因此成爲當地的風雲人物。儘管曾因樹大招風，惹上一些人事紛爭，灑脫地請辭國手教練職務，但難卻君王及人民的盛情，來自異鄉的他還是重披教頭，率隊參賽締造輝煌的成績，也證明自己的敬業與用心。

登上了武者人生的高峰，陳秋華依舊保持尊師重道的精神，恭敬地侍奉當初教導他的師傅。「盧孝永老師中風後，他還飛到韓國陪他復健呢！」陳得雄如實傳述哥哥對老師的敬愛與關懷。

在約旦耕耘二、三十年，身兼禁軍教頭、國手教練、親王侍衛長等多重角色，陳秋華深得胡笙國王與哈山親王的信賴，甚至放心地把自己的孩子交給他調教。胡笙國王諸位子女中，除了長子——現任國王阿布都拉二世外，都曾被他帶過。

「我曾教他們用撿來的鐵罐，裝水煮雞蛋呢！」放下了正式場合的拘謹，正值學齡的小王子和小公主們，在「陳先生」的看顧下，盡情享受當孩子的樂趣。而哈山親王唯一的兒子，更是陳秋華看著長大的。深得信任的陳秋華，也因此在王宮區內「安家落戶」十多年，以便就近執行勤務。

相對於被君王重用，得人民敬愛的「貴」，陳秋華的另一半則是主「富」。憑著靈活的生意頭腦和好廚藝，陳高怡怡經營的中式餐廳，成爲約旦臺僑、華人的重要聚會所，本地老饕與外國遊客也常慕名而來。景氣好的時候，一個月的利潤就抵得上陳秋華整年的收入。幾年打拚下來，名車、大宅都有了，儘管未生育子女，夫妻倆還是用愛圓滿了一個家，視巴勒斯坦裔養女如己出，還爲她取了個中文名字「陳安曼」。

以世俗的眼光來看，陳秋華可謂事業有成、名利雙收。身爲武者的他，敬業精神沒話說，就連哈山親王在對練時，也會被他殺氣騰騰的眼神震懾，而私底下與朋友互動時，則是一派豪邁暢快。

「我曾在一天內喝掉八瓶啤酒，吃肉撐到沒辦法躺下，必須坐著才能睡。」回想過去大口喝酒、大塊吃肉的習氣，已經戒酒茹素多年的他不好意思地說。

一九九〇年代，步入中年的陳秋華，開始挑戰跆拳道八、九段的更高境界，相較於黑帶一、二段，著重拳腳動作的考核，愈高段的檢定，愈是重視個人對武學的修為，不只要功夫了得，還得寫論文送審，通過之後才能晉段。

於是，陳秋華花了一、兩年的時間研讀武學典籍，看錄影帶勤練動作，充分準備後才參加韓國舉辦的晉段考試，順利獲得八段的資格。對跆拳道界人士來說，這是大師級的榮譽標誌，然晉升後的陳秋華卻心生疑惑──自己可以成為百千弟子們的良師，而自己的良師在哪裏？

於此同時，人數不到一百的約旦華人圈，掀起了一股行善風潮，新任的臺灣駐約旦代表夫人林慧貞，邀請大家一起「做慈濟」。

懷著一分做好事的熱情，陳高怡怡與陳得雄的太太蔡惠薌率先響應。一九九七年九月四日，幾個熱心的華僑成立了慈濟約旦聯絡處，但志工們對於慈濟的章程規定，卻是一無所知，甚至連「蓮華法船」標誌都不清楚，還興沖沖地自行設計識別圖案。手繪的粉紅色蓮花加上綠葉，搭配慈濟基金會的英文字樣，就這樣「土法煉鋼」，展開機構及照顧戶的關懷。

直到一九九七年底，陳秋華返臺度假，順便前往中正紀念堂參觀大愛電視臺的開臺典禮，才見識到眞正的慈濟宗門。

儘管他自認爲是慈濟人，一到現場，卻像個狀況外的人。「哪裏請來的服務小姐啊？怎麼年紀都這麼大？」「這是什麼部隊啊？訓練得眞好。」看到身穿制服的慈濟委員與慈誠隊伍，陳秋華從疑惑轉爲佩服。

那場一九九八年元旦的盛會，開啓了陳秋華從「跆拳道」走向「菩薩道」的契機。然而也在這一年，林慧眞健康狀況走下坡，回臺就醫後確診罹患癌症，一九九九年二月五日往生於慈濟醫院。臨終前，花蓮本會為她頒授慈濟委員證，而約旦慈濟負責人一職，則由陳秋華接棒。

林慧眞病重之時，約旦的政治情勢也因領導人病情惡化，出現許多變數。一九九九年一月二十六日，罹患淋巴癌末期的胡笙國王，宣布解除御弟哈山親王的王儲身分，改立自己的長子為王位繼承人。

數十年來「兄終弟及」的傳承安排，驟然改為「父死子繼」，牽動許多人事的布局，讓約旦舉國陷入一片風聲鶴唳，國際社會也密切關注。在風雲變色之際，哈山親王與家人曾被軟禁達四個月，期間陳秋華則本著陸戰隊員永遠忠誠的信念，陪伴他們，不離不棄。

疾風知勁草，板蕩識忠貞。經過幾個月的風風雨雨，看盡政治生態爭名逐利的虛實，哈山親王放下權力，幫助約旦和平過度到阿布都拉二世的時代。

從位高權重的王儲，到保留尊號、沒有實權的「皇叔」，哈山親王淡出政壇第一線，以一人之喜捨，讓國家免於派系鬥爭的混亂，也間接維持了中東的穩定。

陪伴主公走過政治變革的陣痛期，陳秋華靜心思索，有感於在約旦做慈濟，不能再沒頭沒腦地摸索，必須將精神理念落實貫徹，於是報名參加尋根與幹部研習。

「師兄，你拿著，等一下也許用得著。」澳洲來的志工學員，拿出面紙遞給同隊的陳秋華。

在兩千年全球慈濟幹部研習營中，一場參與「骨髓相見歡」活動，見證捐髓與受髓者突破生死難關、相擁而泣的時刻，陳秋華深受感動落淚。「上人開示時提到『尊重生命』，我聽得渾身起雞皮疙瘩，想想自己活了四十七歲，到底做了些什麼？」

身為哈山親王的帶槍侍衛，陳秋華有機會見識到各樣不同的領導風格，例如前伊拉克總統薩達姆．海珊，就曾帶著約旦的將領，踩著部下的屍體，巡視兩伊戰爭的戰場；約旦已故國王胡笙，親眼目睹飛機失事，在眼前墜地爆炸，當眾人倉皇呼喊之時，他卻是面不改色。

而眼前的證嚴上人，身形那麼瘦小，悲心卻無比廣大，讓陳秋華大感震撼，當下決定響應骨髓捐贈。他把自己的一管血液樣本留在臺灣，同時發願展開全新的人生。

「不久前，你還和我喝了一瓶金門高粱，怎麼現在不喝啦？」陳秋華發願後，海軍陸戰隊及約旦僑界的好友們都發覺，昔日千杯不倒、酒量如海的他，竟然滴酒不沾了；儘管大家如何刺激、引誘，依然不爲所動。太太陳高怡怡甚至以爲，丈夫投入慈濟後，接下來就要出家了。

然而，發願追隨證嚴上人的陳秋華，很清楚未來自己人生的重心，就是做上人要做的事。爲了讓自己的心，時時保持精進不退轉，他每天清晨勤做早課，跪在小佛堂中跟著大愛電視臺播放的課誦自我修持，靜心吸收智慧法水。

「沒有她，我也不會有今天。」「是我帶他進入慈濟。沒有我，你也不會做慈濟吧？」坐在寬敞舒適的家中，陳秋華與陳高怡怡，你一言我一語地和大家笑說從前。

走過數十載人生路，陳秋華感嘆自己浪費了太多時間，然細究那一段勤訓精練的跆拳道人生，我卻認爲那段風風火火的歲月並沒有虛度。畢竟在異國的土地上、艱困的環境中，沒有苦練習武養成堅強的毅力與勇氣，怎能「縱橫沙場」救助苦難衆生？

陳高怡怡捨下優渥家境及光鮮的空姐職業，嫁給軍人出身的陳秋華。夫妻倆在約旦從零開始，成就家業、事業，也在當地推動慈濟志業，回饋這塊讓他們安身立命的土地。

小團隊大承擔

沙漠中的貝都因人，是阿拉伯傳統文化的忠實守護者，卻在現代化的衝擊下，淪為約旦弱勢族群，慈濟志工定期訪視關懷部落，十多年如一日。

經由《慈濟月刊》、大愛電視臺等媒體的報導，陳秋華的傳奇故事，以及約旦慈濟志工在阿拉伯世界的行善足跡，已廣為人知。每當這位阿拉伯世界的東方武者，回臺拜見證嚴上人，各地慈濟志工都會盛情邀約他蒞臨分享。

儘管聽衆人數動輒上千，但掌聲落幕後，還是得面對人寡、資源少的現實。從一九九七年創會至今，約旦分會始終維持「小而美」的形態。目前完成培訓，獲得證嚴上人授證的志工屈指可數，會衆約百人左右，一次活動若能召集二十人參與，就算是「大陣仗」了。陳秋華「校長兼撞鐘」，把自己家當道場，一肩挑起規畫執行、協調聯絡的工作。

相較於團隊的迷你，關懷的範圍卻是不成比例的廣，安曼市區裏的安養院及貧民社區，如窪地阿頓（Wadi Abdoun）可以就近看顧，但要到外地的難民營或沙漠部落進行發放或義診，就得要有長途跋涉、早出晚歸的準備。

長期缺乏足夠水源、食物和生活用品，沙漠部落的孩子多半又黑又瘦、衣衫破舊，甚至連鞋子都沒得穿，慈濟人定期前往部落發放，一點點物資就能讓他們快樂許久。

從北疆的馬夫拉克（Mafraq）、杰拉什，到南約旦的沙漠部落，志工們南北縱走的距離相當於臺灣頭尾的長度。「齋戒月之前，我們會先到南部發放物資，有時大家得在一天之內跑幾百公里。」

陳秋華所說的南部，指的是死海以南貝都因人所居住的沙漠部落。他們是游走於阿拉伯半島、肥沃月灣地區的古老游牧民族，早在先知穆罕默德承真主啓示、創立伊斯蘭之前，這個族群就已騎著駱駝，縱橫中東沙漠地帶，可說是最正宗的阿拉伯人。

儘管隨著文明的發展，約旦境內的貝都因人大多移居市鎮，過著現代化的日子，但仍有不少人守著祖宗留下的土地，在黃沙無垠的大漠裏搭帳棚安家，以畜養羊、駱駝維生。

對王室哈希米家族來說，這些刻苦耐勞、忠誠勇敢的軍民，是安邦定國的重要力量。一九五六年春，貝都因官兵力挺胡笙國王，逼退英軍指揮官收回統帥權，促成約旦實質獨立。

一九七〇年，約旦軍對境內巴勒斯坦解放組織游擊隊展開清剿行動，他們在平定首都、收復北疆的戰役中，立下汗馬功勞。在王室的重視與提拔下，約旦皇家軍隊，特別是禁衛軍與高階將領，幾成貝都因人的天下。

對於這些「義民」，王室除了鼓勵其子弟投入軍旅生涯，也幫助部落老家改善生活。身爲君王侍衛的陳秋華，就親見哈山親王與妻子莎露娃王妃（Princess Sarvah al-Hassan）對貝都因人的關懷。

「那時是冬天，很冷，有一位婦人把帳棚的縫隙都封住，在裏面燒柴火取暖，結果第二天人們發現，她和孩子們都死了。」陳秋華還記得，那婦人被發現時，懷裏還抱著嬰兒，顯示母子倆是在哺育母乳的時候，不知不覺吸入過多一氧化碳，與其他孩子一起在昏睡中喪命。

得知部落發生不幸，同爲人母的莎露娃王妃悲痛落淚，身爲王儲的哈山親王則命令有關單位，爲沙漠中的貝都因部落，提供瓦斯和取暖器具，以避免中毒慘劇重演。

除了提供燃料、糧食，幫助資源匱乏的貝都因族人過冬，這位慈悲的王者還爲他們蓋學校，幾個接受慈濟助學發放的部落小學，當初都是奉哈山親王之命而興建。族人受照顧，孩子有書讀，貝都因人對親王感恩在心。但一九九九年之後，哈山親王卸除王儲之位與官長之權，不能再號令官員以政府經費資助，只能透過自己創立的哈希米慈善組織盡力而為。當時才成立不久的約旦慈濟，也隨順因緣接下了這塊「福田」。

「那時是齋戒月，沙烏地阿拉伯準備了二十噸椰棗，要捐給約旦河西岸居民，結果被以色列擋下，於是轉捐給約旦。」接到意料之外的大筆捐贈，哈希米組織負責人哈山親王之子蘭西德王子（Prince Rashid bin El Hassan），請陳秋華幫忙把這批食物發給需要的人。

剛開始，慈濟人到安曼以北的杰拉什加薩難民營，以及馬夫拉克、札塔里的貝都因聚落發放。齋戒月時，穆斯林一大早封齋，到晚上開齋之間，必須禁食、禁飲水，等於大半天都處於飢渴狀態，晚上用餐時，若能先吃幾粒高甜度的椰棗，就可快速補充體力振作精神。因此慈濟人的發放，對買不起椰棗的難民和貧戶來說，是一大福音。

訪視首善之區外，鮮為人知的暗角，讓約旦慈濟人看到以前不曾見聞的貧苦景象。在草木稀少的沙漠地帶，用整塊木頭燒火取暖是一種奢侈，貧窮的貝都因人只能東抓一把草，西抓幾根枯枝當燃料，一點火整個帳棚就是一片烏煙瘴氣，燻得人們眼睛發紅、淚水直流。

而物資的匱乏更是令人難以想像，一家六口的開齋「大餐」，竟然只是兩顆雞蛋，讓陳秋華驚訝不已：「我有時一餐就吃兩顆蛋了，那六個人分兩顆蛋，怎麼吃啊？」

了解沙漠居民的生活情形，志工們為貝都因鄉親們帶來麵粉、馬豆、糖、紅茶包、食用油等物資，也因應孩子們就學的需求，發放筆、簿本、書包等文具；參與義診的牙醫師，除了拔牙、補牙之外，也教導孩子們保健牙齒。

平均每三、四個月辦一次巡迴訪視及發放，頻率不是很密集，但可貴的是十幾年來從不間斷。而志工們也在布施行善的過程中，學到了「雖貧不苦」的草根智慧。

「大冷天的，他們沒穿鞋，衣服很單薄，可是他們不覺得苦。」在南部的窪地芬難（Wadi Feynan）部落發放時，志工許盈盈跟著當地的孩子，去看他們親手打造的「兒童樂園」。

在鄰近住家的沙漠中，孩子們搬來石塊，圍出一大片場地，在裏頭疊出幾個石頭堆，一個想像中的樂園就完成了。「你看，這是我們的花園，這是足球場，還有噴泉。」貝都因孩子指著空無一物的沙地，歡喜地介紹著，髒髒的小臉上露出燦爛的笑容。

「看到他們天真的笑臉，我們也坦然了。」已經當阿嬤的許盈盈如釋重負地說。

如同絕大部分的海外慈濟據點，約旦慈濟也是發起於當地的臺僑、華人圈。儘管他們都在安曼生活了幾十年，也都會說、聽阿拉伯文，但光憑幾個華人志工人力，要常年「縱橫沙場」關懷約旦南北各點，實在力有未逮。

所幸，陳秋華在此地推廣跆拳道逾三十年，與不少學生及家長結了善緣，他們之中不乏具備阿、英雙語能力的有才之士，這些人既懂得阿拉伯的民情，甚至聽得懂方言口音，加入慈濟志工，對團隊助益頗大。

「我留學美國取得大學土木工程系學位，從事建築行業二十八年，還曾參加杜拜塔的工程。」約旦本土慈濟志工阿布湯瑪斯（Abu Thomas），用帶著口音但不失流利的英文自我介紹。

年過半百、身材壯碩的他，不只能在物資發放過程中幹粗活、搬重物，更重要的是，志工團隊裏，英、阿文俱佳的男性志工很少，在需要「哥們、爺們」出面的時候，有他在事情就好辦得多。

陳秋華還記得，有次志工在窪地阿頓貧民區，發現一名老婦人因腿部細菌感染而嚴重潰爛，想要送她就醫動手術，但老太太的兒子卻不同意。雙方溝通長達一個多星期，志工媽媽們好說歹勸，陳秋華甚至允諾承擔所有醫療費用，都改變不了對方的心意。

「爲什麼如此堅持把媽媽留在家裏不送醫？」「他們希望她早點往生，這樣就可以省一點糧食啊！」聽到志工語帶無奈的說明，陳秋華感到匪夷所思。

一旁的阿布湯瑪斯卻忍不住，身爲穆斯林的他，引用《古蘭經》的教義，把企圖放棄母親生命的兒子痛罵一頓，這才讓對方覺醒，請慈濟

411-49

人把命在旦夕的老婦人送醫。

到院時，潰爛的肢體散發的腐臭味，讓病房區裏的人全跑光，眼見病情不能拖，醫療團隊忍著臭味緊急開刀截肢。儘管老人家不久之後仍因其他病變往生，但終究過了一段較有品質、有尊嚴的餘生。

「我們就是跟著陳秋華兄弟，以及這群太太做志工，還有一些臺灣代表處的人，之後阿比爾來了……」阿布湯瑪斯表示，自己的孩子是跆拳道國手，因此很早就認識擔任國家教練的陳秋華。「我的本名叫薩依德（Saied Sami Kaytokd），而我的長子叫湯瑪（Tamer），所以人們也稱呼我阿布湯瑪，意思就是湯瑪的爸爸，但陳先生常把湯瑪念成湯瑪斯（Thomas），於是我就變成阿布湯瑪斯了。」

對於這個「美麗的錯誤」，他將之當成生活中的小趣味。就連二○○七年歲末，回臺灣受證，法號「濟仁」，成爲約旦第一位本土慈誠隊員，證件上的中文名字也是阿布湯瑪斯。不過名號的改變是其次，內心的自覺、習氣的改變，才是最重要的。

「我在慈濟找到自己。不然以前啊，喝酒、打獵，晚上跑出去滑

約旦慈濟人於二○○三年五月中旬，前往伊拉克首都巴格達近郊的醫院發放物資。當時英美聯軍已占領伊拉克，但伊國游擊隊仍不時開火反擊，嚴重威脅人道救援。因此發放後，志工考量安全，轉而加強關懷滯留伊、約邊界的難民。（攝影／馬僑人）

雪，什麼事都做。」回想從前，阿布湯瑪斯儘管出身穆斯林家庭，但生活卻是放縱不羈。有時晚上喝多了，第二天到十點左右才起得來，而宿醉的頭痛，更是得吃藥才能克制。相對於酒精帶來的迷醉，打獵是另一種感官刺激，青少年時期的他，常跟著爸爸到野外獵捕野獸，不只學到高明的狩獵技巧，也練就強健的體魄。

高中畢業後，阿布湯瑪斯入伍服三年義務役。「當時有位親戚在特戰部隊當軍官，就叫我去他那邊，說會照顧我。沒想到那裏像地獄一樣，而且連續五個月不能放假回家。」

不過，特戰訓練卻讓阿布湯瑪斯增強了刻苦耐勞精神，以及求生的技巧。「只要給我一把槍、一點食物和水，我就能在野外活下去。」雖不復年少勇壯，有點年紀的他仍充滿自信。

退伍離營，學成返國，阿布湯瑪斯立業成家，看著兒子成長茁壯，成為光耀國家的金牌選手，也在杯觥交錯、馳騁田獵中盡享人生快意。

然而，看到跆拳道教練陳秋華的改變，他也見賢思齊，戒除了飲酒的習氣，讓自己的生活符合伊斯蘭信仰的規範，也收起獵槍不再殺生。

二〇〇二年，阿布湯瑪斯跟著慈濟團隊，前往杰拉什的加薩難民營發放輪椅，目睹一名受贈的老人得到輪椅後竟放聲大哭：「我整整在地上爬了五年，沒想到竟然是外國人來幫助我！」

確認慈濟志工是實實在在地助人，他也發願投入。除了關懷境內的貧窮同胞，也支援慈濟在中東地區的賑災，踏上「人道遠征」的路途。二〇〇三年三月美伊戰爭爆發，慈濟與哈希米慈善組織合作，在約、伊邊境的魯威西（Ruwayshed）難民營區設置帳棚，以安置難民。

遵循陳秋華的安排，阿布湯瑪斯爲難民孩子購置溜滑梯、盪鞦韆、翹翹板等遊戲設施，希望能安撫受創的幼小心靈。

戰火稍歇，陳秋華與本土志工阿布拉夏（Abu Rashia）押運物資，進入臨近伊拉克首都巴格達的法路加市（Falluja），支援當地的綜合醫院。在那次援助行動中，志工們看到誤觸未爆彈的孩童，全身蒙受百分之八十的三度灼傷，痛到喊不出聲來；醫師在設備不足的情況下，把血液樣本滴在破磁磚上，冒著被感染的危險進行愛滋病毒化驗。

阿布湯瑪斯沒有參與那次「出塞行」，但出身特種部隊的他，敏銳

在約旦北部馬夫拉克沙漠部落發放時，阿布湯瑪斯拿起擴音器解說注意事項。特種部隊退伍的他，除參與慈濟在當地的濟貧發放，也曾遠行伊朗投入巴姆大地震賑災行動。

地感覺到進入伊拉克救援的危險與不易，「就算你不害怕，其實也是身處險境。」

爲了支援前線志工，阿布湯瑪斯曾在一天內從魯威西到安曼，來回兩趟運送食物、毛毯等物資，行駛里程上千公里。「有人需要，我就盡力而爲。」

伊拉克戰火未熄，鄰國伊朗一波又起。二〇〇三年十二月二十六日，伊朗東南部古城巴姆（Bam）發生芮氏規模六點六強震，四萬三千多人罹難、三萬多人受傷，市區內七成建築倒塌，七萬多人無家可歸。

獲知災情後，慈濟本會立即通知土耳其、約旦的志工就近前往關懷。透過哈希米組織的協調，陳秋華與阿布湯瑪斯登上約旦空軍運輸機，忍受吵雜的引擎聲及高空的低溫，飛行六小時抵達災區，與臺灣來的慈濟志工相會。大家和災民一樣住帳棚、吃罐頭食品和乾糧，在克難狀態下展開援助行動。

走進受創的巴姆城，舉目所見盡是斷垣殘壁，許多罹難者的遺體還沒有挖出來，悲傷過度者憔悴得令人心疼，但接獲慈濟人雙手奉上的援助物資後，「他們高喊『感謝眞主』！我想這不是因爲他們得到食物，而是因爲我們對待的方式。」阿布湯瑪斯表示，伊朗人的語言和阿拉伯人不同，但那一刻語言已不是重要的事。「重要的是我們所做的，就是陪伴、傾聽他們的悲苦！」

分布於五大洲的分支會及聯絡點中，約旦分會是慈濟在阿拉伯世界唯一的據點。由於志工們熟悉伊斯蘭國家的民情風俗，加上安曼地處歐、亞、非交界地帶，到北非、東南歐、西亞、南亞都很便捷，因此每當慈濟對這些地區展開援助時，約旦的志工就經常擔當先發。

除了二〇〇三年關懷「兩伊」，約旦慈濟人還曾參與二〇〇二年中歐水患援助，陳秋華和土耳其慈濟志工胡光中，圓滿了慈濟捐贈九人座汽車，給捷克布拉格「兒童之家」的任務。在二〇〇五年援助巴基斯坦大地震的行動中，陳、胡兩人又攜手合作，踏上受創嚴重的巴屬喀什米爾（Azad Jammu & Kashmir）災區，發揮熟知穆斯林民情的優勢，協助義診及發放。

縱走約旦南北，遠行遙遠國度，志工們踏過的足跡，八千里路雲和月已不足以形容。援助沒有慈濟據點國度的同時，他們對腳下土地，身邊同胞的關懷，亦不曾稍減。

「剛開始看到敘利亞難民會很擔心，因爲許多人在戰爭中受傷。但當我們親手給予物資後，他們的歡喜就顯現在臉上。」曾接受助學補助的桑吉（Jangitt），道出了自己跟著慈濟志工服務敘利亞難民的感受。

由於住家鄰近陳秋華的跆拳道道館，她和妹妹沙特奈（Satanai）在念小學時就學習跆拳道，多年的勤訓苦練下，都達到黑帶的水準。而陳秋華除了是兩姊妹的教練，也以慈濟志工的角色，陪她們走過生命中的低潮。

「那時我們的生活是靠別人接濟，陳先生也資助我們。」桑吉和沙特奈的媽媽表示，二〇〇七年孩子們的爸爸往生，母女三人頓失依靠，慈濟及時支援，不只發放食物用品，也協助兩姊妹申請獎學金。不負衆人的期望，桑吉與沙特奈雙雙考入第一學府約旦大學，分別就讀會計和英文系。

二〇一二年夏，讀商科的桑吉畢業進入職場，在銀行裏從事國際匯款業務，有了穩定的收入，一家人主動請慈濟人停止濟助。在此之前，姊妹倆就開始參與志工活動，以行動回饋幫助她們的人。

「大一時，我第一次當志工，看到很多人需要幫助，之前我從來不知道在約旦有這麼窮的人，第二、第三次之後，我發現她們需要的不只是錢。」深入暗角、服務他人的經驗，多少影響了沙特奈對未來的想像。「畢業後我想到英國念碩士，再到聯合國從事翻譯工作。」

在志工的幫助下，兩姊妹走出失親的陰霾，解除失學的擔憂。從悲傷無助的寡母孤女，到能自立而後助人，慈濟人長期不間斷的付出，啓發了下一代的青年志願者，也為濟世的志業，注入更多的新血。

桑吉（右）與妹妹沙特奈（左）帶著媽媽參加慈濟歲末祝福。父親往生後，慈濟資助她們度過難關，目前桑吉已投入職場，妹妹也將完成大學學業，姊妹倆隨分隨力加入志工行列。

思歸圖

愛在寶島 緣定中東

兒孫滿堂的許盈盈與丈夫阿瑪德，分別出身中華、中東兩大文化圈，女兒韓詩瑪（左立者）和兩個哥哥，從小薰習兩種文化，和爸爸同樣信仰伊斯蘭，也和媽媽一樣說得一口流利中文。

「我四十七歲才來約旦，很勇敢吧？」聽到我要請她「講古」，志工黃惠珍顯得有些不好意思。

對於年過六十的她，及將近八十歲的另一半尤瑟夫（Yousef）來說，年輕時往返臺灣、阿拉伯世界辛苦打拚的日子已成過去，現在夫妻倆當起了農場主人，僱請工人種些椰棗、橄欖維持生計。

由於農事有人代勞，時間比較自由，尤瑟夫於是「婦唱夫隨」，跟著太太黃惠珍一起參與慈濟訪視發放，在援助敘利亞難民的任務中盡心盡力。「這是好事啊，人總是要爲眞主做點事吧？」身爲穆斯林的他笑著說。

一個是巴勒斯坦裔的約旦人，一個是臺灣姑娘，夫妻倆不僅出生地距離遙遠，年輕時的經歷也大不相同。

黃惠珍的父母分別來自臺北縣（今新北市）的新莊和樹林，因爲經營木材生意，搬到擁有大片林場的宜蘭，所以排行老四的她和哥哥、兩個姊姊及小妹，都是在宜蘭長大。儘管家裏是做生意的，但父母依舊勤儉簡約，「我還記得，小時候過年時，吃蘋果不能吃一顆，而是要切成

黃惠珍除了參與第一線關懷敘利亞難民發放，也承擔重要的帳務管理工作，幫助約旦慈濟妥善運用捐款。

好幾片，大家分著吃。」話說從前，道出了一九五〇、六〇年代臺灣社會的實況。

初中畢業後，黃惠珍進入蘇澳的海事水產職業學校就讀水產製造科，但畢業後沒有「摸魚」，反而到臺北的貿易公司工作。於此同時，遠在約旦的尤瑟夫，已過而立之年，事業穩定。「我去沙烏地阿拉伯時，大概十八、九歲，當裝修工人，裝玻璃、裝門窗，什麼都做，我的英文就是和菲律賓外勞對話學起來的。」

當了幾年建築工後，尤瑟夫累積了一些經驗和資金，於是和朋友合夥開公司，從事鋁、玻璃等建材買賣。生意愈做愈大，但合夥的股東卻宣布退出經營團隊。「我沒有足夠的錢把公司承接下來啊！」「沒關係，你只要把賺的錢分一些給我們就好了。」從股東的一員，成爲公司的「大頭家」，尤瑟夫也承擔起營運的重任。

「跟我們去臺灣吧！」在朋友的邀約下，尤瑟夫就此踏上了東方的寶島。時值一九七〇、八〇年代，阿拉伯產油國因爲輸出石油而致富，但除了地下的原油和樹上的椰棗可以自給自足外，民生物資多半仰賴進口，因此很多阿拉伯商人從事國際貿易，四處採購衣食住行等用品與原料運回中東交易。

當時臺灣正值經濟發展快速，製造業最鼎盛的時期，「臺灣製造」的織品、鞋子、雨傘、建材等產品物美價廉，不僅在歐美市場大行其道，也頗受中東客戶歡迎。尤瑟夫爲此與朋友來到臺灣，採購鋁材、玻璃等建材，並與黃惠珍所屬的貿易公司合作；漸漸地，原本相隔遙遠的兩人，因業務往來而熟識。

「那時美金兌換新臺幣的匯率是一比四十，他請別人幫忙兌換，卻只換到三十八塊，我就說哪有這回事啊？」看不慣本地人欺生占便宜，黃惠珍不願讓尤瑟夫繼續當冤大頭，便指引他正確的門路。

雞婆的她，讓來自阿拉伯的他留下深刻印象，而黃惠珍則是看中尤瑟夫在幼年喪父的艱困環境下，白手起家努力打拚的向上精神。隨著相處日久，兩人的姻緣也逐漸成熟。

「結婚時，我三十歲，他四十幾歲。他聽不懂國語、閩南語，我們都是用英文溝通。」對於這位年齡比女兒大上一輪，有過一段婚姻及三個孩子的外籍女婿，黃家父母沒有太多意見，放手讓女兒自己決定。一九八〇年，兩人結為連理。婚後，他們並沒有馬上搬回約旦，而是繼續待在臺灣，尤瑟夫因為商務與探親需求，時常在臺灣與中東之間往來，直到一九九七年，才帶著太太搬到約旦首都安曼。

那一年，尤瑟夫已年過六十，黃惠珍也近半百。對從小在阿拉伯世界長大的尤瑟夫來說，回到安曼生活沒有不適應，但不識阿拉伯文的黃惠珍卻有如文盲般，路標、招牌看不懂，別人說什麼也不知道。

「剛來時，我曾問他，我如果出車禍，別人問我住哪裏都不會講，該怎麼辦啊？」體諒太太的心情，尤瑟夫常帶黃惠珍到中國餐廳嘗家鄉味解悶，餐廳的員工建議她參加華僑聯誼會的活動。

約旦的臺灣人少、圈子小，黃惠珍一加入就認識了陳秋華、陳高怡夫婦。

一九九七年九月，慈濟約旦聯絡處成立，黃惠珍也隨順因緣加入。「在臺灣時，我曾在馬偕醫院做過幾年志工，也參與過臺北市環保局志工，慈濟是佛教團體，我也學佛，就護持到現在。」

尤瑟夫在妻子黃惠珍接引下，「婦唱夫隨」成為慈濟的一員。他曾如古絲路的商旅，頻繁往來臺灣與中東經營貿易，晚年生活重心轉移到農事及志工服務。

由於人力少、資源少，約旦慈濟先從機構關懷做起。跟著志工團隊的腳步，黃惠珍走訪過老人院、育幼院，也參與訪視發放。而她最重要的任務，是管理約旦分會的收支，回報給臺灣本會的帳務報表，都是由她一手包辦。

在經手善款收入、支出的過程，黃惠珍也感受到，儘管約旦慈濟人少、錢少，然而支持的力量一直都在。「我們有好幾個會員，是嫁作阿拉伯媳婦的華人，她們雖不便出來參加活動，但都會捐款護持。」

隨著時間的流轉，尤瑟夫與前妻所生的三個孩子都已成家立業。另一半升格當阿公，未生育的黃惠珍也跟著當了阿拉伯孫子的「臺灣阿嬤」。以前年輕時為事業打拚，現在上了年紀，則以健康為要，行有餘力就跟著大夥兒做志工。

「他現在七十七歲了，我都倒數算時間，想著他若能活到九十歲，我們還剩多少年？」黃惠珍對「無常」深有體會，因此只要有時間，身體狀況許可，夫妻倆就把握因緣付出。不論是近在咫尺的窪地阿頓，還是南部沙漠中的貝都因部落，約旦境內慈濟人付出關懷的地方，幾乎都有他們攜手走過的足跡。

「人生最痛苦是生老病死，還好我們健健康康的，要感恩啊！」見苦而後知福，黃惠珍心有所感地說。

相對於黃惠珍夫婦單純的兩人世界，許盈盈的家卻是一幅熱鬧滾滾的景象，生了兩兒一女的她，除了與夫婿阿瑪德（Ahmad）共同打拚事業外，還得幫忙照顧三個學齡前的孫子、孫女。

「好可愛喔！」小孫女阿麗夏（Alisha）一到阿公、阿嬤家，立刻吸引眾人目光，兩歲的她對於身穿藍衣的慈濟志工並不陌生，即使媽媽有事不在身邊，她也不哭不鬧。

那天，阿麗夏顯得有些累，一個勁兒往許盈盈的懷裏鑽，半夢半醒地窩在阿嬤的臂彎上「充電」。直到許盈盈的女兒韓詩瑪（Basma）下班回來，阿麗夏看到小姑姑招手，才蹦蹦跳跳地往她身邊走去。

依循阿拉伯人的習俗，許盈盈和敘利亞難民婦女互碰臉頰以示親善。身為約旦媳婦的她，自謙阿拉伯文講得不好，但已熟悉當地的人情世故。

「一、二、三！」韓詩瑪小心翼翼地引導她爬階梯數數字，阿麗夏伸出粉嫩小手，緊握小姑姑的食指慢慢往上走。

「老大的太太是本地的阿拉伯人，所以他們的兩個女兒有四分之三的阿拉伯血統。老二娶的是韓國人，他們生的兒子是黃皮膚、黑頭髮，東亞人的模樣。」談到多元背景的兒孫，許盈盈語帶歡喜。

回想從前，年近六十的許盈盈，猶記得在中國大陸鄉村接受磨練的童年往事。「那時毛澤東下令，十六歲以下的孩子不准出國，要在祖國接受正統教育。」

許盈盈的父親在菲律賓經商，她跟著母親住在香港，五、六歲時因爲到福建探視生病中的外婆，沒想到就此被留下來。由於家族的背景是「地主資本家」，小小年紀的她被發配到貧窮農村，下鄉勞動學習。

從繁華富裕的東方明珠，一夕之間轉到一窮二白的中國農村，許盈盈如公主變成灰姑娘般，被逼著學習自己動手、刻苦克難。

「一大早起來就要挑水，還要去踩水車。插秧時，水蛇就在腳邊鑽來鑽去，卻不能出聲。」對於那段苦日子，許盈盈不抱怨，反而慶幸自己從勞動中磨練出高度的適應力。

及至初中，親友才透過關係，將她接回香港。高中畢業後，許盈盈本想前往英國進修，後來參加臺灣大專院校僑生入學考試，獲臺灣大學錄取。猶豫之際，心想在臺灣有親戚可以照應，便決定到臺北讀書。

求學之餘，許盈盈也利用暑假到親戚開的食品公司實習。主管派她向外國客戶推廣罐頭食品，就在那時遇到了沙烏地阿拉伯某食品公司採購部經理、約旦籍的巴勒斯坦青年阿瑪德。

「我以前常在新生南路的清真寺祈禱，所以和她的距離很近。」談起相識的過往，當了阿公的阿瑪德堅定地表示，這段姻緣是真主安排的。一個是臺大經濟系的在學生，一個擁有約旦大學的文憑，在那高等教育尚不普及的年代，兩人的條件可謂相當匹配。

許盈盈憶及，當時沒有電子郵件和網路電話，每次阿瑪德回到中東後，就靠直通電報聯繫。日久生情論及婚嫁，卻因語言、信仰、習俗的極大差異，許盈盈著實費了一番功夫才說服父母，讓她與來自阿拉伯的另一半結婚。

「說實在的，當時自己年輕，好像什麼都不怕，也或許是緣分吧！」新婚的甜蜜一閃即逝，緊接而來的，是現實的異國生活。回到阿拉伯世界老家，阿瑪德滿心歡喜，但許盈盈面對的是截然不同的天地。

「三十多年前的約旦，是一片沙漠，連機場也是破破的。那時走在路上，只要看到黃種人，都有種親切喜悅感，恨不得馬上把他們拉回家。」從草木長青的臺、港、福建，到乾燥少雨的中東，氣候、人文、風俗的差異，一度讓許盈盈適應不良；但夫家親友的溫情，卻幫助她很快融入當地。

許盈盈表示，大都市裏生活忙碌緊張，人情淡薄，即使她的家人都同住香港，也只能在週日相聚飲茶聊天；相形之下，約旦步調慢多了，人們較有時間與親友互動。「比如回到約旦，很多親友都會來機場接你，都不知該坐誰的車。約旦也沒什麼娛樂場所，一到晚上，親戚朋友就相互拜訪，跟香港很不一樣。」

身為約旦巴勒斯坦人媳婦，學習阿拉伯文、入境隨俗是必要的，但許盈盈並沒有放棄中華文化的根，夫妻倆反而發揮通曉中、阿、英文的優勢，在生意場上闖出一片天。

婚後一年，兩人到地中海島國塞浦路斯發展，後來又到臺灣開公司，還把婆婆接來同住。「早期在臺灣，我們的生意很好，當時沒有網路，不知道去哪裏找工廠，所以大家都來找我們幫忙。」許盈盈表示，以前阿拉伯國家如科威特的客戶，到臺灣採購腳踏車，得知阿瑪德是阿拉伯人就很放心。

「客戶覺得我們不會騙他，因爲有問題可以找我們家族。」在臺灣經濟成長最快、民生製造業最發達的一九八〇年代，許盈盈與另一半，靠著異國文化互補的優勢，經營臺灣、中東之間的國際貿易，同時也把彼此的「文化財」傳承給下一代。

「我們曾在臺灣的道明國際學校讀書，那是個很國際化的學習環境。」有著阿拉伯人輪廓的韓詩瑪，用標準的中文訴說自己與兩位哥哥的成長經歷，儘管在閱讀上仍待加強，但她的會話能力已能溝通無礙。

許盈盈在子女教養方面，著實下了一番苦心。「爲了讓孩子熟悉中文，我在家裏都刻意不和他們說阿拉伯文，所以多年來，我的阿拉伯文

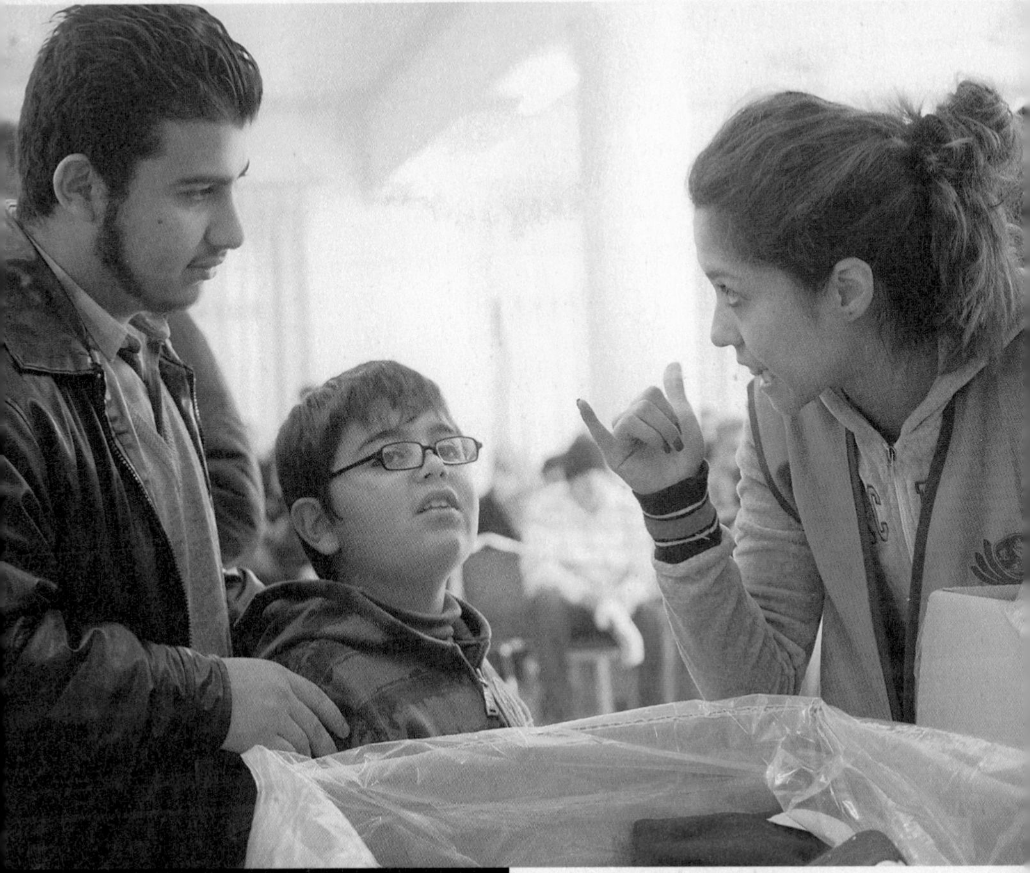

中阿混血的韓詩瑪，平日在爸媽開設的公司擔任翻譯，有機會就
跟著媽媽一起關懷社會，在援助敘利亞難民方面出力不少。

一直不是很好。」

對於阿瑪德、許盈盈及三個兒女來說，多元語文能力是極大優勢。特別是近年來，中國大陸積極推動與中東、非洲的經濟合作，在蘇丹、中非等國大興土木，建造發電廠、橋梁與道路等設施，急需通曉中、阿雙語的中介者，而許盈盈一家人提供的服務，正好滿足中國工商團隊的需求。

「我們懂得中國和阿拉伯的人情世故，可以把他們結合在一起，所以很多事情就能達成。」擔任雙邊溝通橋梁的許盈盈與阿瑪德，因此獲益甚豐。不過有些工程案，即使利潤不錯，夫妻倆就是堅持不接。

「前陣子有人找我們，說以色列要建三千套住房，希望我能帶中國的工程團隊過去。我回應說，幫以色列人建房子，把巴勒斯坦人趕出去，我做不到。」身爲巴勒斯坦人的媳婦，許盈盈同理丈夫年輕時，因以阿戰爭被迫離開約旦河西岸故鄉的傷痛，因此在事業的經營上，爲自己劃定了「有所不爲」的禁區。

「如果大家有愛，就不會有這麼多的戰爭和殺戮了。」身處戰亂頻仍的中東，看盡令人憂心的苦難，許盈盈有著深深的不忍。因此早在一九九七年，慈濟在約旦成立聯絡處，展開訪視救濟時，身爲華僑聯誼會一員的她就加入志工團隊。

每當援助物資需要分裝、打包時，她就帶著孩子來參與。「我希望一直跟著媽媽做慈濟。因爲我們穆斯林相信，如果眞主賞賜給你一些東西，你一定要分享出去。眞主賜給我好的家庭、健康的身體，我們也必須幫助別人。」女兒韓詩瑪用流利的中文表示：「這是一定要的！」

從一九七〇、八〇年代，「錢淹腳目」的臺灣，到二十一世紀初，烽火未息的中東，隨著歲月流轉，當初俊俏的阿拉伯型男、嬌美的華人女子，已成了花甲之齡的長者。

許盈盈、黃惠珍兩位阿嬤的人生故事，有浪漫的愛情篇章，也有現實、艱苦的磨練；但最難得的是，她們用行動證明了只要有心，油麻菜籽也能在荒漠中，化爲庇蔭衆人的橄欖樹。

Tzu Chi
UNHCR

援助敘利亞難民的發放前置作業即將展開，約旦慈濟志工來到位於安曼市東區的物流倉庫，將四千份食物品搬上車，準備送到北部邊城南薩（Ramtha）。

對人數不多的本地團隊來說，要在一個下午把這些東西搬上車，實在力有未逮，所幸陳秋華桃李滿安曼，身為跆拳道教練的弟子們，得知要援助敘利亞的穆斯林同胞，紛紛邀集學生及家長前來支援。

「他們很歡喜地來做好事，就算累也是很快樂，謝謝慈濟從臺灣到約旦，為敘利亞難民做些事。」帶隊的跆拳道教練卡塔（Khada）表示，全約旦的孩子們都知道敘利亞在打仗，有很多敘國小朋友失學，因此大家都願意付出自己的一分力。

除了本土跆拳道界的子弟兵，來自愛爾蘭、英國的華裔慈濟志工，以及臺灣留學生、商旅人士也來共襄盛舉。因此當天下午兩點半，上貨工作開始，倉庫的左鄰右舍，就看到許多東方面孔忙進忙出，龐大的聯結車停在路邊，景象非比尋常。

「危險！小孩不要靠近！」眼看好奇的小娃兒愈來愈靠近，志工上

盛裝食物用品的生活包數以千計，幸有從事物流業的志工發心支援倉儲及運輸，大規模的發放作業方能順利進行。

前阻擋，哄他們往後退。從倉庫到車子，距離約二十、三十公尺，大家排成人鏈接力搬運，年輕的跆拳道學生們，把體力活當成遊戲，相互較勁看誰搬得快、撐得久。

「別逞強啊！」英國慈濟志工朱建隆眼尖，看到一位年輕志工蘇菲安（Sofian）口袋裏放著氣管擴張劑的噴霧瓶，知道他有氣喘的問題，連忙提醒注意身體狀況適時休息，可是蘇菲安和同學們做得正起勁，一點也不想停下來。

「沒關係，我可以。」「不行！你現在先暫停動作，等大家傳送二十包，你再繼續搬。」為了避免氣喘發作出意外，慈濟志工及教練強烈要求他休息，也相互提醒注意身體狀況。

不過，上了年紀的志工們，儘管體力較弱，依舊把握一分一秒盡量多做，不輕易退下來休息。

「累歸累，但不礙事，我當然要繼續做下去啊！」年過六十的莉莉堅持著。

看著大夥兒使盡全力幹活，我們記錄、拍照告一段落，也加入螞蟻雄兵行列，體驗十二公斤生活包捧在手中的重量感，剛開始還勝任愉快，但幾分鐘後，缺乏鍛鍊的肌肉開始不聽使喚了。

「咚！」聯結車裏傳出沈重的巨響，所有的人暫停動作，把目光朝向事發地點。「沒事！沒事！」不慎「掉包」的年輕學生以靦腆的傻笑，請求大家原諒，確定沒有人受傷，也沒有食物撒落或外流後，大夥兒鬆了口氣繼續搬。

不過這個小意外卻觸發了我的好奇心，想看看剛剛搬運的深藍色大包，裏頭到底裝了哪些東西？

徵得志工同意，我隨機抽一包，將內容物拿出來，放在瓦楞紙板上拍照記錄。仔細數一數，裏頭有兩個番茄醬罐頭、十七個豆類罐頭、五包義大利麵、兩塊香皂，外加紅茶一盒、奶粉一包。

這些物資不是乾料就是鐵罐，禁得起碰撞也利於儲放，以分量來看，假設受助的一方是一對夫婦帶三、四個小孩，這十二公斤的食物品省省地用，應可維持三天到五天。儘管資糧有限，但若能讓快要絕望的人，感受到天無絕人之路，或許能在緊要關頭挽救一條命。

回顧慈濟國際賑災紀錄，一九九四年到一九九七年間，柬埔寨因天災、內亂，導致十二萬人陷入饑荒，賑災志工一踏上柬國土地，就聽到當地官員說，有媽媽因不願讓家人受飢餓折磨，在僅剩的糧食裏下毒，導致一家十四口中，有十三個中毒身亡。

逝去的生命無法挽回，惟有加快腳步守護倖存的人。在柬埔寨進行大米發放時，志工遇到一位婦女，懷抱的嬰孩已經沒了氣息，但她仍強忍悲傷，排在領賑糧的隊伍中，只因爲家中還有其他孩子嗷嗷待哺，失去了一個，不能再失去其他人了！

這是十幾年前，慈濟國際人道援助的眞實紀錄，鑑往知來，就不難同理今日敘國難民流離異地之苦。

「阿拉……」下午四時許，清眞寺傳出喚拜聲，志工們暫停動作，先讓穆斯林弟兄敬拜眞主。算算時間，這時候所做的禮拜，應是午後到日落之前的「晡禮」，信仰伊斯蘭的志工們請倉庫老闆傑米站到隊伍前，帶領大家向聖城麥加方向朝拜。

標準的動作，低迴的禱詞，顯現他對眞主的虔誠，而一身「藍天白雲」，則是經過多年參與慈濟活動、見習培訓之後，於二〇一二年十一月，獲證嚴上人授證成爲慈誠隊員的標記。

傑米從事食品及雜貨批發已二十五年，當初是子承父業從基層做起。完成專科學業、服完兵役後，父親將面積約十二平方公尺的小雜貨店，交給他與大哥合作經營，鎖定對面的女子學校，賣些零食、文具。

由於大哥是身心障礙者，業務都是由傑米一肩挑，開店的工作相當辛苦，每天從早上五點忙到晚上九點，但爸爸給的月薪卻只有八十丁。

好在傑米對這一行有濃厚的興趣，不畏辛勞地把小生意做大，資產也從一間小店，擴展到兩間店面、一間大倉庫。更可貴的是，儘管在生意場上碰上不少詐欺、背信的事，蒙受損失，傑米依然堅持以誠信原則待人。

陳秋華表示，十二年前剛接觸傑米的時候，最深刻的印象就是他和

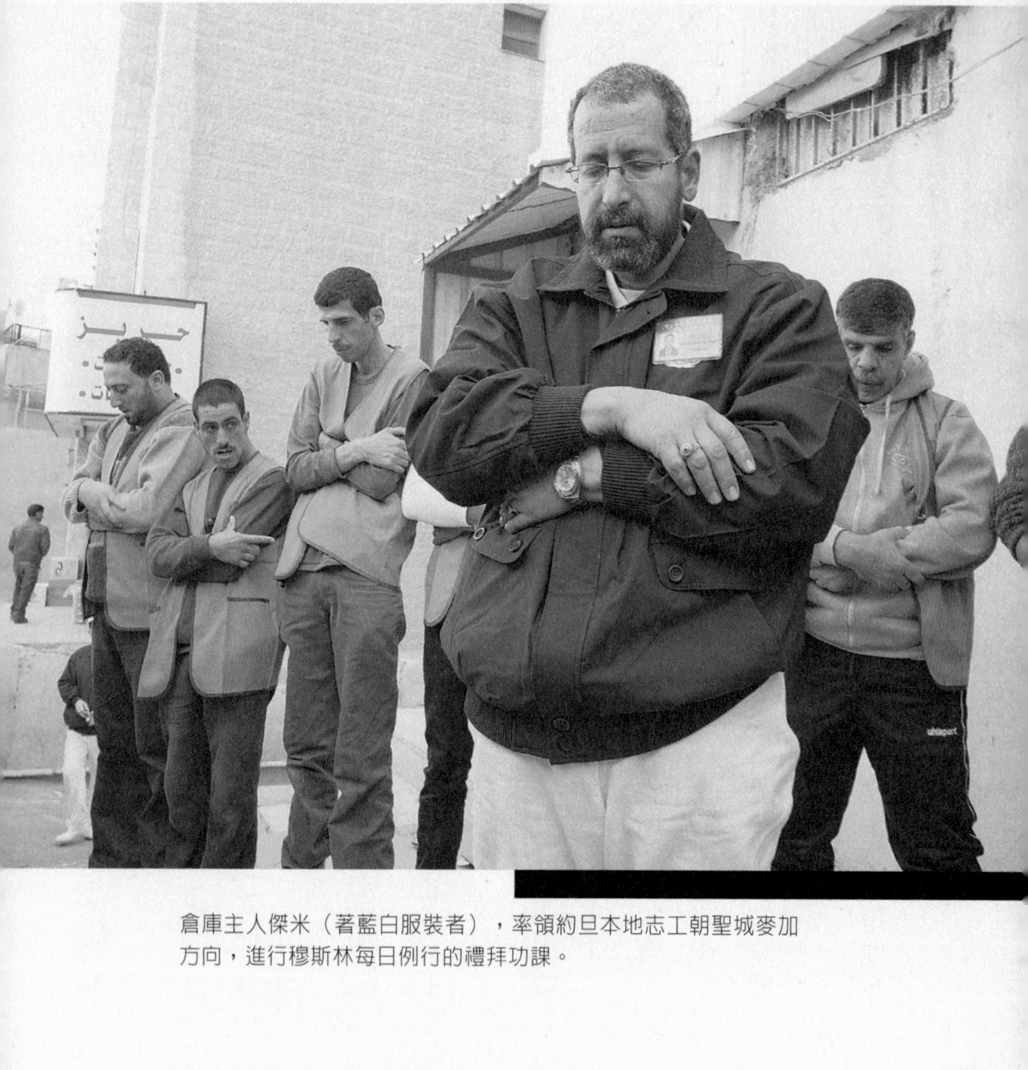

倉庫主人傑米（著藍白服裝者），率領約旦本地志工朝聖城麥加方向，進行穆斯林每日例行的禮拜功課。

慈濟人一樣誠正信實，不做回扣這類「潛規則」的事。而且爲了確保物資平安準時抵達發放點，身爲老闆的他經常親自開車押運。

從死海以南的沙漠公路，轉進偏遠的貝都因部落，走過一次就知道不簡單，但不論是S型的蜿蜒山路、飛沙走石的荒原，還是滿布石礫的河床，對傑米都不是障礙。

「他都在一大清早四點上路出發，經過三小時車程後，於早上七點抵達發放點。」對於這位用心付出的夥伴，志工阿嬤漢娜（Hana）相當讚歎。

除了自己投入，傑米也帶著自己的孩子、大哥的兒子一起出力。在當天上貨的過程中，那憨厚的姪子，憑著一股不知道累的傻勁，默默地工作著，十二公斤的物資到他手中，彷彿失去重量一般。

已經長大成人的他，遺傳了父親的身心障礙，所幸在叔叔老闆以及倉庫員工的照應下，他憑著自己的勞力維生，幾年下來，矮小的身軀已鍛鍊得強壯如牛。

「他很有力氣，可是出生到今天都沒說過半句話，他能聽但不會講，看遍了醫師都治不好。」說起大哥一家，做弟弟的有遺憾卻不抱怨：「他是我兄弟，我們一起打拚，我有什麼，他就有什麼。」

看到傑米除了照顧一家大小，還要負擔智障的大哥及其家屬，不少朋友都勸他，放棄算了，但是重情義的他，二十多年來對親人始終不離不棄。除了照顧自家人，虔誠信仰伊斯蘭的傑米，也遵循教義，在齋戒月時與朋友們一起繳納「天課」，湊錢買物資濟貧。

照護親兄弟、行善助他人的習慣，讓他很順利地與來自東方的慈濟團體接軌。經由本土志工阿布湯瑪斯的接引，他首先參與杰拉什加薩難民社區的發放任務。

「我很驚訝，沒想到難民那麼窮！而慈濟和難民們素無關係，卻願意幫助他們。」傑米見苦知福，從協力廠商成爲志工的一員，他的伊斯蘭信仰依舊堅定，但內心的感動卻大大不同。

「我原先以爲證嚴上人是位普通的女衆，但認識上人後，我彷彿看見另一個世界。」造訪過臺灣的他興奮地說。

在傑米貢獻物流專業及倉儲設施、跆拳道師生的鼎力相助下，數千份物資的上貨工作進行得還算順利。儘管就進度來看，要在日落前收工是不太可能了，但陳秋華等志工還是在大家進入狀況、無須時時看顧後，帶領我們訪視敘利亞難民家戶，對象是十五歲青少年阿德拉曼與他的家人。

「爸爸看不見、媽媽沒有工作，所以我到處打零工養家。」對於現在的生活，涉世未深的阿德拉曼沒有多著墨，只說進入約旦後，一家人處境艱難，老爸爸甚至得挨家挨戶向人乞討。

所幸後來遇到好心的傑米，幫他們找到安身的公寓，地點就在距離物流倉庫約兩分鐘腳程的地方。相較於兒子的單純，白髮老爹法罕就顯得相當戒慎。

「拜託你們，千萬不要讓我們上鏡頭曝光，我還有一個兒子滯留在敘利亞。」不放心的情緒，讓人彷彿身處小說《一九八四》書中，「老大哥」無處不在，情治人員時時監視的極權世界。爲了讓老人家安心，我們把攝影器材收起來，經過一番溝通之後，他才把話匣子慢慢打開。

「我育有四子四女，以前在敘利亞，我們家的經濟條件算是不錯，

逃到約旦邊城的敘利亞難民，得耗費許多時間精力，前往各慈善組織的工作站辦登記、領錢糧，就算身心俱疲也要撐到底。

但後來情況愈來愈糟，當一個兒子被打死了，我覺得不逃不行。」法罕老爹表示，六個月前，一家人先從老家荷姆斯（Homs）南下首都大馬士革，而後從大馬士革轉移到南疆邊區達拉（Daraa）。該地區與約旦北疆伊爾比德省的南薩地區接壤，許多敘國難民就從那裏冒死越界。

儘管因爲眼盲，看不見斷垣殘壁、焦土烽煙的情景，但法罕老爹很明白，自己和家人都身陷險境。「在抵達南薩之前，我們整整走了兩天山路，而且不時聽到槍炮聲！」僥倖躲過刀兵劫，法罕老爹及逃過來的家人們先到南薩，然後轉到一百公里外的安曼，命保住了，生活卻難以爲繼。

「剛到約旦的時候，本地的慈善組織幫我們支付了房租及水電費，可是後來難民愈來愈多，他們就停止對我們的幫助了。」年老、力衰又眼盲，法罕老爹只能低聲下氣向人乞討，所幸阿德拉曼找到了還算穩定的工作，三十五丁（約合新臺幣一千四百元）的週薪雖然不高，總比一無所有好一些。

與法罕老爹有類似經歷的敘國難民，在安曼為數不少，在邊城南薩更是隨處可見。上完貨的第二天，志工們就跟著貨車北上南薩城，再一次發揮螞蟻雄兵的力量，將生活包卸下，搬進協力單位阿爾塔卡富組織的地下室倉庫。

這一次出力的人，除了慈濟志工原班人馬，還有埃及外勞、阿爾塔卡富組織人員，而最特別的是，接受慈濟「以工代賑」援助的敘利亞難民青年。

「我不屬於任何黨派，可是他們就是要殺我。」二十三歲青年阿南原是大學電機系大二學生，距離畢業還有好一段日子，求學的路程卻因內戰而中斷，就連性命也險些不保。

身穿黃色志工背心的他拉起衣袖，亮出右上臂已經癒合的槍擊傷痕，幸好是打在手臂上，如果偏移個幾公分，擊中頭胸部要害，很可能就當場斃命。

中槍之後，阿南在反抗軍冒死搶救下，被送到約旦動手術。由於治療、照顧得宜，他保住一命且手臂復原良好，因此可以搬運慈濟生活包，爲敍國難民同胞出一點力。

「我愛我的國家，我想回家！」在約旦居留已四個月的他，道出了難胞共同的心聲，可是政府軍與反抗軍鏖戰不休，第一大城阿勒坡、首都大馬士革，以及哈馬、荷姆斯、達拉等要城，都已成爲雙方攻防之地，當家鄉成爲戰鬥的險地，回家談何容易？只能先到當地慈善組織登記資料，多少領些物資、金錢，撐過眼前的難關再說。

相對的，約旦的善心人士也爲如何幫助難民絞盡腦汁，因爲敍利亞難民的人數，不是幾百、幾千，而是數以十萬計，走一趟阿爾塔卡富組織的南薩市服務站，就不難體會難民事務承辦人「壓力山大」的處境。

「馬哈馬德法拉罕！馬哈馬德法拉罕！」工作人員用近乎咆哮的高分貝唱名喊人，約三十坪見方的服務站裏人聲鼎沸，不耐久候的嬰孩放聲大哭，更添焦慮不安的緊迫，我們跟著該組織的公關人員朱比，穿過人群進入辦公區。

由於來約旦之前，已知敘利亞難民對中國人普遍抱持反感，因此通過難民聚集處時，我已預期會遭遇不少白眼或咒罵，不過在場的敘國人似乎無暇對我們採取不友善舉動，反倒是攝影記者乘機拍到了不少煩憂、疲憊的神情。

從外在儀表來看，前來求助的敘國鄉親們衣著樸素乾淨，身材高胖者不在少數，和世人眼中衣衫襤褸的難民形象，有著極大反差，身為外國人的我們更是無法分辨，到底誰是南薩本地鄉親？誰是敘利亞來的？

不過，阿爾塔卡富的職工及志工們，早已展開登記造冊工作，詳實記錄每一個敘利亞受助者的個人及家庭成員資料，慈濟所援助的敘利亞難民個案，也多由他們轉介。「難民一來，我們就開案，協助他們就醫、上學，並發放物資兌換券，發給每一家戶一百五十丁補助金，但每一家只能領一次。」

聽完朱比的說明，我感到疑惑，不明白為什麼只給一次，且不能多給一些？但得知當時阿爾塔卡富組織登記在案的受助難民人數，已達兩萬七千人之多時，我不忍心再問了。「原本在南薩，有三個非政府組織在幫助他們，但現在只剩下我們了。」朱比語帶無奈地說。

走出人擠人的服務站，朱比帶領我們到邊界拍攝採訪，小巴士駛離巷弄狹窄的市區，迎面而來的是如畫的田園景色、耕耘過的紅土地，搭配藍天綠樹，在暖暖冬陽照耀下顯得格外清新。

我們參訪的邊界地段叫土拉（Tura），距離首都安曼約一百公里，向北望去是敘利亞南疆的塔西哈伯（Tal She Hab）地區。兩地之間沒有山稜或谷地，站在約旦這一邊遙望敘國，但見白色清眞寺及喚拜塔，恰到好處地鑲嵌在藍天綠地之間。

爲了坐擁絕佳的景致、就近出國旅遊，有人在當地蓋起了豪宅。然而當敘國陷入內戰，總長三百七十五公里的約敘邊界，就成爲難以跨越的生死線。

「爲什麼不從合法管道，通過邊關來約旦？」「因爲敘利亞政府會把他們抓回去啊！」說起難民逃亡的危險，朱比簡報了昨天難民傷亡數字：「七百六十六人越界跑過來，其中五十人被槍傷，傷者中有八人不治。」他進一步說明，自敘利亞內戰開打，到我們前往邊界參訪，已有近三百名兒童在這條出逃路徑上送了命。

「狙擊手的身分很複雜，有來自黎巴嫩、伊朗的，甚至還有北朝鮮人，他們都是傭兵。」朱比的敘說讓我感到不可思議，但也有幾分可信度，畢竟某些外國勢力，如黎巴嫩眞主黨民兵，和阿塞德政權同屬什葉派，不無可能跨界支援。

聽到敘國政府軍引進外國人殘殺同胞，志工阿比爾不禁嘆息：「很多人都以成就這個國家做藉口去殺人，但眞相如何，卻沒有人知道！」

風和日麗的大白天，土拉邊區就如以往一樣地平靜，開著耕耘機的農夫若無其事地犁田，載著士兵的迷彩小軍卡，從我們面前緩緩駛過，約旦這一邊沒有什麼異樣，就算有，也只不過多了一輛黃色小巴士，和幾個身穿藍衣服的東方人。但對面的敘利亞卻是殺機四伏。

「你看，清眞寺旁冒出黑煙了！」衆人驚呼道，不一會兒我聽到了爆炸聲，儘管經過幾公里的傳播，聲音已是隱隱約約，稍一分心就會忽略，但它卻提醒了站在約旦這一邊的我們，殺戮還未停止，戰爭仍在進行中。

美麗風光的背後，是看不見的殺戮戰場，爲了方便狙擊手瞄準目標，敘利亞那一頭象徵和平的橄欖樹，自內戰爆發後就被砍除大半，光天化日之下闖越毫無隱蔽開闊地，無疑走進靶場當活靶。因此難民們都選擇月黑風高的深夜闖關，若是大難不死，就能得到約旦軍隊接應，然後轉介給人道援助單位進行安置。

完成了敘利亞難民物資發放的下貨倉儲工作後，我們在離開南薩前，訪視了由聯合國難民署統籌、阿爾塔卡富組織協辦的阿布都拉國王公園難民營。原本營區管理單位只允許少數記者入內，但在陳秋華及朱比等人的協調下，對方大發慈悲，開放營區讓所有的人進入訪視。

得到意料之外的「優待」，大家都把握因緣前去了解狀況，畢竟難民的收容處所是受管制的地方，可不是說進就能進的。

「我們爲難民提供淋浴間、超市及醫療中心，也接送他們的孩子上

學。」朱比簡要地說明現況。這座以國王名號爲名的營區，是約旦第一個敘利亞難民收容所，成立於二〇一一年六月，原本的容量只有九百人，但情況最艱困的時候，曾擠入九千多人。所幸二〇一二年七月，約旦政府在位於馬夫拉克省的札塔里成立大型難民營，把大部分的人搬過去，緊迫的情況才恢復正常。

收容人住在漆著聯合國難民署UNHCR字樣的白色簡易屋裏，戶外晾曬著衣物，孩童奔跑嬉笑，大人們或做家務，或三三兩兩閒聊。慈濟人的意外到訪，引起了小小的騷動。

「你們是中國人嗎？」一名留著絡腮鬍的中年男子，用英文質疑地詢問我們，所幸志工隊伍中有一半是約旦本地人，約、敘雙方同爲阿拉伯人，溝通一番就釋懷了。

「飲水、食物沒有問題，但簡易屋空間小，卻擠了兩家十幾口人，像我就有十幾歲的兒女，同住一房實在很不方便。」難民阿哈曼表示，自己和太太，以及八名兒女住在一起，加上同在一個屋簷下的另一家人，空間的侷促狹窄可想而知。

從約旦土拉地區北望，白色建築物處即為敘利亞的塔西哈伯地區。約旦軍人及人道援助團體，在邊界線上冒險搶救被槍擊的逃難者，眼前狹窄的泥土路，即是後送傷患要道。（前頁）

不過生活可以安定，當爸爸的他也不奢求太多了。「教育方面，約旦政府安排得很好，他們派車接送孩子們上學。」阿哈曼中肯地說。

眼看日已西斜，志工們把握時間和居民們互動，即使沒辦法給予實質的物資援助，至少也要用言語、用肢體動作，讓他們感覺到不孤單。

來自臺灣的志工童文雀，跟著一群小孩唱啊跳啊，儘管一句阿拉伯文也聽不懂，但她依然和敘利亞孩子們打成一片。只是孩子們的歌，讓懂阿拉伯文的陳得雄聽了直搖頭：「他們唱，阿塞德是蟑螂，派飛機炸我們……」

純眞無邪的兒歌，竟充滿了仇恨、殺戮的詞彙，反映了敘利亞難民兒童，充滿傷痕的心靈世界。聽到志工的解說，我不禁心情沈重，想著掌握權力、資源的大人啊，究竟該許給孩子們一個什麼樣的未來？

寒風中的貝都因人

前來領物資的貝都因女子，身著黑袍，只露出一雙眼睛。她穿的是部落傳統女裝，既符合伊斯蘭要求女性必須遮蔽「羞體」的戒律，也適應沙漠地帶烈日強風的環境。

完成南薩地區的生活包下貨任務，走訪過邊界及阿布都拉國王公園營區，志工們接下來的任務是進行本土貧民的關懷。大夥兒按照老規矩，在陳秋華家門前集合，準備前往一個很多人知道，但很少人想去的地方——窪地阿頓。

約旦慈濟人關懷那裏超過十年，每兩個月一次的熱食與物資發放，已成爲當地一大盛事。清點人數、安排車輛後，一行人在早上十點出發，時間雖然不早，但大家都不擔心塞車，因爲週五、週六是約旦的星期例假日，這時安曼還有一大半的人在睡覺呢！

「窪地，阿拉伯文的意思是低地、谷地，所以我猜臺灣地理課本上寫到的吐魯番窪地，這個窪地的名稱是從阿拉伯傳過來的。」留學生志工劉勇男言之鑿鑿地推測。由字面推斷，若有個地方叫窪地阿頓，相對的應該有個地勢較高的阿頓，方能相映成雙。

窪地阿頓地處安曼市區河灣低地，每遇冬季降雨，聚落旁的小河便成洶湧濁流，加上當地久為垃圾棄置場，山頭住宅的生活污水也直接排放下來，使得當地貧戶不得不花錢購買飲用水。

沒錯，安曼市的確有個名爲阿頓（Abdoun）的山頭，上面建滿了豪宅及精品店，就像臺北一〇一大樓附近的信義路豪宅區，或是臺中市七期重劃區精華地段，許多約旦本國或其他阿拉伯國家的富豪，都在阿頓區買房置產，享受舒適優渥的生活。

但是那些生活在金字塔高層的富人，只要打開後院窗戶往下一看，就會望見另一個截然不同的世界。生活在窪地阿頓，也就是阿頓區谷底的貝都因貧戶，過的是連一般升斗小民都無法想像的窮日子。

「窪地阿頓的人，一個月賺不到一百丁（約新臺幣四千元），但阿頓區的人，吃一頓飯可能就不只花一百丁了。」陳秋華道出了山頭谷底驚人的貧富差距。

行在寬闊的大道上，天氣晴朗，藍天上點綴著些許薄雲，正是出遊的好時機。然而到了窪地阿頓，眼前的景象卻有如荒山野嶺，很難想像那裏是約旦首善之都的轄區。

「你們先下車吧！」行駛在凹凸不平的路上，轎車底盤觸地，我們只好下車步行，好讓陳秋華把車子開進去。回頭一看，年過六十的志工莉莉與漢娜也下車行走。而中年媽媽盧布娜（Lubna）顯然有備而來，她駕駛高大的休旅車，載著三個孩子駛入，不過一路上也是顛顛簸簸，看起來就像參加越野拉力賽一般。

「這裏的水都是從上面的房子排下來的。」踩著石頭，小心翼翼踏過不甚乾淨的水流，莉莉邊走邊解說道。走在由碎石子、廢棄瓦礫鋪成的爛路上，仰望山頭上豪宅林立，青空映黃岩的天際線，令人不禁想問住在上頭的人，這麼多年來，是如何看待生活在山腳部落的這群同胞？

谷地裏的住戶人數只有二十三戶，而且住得很零散。儘管在政府的協助下，部落裏大多數孩子都能接受基本教育，可是貝都因鄉親貧窮處境依舊。大人靠資源回收、養羊、打零工維生，部落裏到處都是用塑膠布、木條勉強撐起的簡陋居所。

鄉民收入僅能勉強餬口，任何要花錢的事都是不可承受之重，所以這裏因貧窮而無法就醫的個案很多，甚至有老母親罹患重病，孩子們卻放棄醫療，任其自生自滅的情形。

這個小部落能夠存在多久？沒有人能確定，因爲政府打算在這裏開馬路，一旦工程建設啓動，居民就得搬家，也因此志工們能與當地互動的時間所剩不多了。

看到慈濟人前來，小孩一擁而上，婦女們也開始聚集，志工隨即擺桌鋪排動線，傑米打開貨車車廂，熟練地把米、糖等物資，一包一包地卸下，分門別類陳列開來，讓婦女們依序來領。

「請您跟她們說清楚，這個袋子不要丟掉，下次來領食物時要帶過來裝喔！」陳秋華請漢娜拿起「大聲公」，向媽媽們說明，就算不計成本，基於環保考量也要重複使用。

大人們忙著準備發放，小孩子則由擔任教師的莉莉帶動唱，「她們在唱約旦的國歌呢！」第一次參加發放的女志工法雅（Farah），解說孩子們歌唱的內容，大學畢業後，她就到臺灣駐約旦代表處擔任職員，到職沒多久就跟著慈濟人來發放。

對於志工及居民來說，物資發放固然重要，但熱食更令人期待，窪地阿頓戶數不多，沒有大排長龍的場面，物資很快就發放完畢，接下來就是美味上桌了。

在一條龍的動線上，領熱食的人先拿餐盤裝飯，接著由志工媽媽盧布娜，把精心調製的豆醬，從保溫瓶裏舀出來淋在飯上。黃澄澄的醬汁，和上淨白的米飯，冒出熱騰騰的蒸氣，讓人一看就食指大動。除了燴飯，志工還準備了柳橙、香蕉、果汁，還有麵包及蛋糕，要讓部落裏的大人、小孩吃個飽。

不讓大人專美於前，志工傑米的千金，八歲的碧姍（Basian），以及盧布娜的小女兒，也穿上志工背心，站上熱食發放的最後一個點，兩個白白淨淨的可愛女孩站在一起發麵包，讓人打從心底生起幸福感。

「剛來的時候，她對這裏的一切也很震驚，之後就常常要求參加發放，幫助和她同年齡的孩子。」看到小女兒的認真，盧布娜欣慰地說。

領到熱食，部落裏的媽媽與志工們，小心翼翼地拿著餐盤，一口一口地餵孩子們吃。為了方便餵食，志工童文雀蹲了下來，而被餵的小女孩則是跪坐在地上。雖然沒有血緣關係，種族也不同，但這「小孩跪哺」的互動，竟如同親母女般。

看孩子們吃得津津有味，大人笑逐顏開，留學生劉勇男有感而發地

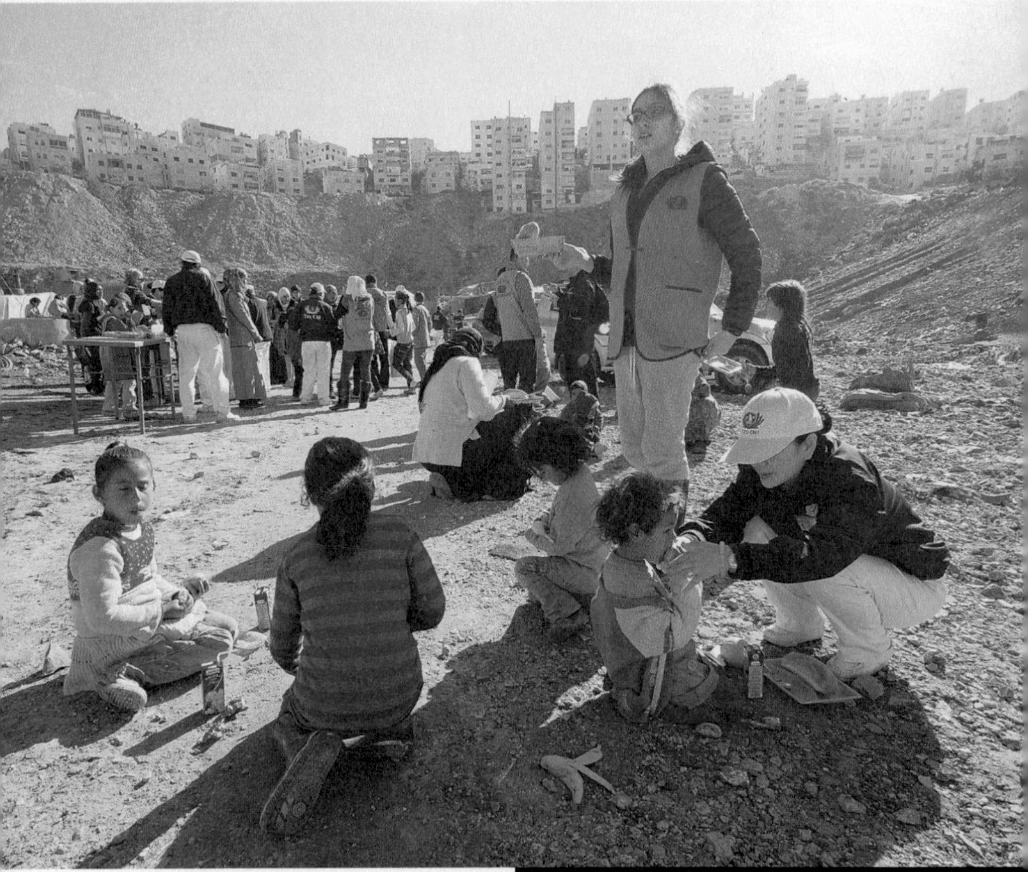

豪宅下的窪地阿頓，居民皆為貧困人家。對平日只能跟著父母吃大餅、喝紅茶的孩子來說，慈濟提供的豆醬飯、麵包及水果，是重要營養補充品。

解說：「他們平常都是吃大餅配紅茶，很難得吃到這樣的熱食。」溫熱豆醬加白米飯，爲正値發育期的孩子，補充了必要的蛋白質及熱量，也讓平日勞苦的大人們精神爲之一振。但是這樣的幸福不是天天有，領得物資糧食，享用美味午餐之後，居民們還是得面對勞碌辛苦的現實生活。

物資及熱食發放結束後，我們造訪牧羊人阿布歐瑪的家。四十五歲的他，擁有六男一女七個孩子，比較大的孩子已投入放牧工作。

「噹噹噹！」牧羊人拉來幾叢橄欖樹的枝葉，四十多頭羊在掛鈴鐺的「領頭羊」帶領下，從對面的山坡衝下來享用大餐。

「這是我兒子養的羊，我們不賣大羊只賣小羊羔，大羊留下來擠奶，賣給別人做起司。」阿布歐瑪說明了養羊生財之道。雖然四十多頭羊看起來數量不少，但能帶來的收益相當有限，平常一家人主要的收入，其實是靠資源回收。

「我們回收別人不要的大餅，曬乾了做飼料，一大麻袋賣兩丁錢，一個月可以賣個三十袋，就是六十丁。」從阿布歐瑪的敘說，不難發現約旦雖然不是財大氣粗的產油國，但浪費食物的情形不容忽視。

政府當局爲了照顧民生，不惜編列大筆預算，補貼烘焙業者製作低價大餅，但不少人買了這些廉價食物卻吃不完丟棄，徒然浪費了納稅人的錢，辜負了政府的一番美意。阿布歐瑪回收這些廚餘做飼料，多多少少爲國家彌補了不必要的糧食損失，也讓自己增加了收入。

不過回收大餅是要看天吃飯的，一家人每到歲末就發愁，因爲安曼屬於夏乾冬雨的地中海型氣候區，一旦下雨下雪，露天曝曬的回收麵餅就糊成一團，原本微薄的收入又要再打折扣。

「慈濟發放的這些物資，可以讓我們一家人撐個十天半個月。」站在自家簡陋的帳棚前，阿布歐瑪平實地訴說著日常生活的種種。由於窪地阿頓谷地充斥垃圾及建築廢棄物，裏頭的河水又受到山頭豪宅區生活汙水的汙染，克難的他生活再苦，也不願拿自己和家人的健康開玩笑，寧願以一立方公尺五丁錢的代價購買飲用水。

因爲乾淨的水得來不易，阿布歐瑪平均每兩星期才能洗一次澡，窪地阿頓生活及衛生條件的艱苦，由此可見一斑。

就在我們訪談的當下，一頭壯如小牛的公羊，大大方方地走進帳棚，「目中無人」的羊帶來濃重的羶腥，不過主人卻沒有露出任何異樣的表情，也沒有揮鞭子將羊趕走，想必是早已習慣與牲畜為伍的生活。陰暗的帳棚裏，回收的貴妃椅早已破爛不堪，人畜同處的環境滿是異味，就像閩南語所形容的「烏烏臭臭」，也因此志工來到這裏都感到不忍。

「這裏的鞋子貴嗎？我想捐鞋子給這裏的小孩。」看到孩子們不是打赤腳就是穿破鞋，冒著低溫跑來跑去，從臺灣前來約旦的志工顏睿麒心中著實不忍。

相對於窪地阿頓位於山谷低地的環境，下午前往馬夫拉克省札塔里地區的發放點，則是一片平坦的沙漠地帶，少了隨處可見的垃圾和碎瓦礫，看起來清爽許多。不過一下車，凜冽的冬風就迎面襲來，暴露在外的手和頭，彷彿被千萬支冰箭連續射擊。爲了避免驟然受風寒犯頭疼，我連忙把防風夾克的帽子拉出來戴上，才感覺稍微舒服一些。

這一陣沙漠之風，也讓我頓悟到世界上每個民族的傳統服裝，都是因應所在地的地理、氣候條件而設計。當外國遊客走在有山嶺屏障，有建築物阻擋寒風的安曼市街，看到老人家穿著傳統頭巾和長袍悠然而行，或許會把他們當成具有「民族風」的活動景觀。

等到進入札塔里等地平空曠的沙漠區，領略寒風強襲、頭痛欲裂的感覺，就會明白那些路邊攤商賣的傳統服飾，不只是裝飾品而已，縱橫沙漠的阿拉伯老祖宗如是穿戴，自有其順風土、應氣候的道理。

如同照顧窪地阿頓的居民，志工們爲札塔里照顧戶準備的物資，也是分量十足，一戶發給五公斤的米、五公斤的糖、三公斤的馬豆，還有食用油、紅茶等，並因應沙漠地帶寒冷的冬夜加發毛毯。

擺開發放動線之後，接受發放的大人、小孩，或步行或乘車陸續抵達，甚至有人開著老爺賓士車載人前來。「休格蘭（阿拉伯文「謝謝」之意）！」志工們用九十度彎腰的謙卑，傳送準備多時的愛心物資。

爲了讓貧苦的孩子們感受童年的歡樂，發放團隊還準備了棒棒糖和氣球，這是屢試不爽的絕招，只要有這兩樣惠而不費的小玩意兒，就能讓孩子們露出純眞的笑臉。

「別追啦，你們追不上的！」志工朱建隆用簡易打氣筒爲孩子們吹氣球，一個孩子不留神讓手中的氣球被風吹跑了，其他人見狀便拔腿往前追，衝了十幾公尺終於把「逃逸」的氣球撿回來，讓蕭瑟的沙地平添幾許童趣。

當天在札塔里的發放，計有三十八戶受惠，其中九戶是住在難民營外的敘利亞難民，儘管他們原本經濟條件不錯，還開著自己的車來領物資，但是寄人籬下沒有工作，生計也沒有著落。

結束了發放工作，收拾好工具設備，陳秋華帶領大家去探訪一位眞的很「老」的老朋友。

阿姆歐蒂阿嬤對我來說，並不陌生。二〇〇七年，約旦志工阿比爾與阿布湯瑪斯回臺灣受證時，我經由他們口中，知道這位因罹患眼疾而向慈濟人求助的貝都因阿嬤。

「我的眼睛看不到，請你們幫幫我。」那是在二〇〇六年八月，慈濟志工完成馬夫拉克地區的發放，收拾器材準備離去時，阿姆歐蒂自己走過來求助。由於孩子們靠打零工維生，收入只能勉強養家，無力送她就醫，於是約旦慈濟承擔了她的醫療費用，並請擔任藥師的志工阿比爾照顧關懷。

當時阿姆歐蒂已經七十二歲，左眼有白內障，右眼視力僅剩零點三，想要挽回視力只有動手術一途。爲了避免感染，阿比爾聽從醫師指示，把她扶進浴室沐浴，沒想到老人家久居沙漠，一年難得洗幾次澡，一沖水，流下來的盡是一片黃濁。

好在志工沒有被嚇倒，把老阿嬤洗得乾乾淨淨地送上手術檯，解除了左眼的白內障問題。拆線之後，慈濟人再連夜驅車將她送回位於馬夫拉克省的家。

回到位於沙漠區的帳棚住處後，阿姆歐蒂的眼睛受到沙塵侵襲發炎，所幸阿比爾在訪視時發現狀況，及時施用消炎藥膏治療，才保住好不容易恢復的視力。爲了幫助她，志工們前前後後往返安曼及馬夫拉克

阿姆歐蒂阿嬤曾因慈濟醫療協助而免於失明，志工陳秋華與她長期互動，彼此一見如故。

達十多趟，奔波里程達兩千公里。

我很想見阿姆歐蒂阿嬤一面，彎腰鑽進大帳棚的入口，但見身著貝都因傳統黑袍的她，端坐在火爐旁。「您身體還好嗎？」「唉！我的腳不行了，一隻眼睛看不到了。」陳秋華坐到她身邊噓寒問暖，老阿嬤顯得很歡喜，但也透露幾分歲月不饒人的無奈。

阿姆歐蒂及家人們，在缺水、多沙塵的環境裏度過數十寒暑。如今，老阿嬤年近八十了，風霜催人老，但是人情卻歷久彌堅。

「她曾把我們給的物資，分給六戶帳棚家庭。」說起老阿嬤的善良，陳秋華相當肯定，而對於他們一家人的互愛團結，更是印象深刻：「開完刀、送她到家，已經很晚了，可是她的孩子們全都出來迎接，我還用車燈照亮他們回家的路。」

「再見！」拜別了阿姆歐蒂阿嬤和她的兒子，志工們踏上歸途，隨著天色漸暗，寒意漸濃，但心中的感覺卻是溫暖的。「今天，他們可以吃得很飽！」奔馳在返回安曼的大路上，陳秋華確定地說。

隨著時代演進，小貨卡取代駱駝，成為貝都因部落運輸主力，儘管運具改變了，沙漠裏的人還是一樣窮困，而志工對他們關懷也始終如一。

敘利亞難民淚

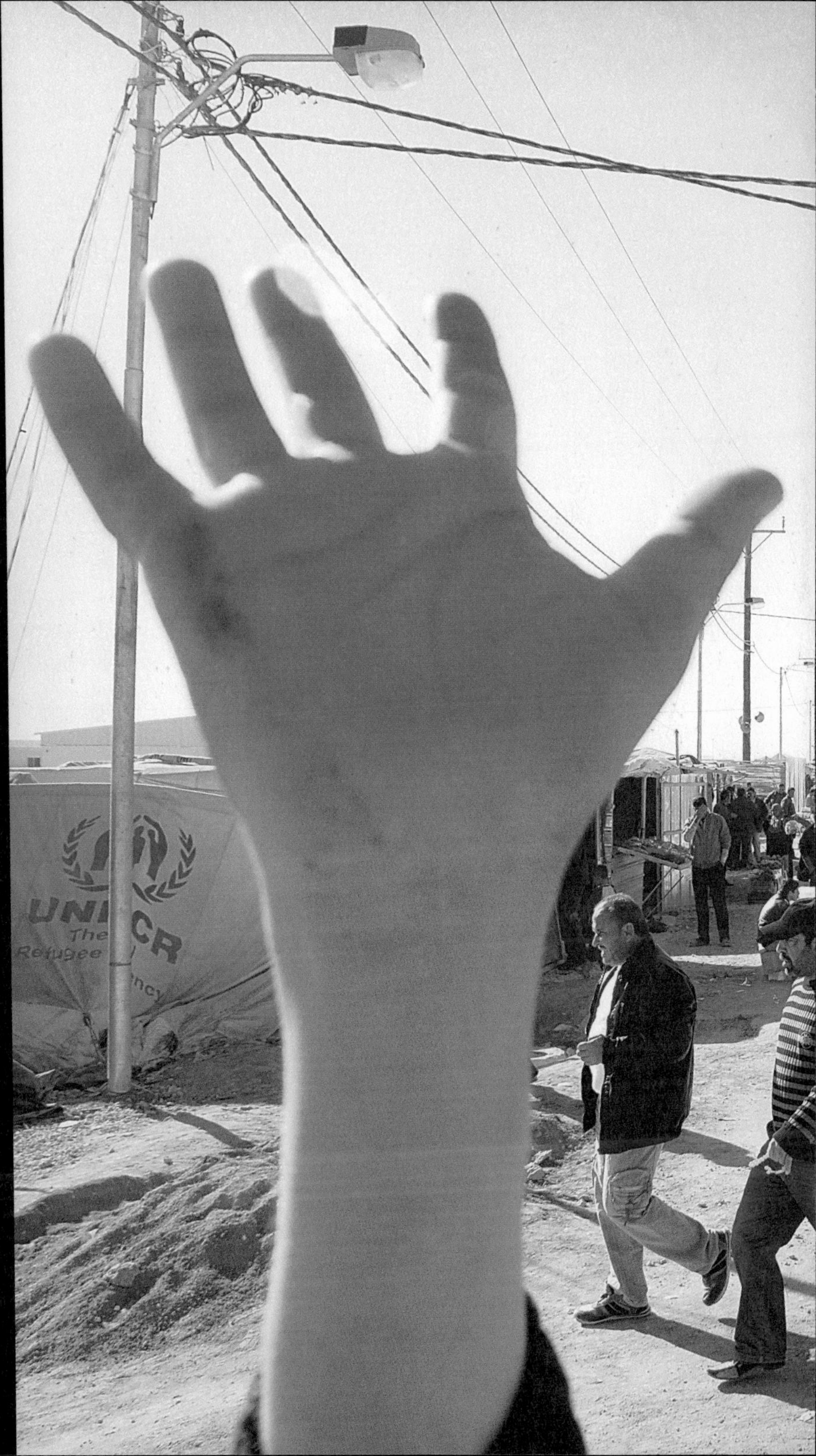

滯留在難民營的敘利亞人多半無事可做，一人對鏡頭高舉右手，以誇張的舉動宣洩壓抑的情緒。

為期三天的兩千戶敘利亞難民食物品發放，在邊城南薩展開。當天適逢週六假日，公務機關休假，因此臺灣駐約旦代表處張雲屏代表，特別率領同仁及眷屬一起共襄盛舉，讓發放團隊人氣更為旺盛。

而來自愛爾蘭的鄭順吉與吳嘉萊夫婦，原本要結束僑居生活，返回馬來西亞故鄉，得知陳秋華需要人手，特地先停留安曼一段時日。

早上十點五十分左右，手持領物券的敘利亞鄉親們，依照伊斯蘭習俗，男女分開各站一邊，慈濟志工列隊高唱歡迎歌，開心迎接他們的到來，不料這個表示友善的舉動，卻引起激烈反應。

「你們是什麼意思？昨天，我們有三十幾位同胞，在越界時被槍擊，其中八人死亡！」在一片喧譁聲中，約旦本土志工面色凝重地翻譯了難民們的話，大家才驚覺前來領物資的，是一群國破家亡、滿腔悲憤的流離難民。志工們拍手唱歌、笑臉相迎的舉動，很明顯地被誤解為幸災樂禍的嘲諷。

「我們沒有惡意，只是歡迎大家來到這裏而已。」志工媽媽阿比爾代表團隊致上歉意與說明，莉莉、漢娜兩個長者也趨前擁抱婦女，霎時

發放進行的同時，志工媽媽擁抱難民婦女，傾聽她們訴說家破人亡之痛、離國出走之苦。

間，氣氛由盛怒轉爲悲傷，男人們強忍情緒，但表情凝重、面色鐵青，許多婦女早已紅了眼眶，讓淚水盡情宣洩。

「誠心祈求天下無災，人皆平安遠離苦難，願持善念膚大地，世界充滿著愛和關懷……」志工們以英文版〈愛與關懷〉的歌聲，撫慰難民的悲痛。

「鞠躬！」海軍陸戰隊出身的陳秋華，用喊口令的方式，帶動志工以九十度彎腰的姿勢奉送物資。

一包食物品重達十二公斤，抱著這麼重的東西一直鞠躬，實在有些困難，但志工還是恭敬地用雙手致贈生活包。而敘利亞難民們也井然有序地領取，並以微笑回應志工的付出。

拿到物資後，不少鄉親緊繃的神情抒緩了，看得出壓力減輕不少。「我和國內親友失聯了，來到這邊四個月，還沒有拿到任何救濟物資呢！」薇薩爾女士看了看生活包內的物資，表示這些東西正符合需求，因爲她的一個孩子罹患糖尿病，不能吃太多醣類，那一包八百公克的奶粉，正好爲他補充營養。

從愛爾蘭前來助援的鄭順吉，以九十度鞠躬表達對敘利亞鄉親的尊重與祝福。

阿哈瑪德先生拿到生活包後，也露出了笑容：「我到這邊已經一年了，因爲受了傷，很難謀生，已經兩個月沒工作了。」劫後餘生的他拉開衣服，露出左上臂的傷痕。

雖然我不是軍事醫學專家，看不出來那傷口是炮彈破片造成，或是槍彈的貫穿傷，但從不規則的疤痕看來，可以想見受創的當下有多痛苦，復健的過程有多艱難。

儘管在約旦無性命之憂，阿哈瑪德依然對未來感到茫然：「如果在這裏過不下去，我可能還是要回敘利亞。」

因爲戰亂流離，絕大多數的敘利亞難民，都是一副心事重重的表情，很難得展露笑顏，但身穿志工背心，爲同胞服務的塔拉克卻是笑口常開，因爲家人能夠安頓，生計有著落，讓他減輕了不少壓力。

「這是我的雙胞胎兒女，現在才兩歲大。」塔拉克拿起手機秀出一雙兒女的照片，三十二歲的他表示，自己的安危無所謂，但爲了孩子必須離開。「那時我背了許多行李，兩隻手各抱一個孩子，和太太摸黑過邊界。」

身為敘利亞律師的他，六個月前從位於達拉省的家鄉，逃過邊境來到約旦邊城南薩，雖然法律專業在此無用武之地，只能在餐廳當服務生，但有一份相對穩定的收入，終究比打零工維生，經常處於失業狀態的難胞好得多，也因此行有餘力可以當志工。

面對未來，他的心願和千千萬萬人一樣，「如果戰爭平息了，我肯定會回去，我的家毀了，回去之後會重新蓋起來。」塔拉克篤定地說。

「昨天是我的錯，我們唱歡迎歌，反而讓敘利亞鄉親感到不悅，我向大家懺悔，今天開始，我們要嚴肅以對，但不呆板。」食物品發放的第二天，陳秋華踏上小巴士的第一件事，就是向所有參與活動的志工懺悔，並提醒大家對難民的情緒反應保持戒慎。

一到南薩倉庫，大家就先擺好椅子，豎立旗幟，用莊嚴的場面及心情，迎接第二波接受發放的鄉親們。

透過阿比爾的阿文翻譯，來自愛爾蘭的志工吳嘉萊表達了證嚴上人與慈濟人的關懷之意。

志工們拿出竹筒，分享慈濟創會時，日存五毛錢的克難竹筒歲月，也鼓勵敘國鄉親在苦難中保有一顆付出爲人的心。

由於上、下貨時間很趕，許多生活包的束口都來不及綁，於是一部分人就幫忙綁，以便鄉親們提取。「打一個結、搬一個包，都是與眾結好緣哪！」陳秋華開心地說道。

那一天是週日上班日，志工團隊少了臺灣駐約旦代表處同仁及旅約華人朋友，人數少了很多，但無礙工作的進行。

「你看，她的手都瘀青了。」志工鄭順吉乘著午餐休息時間，拉起愛妻吳嘉萊的衣袖驚呼，手臂上青一塊、紫一塊，可見搬運這些又硬又重的食物品，的確壓力不小，久而久之連臂上的微血管都被壓破了。心疼太太之餘，他也不忘笑著聲明：「這不是家暴喔！」

陪同夫婿劉勇男到約旦留學的志工賀詩芸，也說道：「看著生活包愈來愈少，好高興啊，但不知道是哪一種高興！」默默付出的還有陳秋華的第一代跆拳道弟子納賈（Naja）。留著大鬍子，貌似三國猛將張飛的他，不僅自己投入，還把大學畢業、正在找工作的兒子，帶來一起當志工。

身為熟門熟路的南薩老鄉，納賈幫助約旦慈濟與在地慈善組織阿爾塔卡富搭上線，也見證了敘國難民潮對當地社區的影響。「像房租就從一百丁漲到三百丁。」久居邊城的他道出了自己看到的現象。

不只是納賈，不少約旦老百姓都感受到敘利亞人增多所帶來的壓力，甚至有人因此心生怨懟，做出激烈舉動。

「約旦也有很多窮人，為什麼你們都幫敘利亞人，不幫自己同胞？」一名男子闖進發放場地，怒氣沖沖地叫罵，讓在場的志工、敘利亞鄉親為之愕然，協力單位阿爾塔卡富的人員見情況不對，急忙攔阻，以免小狀況惡化成大混亂。

青年的叫罵，考驗著大家忍辱的功夫，但見莉莉以長者身分，苦口婆心地勸解：「我們有自己的行程表，這一週是關懷敘利亞人，下個星期就是對本地人發放。」

台灣佛教慈濟基金會
Donated by
TAIWAN BUDDHIST TZU CHI FOUNDATION

「是哪一天？」

「我不確定哪一天，但的確有列入行程表。」

對於部分人不理性的舉動，莉莉不勝感慨，一同參與發放的漢娜也表示，自己也有朋友提出類似的質疑。但是大部分的約旦人，依然對鄰國敘利亞的阿拉伯同胞抱持寬容的態度，而且以幫助難民爲榮。

「像我們南薩，自敘利亞爆發內戰後，大家就稱呼這裏爲『孤兒之母』，因爲我們收容了許多受傷的敘利亞人。」莉莉如實傳譯了在地志工納賈的自豪之語。

爲了更進一步了解敘國難民居留現況，慈濟志工結束發放後，前往先前關懷的難民個案家中訪視。「他們返回敘利亞了？」聽到阿爾塔卡富組織人員告知的訊息，陳秋華愣了一下，的確，距離上一次訪問這個個案，已經超過一個月了。

領到物資後，敘利亞青年開心地等候親友一同返回住處。對金錢花用殆盡的難民家庭來說，這一包十二公斤重的食物品，有如及時雨。

結束流亡返回家鄉，本來應該是值得歡喜的事，但想到敘國內戰依舊進行中，而那案主已因槍擊重創而截除了大腿。以殘缺之身，率領一家人返回烽火中的家鄉，讓志工們相當擔心，但既然來不及勸阻，那就祝福吧！

接著一行人來到海伊克的家，一進門，眾人的目光就被他六個月大的小兒子蘇哈伊布吸引。女性志工們「母性大發」，爭相擁抱白胖可愛、「斤兩十足」的他，而小男嬰也不怕生，對待每個人都是笑臉相迎。

看著小兒子展現超高人氣的魅力，海伊克夫婦也露出有子萬事足的笑容。一家大小生活在簡單但整潔的公寓裏，客廳沒有桌椅，鋪著地毯與坐墊，展現源自於沙漠帳棚的阿拉伯居家風格，不過眼前這一切，可是冒生命危險換來的。

「他出生才三天，我們一家人就闖越邊界了。」回想六個月前逃離敘利亞的經歷，海伊克依舊心有餘悸。

儘管我聽不懂阿拉伯文，對志工轉譯的英文也是一知半解，但想到剛產下嬰兒的產婦，還沒來得及坐月子休養，就要拖著虛弱的身軀，抱著脆弱的初生嬰兒，通過槍林彈雨的火線，就覺得他們能舉家逃到約旦，簡直是天賜奇蹟。

不過整個離國出走的過程，還是有缺憾，身爲爸爸的海伊克，在帶領妻子及四子、四女逃亡的過程中，不幸腹部中彈，險些命喪中途。

「子彈在我的胃部爆開，進入約旦後，被送醫動了三次手術，到現在身體裏還有碎片呢！」四十七歲的他慶幸地表示，手術費用是卡達的慈善組織支付的。

「卡達捐了一百萬美金，幫助受傷的敘利亞難民動手術。」陪同我們的阿爾塔卡富人員朱比補充道。

波斯灣富國資助，讓他免除了沈重的醫療費負擔，不過一家人的生活依舊面臨困難。

「他有糖尿病，傷口不容易癒合，要找工作很難。」海伊克的太太表示，他們的大女兒從經濟系畢業，原本在敘利亞有工作，但來到約旦就失業了。一家生計只賴十三歲的兒子半工半讀。「他早上上學，下午一點到五點打工，一天只賺四丁錢（約合新臺幣一百八十元）。」

和所有離國逃難的難民一樣，海伊克也在盤算著，等到國內戰事平息就要回去。身為農民的他，在敘利亞擁有大片田園，以前靠著種葡萄就能養活一家大小，過著不虞匱乏的日子。如今流亡鄰邦寄人籬下，槍傷未癒不堪勞動，只能每天到清眞寺祈禱，做些輕鬆的家事度日。

「我到現在為止都沒有收入，一家人只能靠慈善組織的接濟過活，眞的太感謝你們了！」接過生活包，海伊克夫妻倆如釋重負，志工媽媽依依不捨地與太太擁抱告別，把握時間訪視另一家新提報的個案。

她是一位戰爭寡婦，丈夫不久前在敘利亞被炸死了，依照伊斯蘭習俗，服喪期間不得外出，更不能與男性接觸，因此我們不便探訪，只由女性志工前往。

「她有七個女兒、兩個兒子，大女兒被炸死了，其他三個結了婚的女兒仍留在敘利亞。」吳嘉萊轉述了本土志工媽媽訪視所知的情形。這位媽媽的兒女們都很爭氣，除了最小的一對兒女還在念初中及小學，其餘的孩子不是拿到大學學位、開始工作，就是大學在學生。

可惜戰火一起，美好的未來全變了調，二十五歲的大兒子，因為手

志工訪視難民家庭，得知為逃避敘利亞內戰，蘇哈伊布才出生三天，就被父母抱著闖越邊界。

臂被炮彈破片創傷，到現在都還無法工作。爲了保全生命，三十五天前，她帶著孩子們越界，得到約旦軍隊接應，轉介給阿爾塔卡富組織及慈濟關懷。

「她腹部被炸傷，被迫截掉大腸，現在只能靠人工肛門排泄了。」身爲藥劑師的吳嘉萊感慨地說。

拜別了邊城的敘國難民家庭，行在返回安曼的路上，看著蕭瑟的黃沙黃石山地，回想敘國難民的處境，不禁令我驚覺，以往只有在歷史課本上才會出現的戰亂流亡情節，竟活生生地在我們背後不遠的國度裏，日復一日地上演。

談起內戰爆發前的敘利亞，不論是敘利亞難民、約旦人，還是去過當地的外國人，都有著美好記憶與深深遺憾。「以前我一年去二到三次，那裏有海，我們都跑去海邊玩。」和許多約旦人一樣，納賈對敘利亞印象不錯，但也不忘爲自己的國家壯聲勢。「不過論起跆拳道，還是約旦比較強！」

「以前的生活眞是很幸福，放假時就找朋友、旅行或是到海邊玩……」離國出走的塔拉克，懷想祖國的種種，言語間感慨萬千，而協助翻譯的華僑王寶月，則是慶幸自己在內戰前曾到敘國一遊。

「我們去，肯定先去大馬士革，那邊有烏瑪雅王朝留下的清眞寺，然後到海邊……還有，當地的小麥飯特別好吃喔！」

回想這些日子以來的見聞，檢視文字筆記和錄音檔，確定沒有重大疏漏後，我將所有的工具收好入袋，拋開所有工作上的枝枝節節，試著以衆人所說的點點滴滴，拼湊美好的敘國形象。

希望有朝一日，內戰止息，我們已做好準備，能隨著志工的腳步，前往那充滿歷史痕跡的古國，見證過去的足跡，也記錄當代的愛心。

UNHCR
Refugee Agency

UNHCR

當電視報出敘利亞政府軍與反抗軍槍炮相向，人民四出奔逃的新聞時，約旦北部馬夫拉克省首府的居民們，怎麼也想不到，鄰國內戰竟會讓距離市區十公里遠的札塔里荒漠，無中生有地湧出一座「城」。

它不是阿拉丁神燈精靈的傑作，而是約旦政府與國際社會因應敘利亞難民潮，不得不為的安置措施。

在阿布都拉國王公園等小型收容營爆滿，入境難民以一日數百速度增加的情況下，成立於二〇一二年七月下旬的札塔里難民營，適時紓解了既有收容處所過度緊迫的困境。對於有約旦籍親友的難民來說，它是「交保」前的臨時收容所，而舉目無親的敘國人來到那裏，就只能像「等待果陀」一樣，待在裏面日復一日，月過一月地等待和平。

為了幫助安身於營裏的難民，約旦慈濟人多次與札塔里營區的主管單位，也就是具有半官方身分的哈希米慈善組織協商，希望能進行數千戶大發放，卻因安全顧慮，始終未能成行。我們則在陳秋華努力溝通下，獲得相關單位同意有限度放行。

宣洩悲憤情緒，難民在營區內的屋牆塗鴉，被刀刺入流血的心，是衆人心情的寫照，展翅的鷹與用阿拉伯文寫下的「自由」，象徵推翻專制，重建家園的期盼。

圍城開了一扇小門，陳秋華交代弟弟陳得雄，載我們從安曼直奔札塔里難民營。這趟路程大約一個小時，先到馬夫拉克省首府，再轉向東南方駛去，途中會經過一個空軍基地和札塔里的市區，再右轉行駛一公里左右，就到達營區大門口。

在那裏擔任「門神」的，是一輛漆上灰黑色迷彩，架著機槍的輪型裝甲車，可見約旦軍警對難民營不敢掉以輕心，安全人員嚴格盤查，也是意料中事。

「把護照拿出來，他們要查驗！」我們將旅行證件與約旦官方核發的許可文書交與營區人員查驗，對方仔細比對，有如機場入出境一般，確認名單無異常之後才放行。

「我們這裏的醫院都是野戰軍醫院，但醫療人員都是民間醫師，分別是摩洛哥醫院、法國醫院，以及義大利和約旦合辦的醫院。」走進營區入口，接待人員馬濟德首先帶領一行人參訪醫療設施。

對於一個當下人口達五萬五千人的「城市」來說，札塔里的醫療資源算是足夠的，更重要的是醫療費用全免，讓難民可以安心療傷看病。其中摩洛哥軍醫院，因爲科別齊全，又是阿拉伯國家開設，深得同爲阿拉伯人的敘利亞難民信賴。

生意「興隆」的急診室，每天要醫治一百三十多位病人，而「生生不息」的婦產科，平均每天進行兩例剖腹產手術。在我們造訪的當下，婦產科醫師正在手術房裏，小心翼翼地迎接新生兒，爲離鄉背井的難民群衆帶來些許喜氣。

拄著枴杖、包著石膏的傷殘者，也步履蹣跚地在帳棚診間外排隊候診。能夠自己走到醫院看門診，顯示傷者已經度過命在旦夕的關口，正進行中長期的身心復健。

「我們的食物、飲水、醫療資源到現在爲止還夠用，但未來人數愈來愈多，就需要更多援助，現在最急需的是嬰兒尿布。」阿布都馬濟德按照權限，盡可能地提供我們所需的資訊。

像他這樣爲難民營收容人服務的哈希米組織成員，在札塔里營區就

難民營常見拄著枴杖蹣跚而行的傷殘男子，來到札塔里養傷後，
他們或圖謀返國再戰，或留在約旦境內等待和平。

有五百位，可見約旦政府與民間團體，在安置難民方面的確投注許多人力、物力。

而從剛才經過的外國野戰醫院，以及印有聯合國難民署縮寫UNHCR的白色帳棚看來，約旦能夠擔得起這幾萬人，少不了國際社會的支持。試想，當五萬多難民聽到周遭清眞寺晨禮的喚拜聲，展開一天的宗教功課及日常生活時，光是供應這些人的日用食糧，就不是件簡單的事。

所幸，聯合國轄下的人道援助組織發揮了良能，世界糧食計畫署（WFP）承辦了基本的糧食供應，聯合國難民署提供帳棚與寢具，讓難民們可以暫時安身。食宿、醫療之外，教育方面也有相應措施。

「我們在營區內設有學校，收容五千個學生，每個班都由約旦和敘利亞老師一起教。」阿布都馬濟德補充道。

從營區硬體設備來看，約旦、聯合國及各方援助單位的努力，都是有目共睹且值得肯定。好比美軍就運來大量的白色小石子，覆蓋整個札塔里營區的地表，以減少揚塵。

而有鑒於難民反映，統一供應的熱食無法滿足個別需求，營方還特別設立公共廚房，提供免費的瓦斯和爐具，讓難民家戶可以自行炊煮。

綿延數百公尺的電線，排列整齊的LED路燈，加上管理單位配發的小型太陽能燈，讓札塔里即使入夜也不會陷入一片黑暗，有助於小孩讀書、營區維安。

走在直通大門的主幹道上，吸引我們目光的，除了三家規模不小的外國野戰醫院，就是分布於道路兩旁的攤商。約略估算一下，這個路邊攤市集綿延的長度，應有五百公尺以上，行走其間，感覺不像進了難民營，反倒像是忙裏偷閒逛老街。

有如中東版「清明上河圖」的街景，看得出部分敘國鄉親在受助之餘，也在管理單位許可下，在營區展開自力更生行動。他們聯絡約旦的親友，從外頭批貨運進營區作生意。這些經濟活動，證明了約旦志工所言，敘利亞人勤奮、不怕辛勞的優點。

「敘利亞磅和約旦第納爾都可以用，因為有些難民幫約旦的機構做事，領約旦的薪水，所以商家收約旦的錢，但主要貨幣還是敘利亞磅。」阿布都馬濟德簡要說明兩國貨幣運用的情形，可見他也不時光顧這些難民小攤。

賣蔬果的小販擺出臉盆般大的甘藍菜，體積有如壘球的橙果，營造貨源充足、品質佳的賣相。如同臺灣以及全世界的市集，賣小吃熱食的攤子，永遠不愁沒客人上門，「嘗嘗看這個。」阿布都馬濟德來到一個賣炸物的小攤子前，買了幾個用豆泥做的炸丸子請大家吃。

老闆毫不避諱地比出V字勝利手勢，讓攜帶專業攝影器材的同事從容拍攝，他的手勢及表情彷彿在嗆聲：「我不怕你！」仔細一看，攤上懸掛了兩幅印有三顆紅星的旗幟，表明他老兄是反抗軍的支持者。

「不少人把家眷送到這裏之後，就跑回國去打仗了。」陳得雄告訴我們，有的人還故意在營裏鬧事，好讓自己被強制遣返，達成返國參戰的目的。

迎風飄揚的反抗軍紅星旗、坐輪椅及拄枴杖的傷殘人士，無言地訴說著戰爭正在進行，人民流離失所的現實。

從營區裏老弱婦孺居多，年輕男性傷殘者衆的情形來看，反抗軍傷兵及家眷的比例應該不低，即便是原本不支持任何一方的無辜民衆，被

難民營小吃攤老闆懸掛敘利亞反抗陣營三紅星旗，表達反對敘國政府的立場。這旗幟在札塔里難民營隨處可見，反映了大多數難民的心聲。

迫逃離家鄉來到這裏之後，也多在「官逼民反」的悲憤情緒下，加入反對當局的一方。

「白天，他們派飛機轟炸，炸毀了我家的房子、水塔和樹，很多鄰居都受傷了，到了晚上就出動坦克車。他們攻擊村莊、打家劫舍，然後放火燒個精光，還無緣無故地處決了五個人。」

十五天前才逃過邊界，來到札塔里的穆罕默德阿伯，像上國際法庭控告戰犯一樣，激動地訴說一個人口一萬兩千人的鄉鎮，如何在敘利亞政府軍的陸空聯合攻擊下，化爲一片焦土。

民宅裏的黃金、鈔票被盜走了，就連冰箱、暖氣等稍微値錢的東西也沒了，大火燒了整整二十四小時仍未止息，一無所有的人們只能逃離家園，逃離遍地烽火的祖國。

「越界時，我們還碰到自由軍和政府軍交戰，計有三個自由軍、兩個難民受傷。」穆罕默德訴說了逃亡過程的危險及恐懼。

阿賈德則悵然地訴說：「我的一個兒子才五歲，他在敘利亞被槍殺了。」痛失一名愛子後，他決定舉家逃亡，一個月前越界成功，一家總計八口人在營區展開了以帳棚爲家的生活。

流亡各國的敘利亞難民，多爲伊斯蘭遜尼派信徒，他們是敘利亞的最大族群，卻在內戰中飽受出身什葉派的阿塞德政權壓迫。許多人逃到約旦進札塔里難民營避難，就是看準了約旦是遜尼派主政的國家。有十萬皇家軍隊保護，得同宗派穆斯林弟兄及國際社會幫助，生活雖然克難，但至少不用擔心敵對武力追殺，吃和住也勉強有個著落。

無獨有偶，這個遜尼派「大本營」，也收留了與阿塞德總統同宗派的逃難者，吃公家飯的薩米爾，十天前才越界逃過來，得知我們想要拍攝難民的生活情形，他同意我們拍攝帳棚裏的陳設，但堅決不讓自己和家人上鏡頭。

「我是什葉派的人，什葉派不打什葉派，可是遜尼派的人就要把我打死，我很想回去，可是那邊的問題，讓我沒辦法回去。」薩米爾一再強調，千萬不能讓敘利亞那邊的人知道自己離國出走，不然房子就會被燒掉。

「我的家鄉完了，雖然我的家還完好，但左鄰右舍都被炸毀了。」身爲政府雇員的薩米爾，原本應該堅守公務崗位，但是戰火一起，性命難保，也不得不逃到鄰國，成爲難民名冊中的一員。所幸，他有兄弟住在約旦且持有國籍，預計不久就可以離開難民營，到外面生活。

在親人辦完手續之前，一家人還是得過一陣子帳棚生活，與別人一起共用廚房、衛浴。「灰色的毯子、墊子是統一發的，有顏色的是我們自己買的。」從薩米爾的口中，可知聯合國等援助單位已經盡力，設法讓難民有個「家」，但他還是煩惱：「晚上太冷了。」

帳棚生活的苦寒，我有切身的感受。二〇〇五年十月，因採訪慈濟援助南亞大地震的緣故，我跟著慈濟志工住了一個月帳棚。那時賑災團前往巴基斯坦東北部喀什米爾自治邦展開義診及發放，由於當地所有建築不是倒塌就是岌岌可危，爲了安全起見，所有救援人員和災民一樣都住帳棚。

一入夜，氣溫驟降，趨近於零，薄帆布的帳棚根本擋不住寒氣、保不了暖，實在冷到受不了，我以圍巾包頭才能勉強入眠。裝備齊全的賑災團員，尚且難以招架低溫，可以想見無法多帶行李、被服的難民，在寒夜裏有多難熬。

所幸，除了既有的八千頂中小型帳棚，難民營還獲得沙烏地阿拉伯捐贈兩千五百間簡易屋及一千頂大帳棚。

接到這些由合板、鋼架構成的簡易住房，管理單位掀起了大搬風，百分之六十的簡易屋，給最早進入難民營的人居住，剩下的百分之四十則安置老弱殘障者。

和「薄皮」帳棚相比，簡易屋擋風、保溫效果好很多，也利於管理。「帳棚很輕，很容易移動，因此很多難民，只要碰到熟人，或是覺得住哪裏比較方便，就私自搬遷。但如果是簡易屋，他們就搬不動了。」阿布都馬濟德話還沒講完，幾個難民就拉著板車，搬運拆好的帳棚，大大方方地從我們面前走過，可見要安置這幾萬人，的確不簡單。

看過帳棚區，一行人接著造訪簡易屋區，這些四四方方的白房子，

札塔里難民營內的人口數，遠超過約旦境內的中小型城鎮，部分難民擺攤做生意，不僅為自己增加收入，也營造出家鄉市集的親切感。

一眼望去，就像是一塊塊排列整齊的豆腐，趨近一看，漆著沙烏地阿拉伯「雙彎刀、棗椰樹」國徽的簡易屋，正面有一扇門，前後各有一扇窗，地板爲木紋飾板，雖簡單卻不失「家」的溫馨。

「這邊比較好，比較不冷。」剛搬進組合屋兩個星期，殘障者沙里夫對新環境表示肯定。四個月前，他和太太及襁褓中的嬰兒逃出敘利亞，落腳於札塔里難民營。

「領東西的地方很遠，很不方便。」腿傷成殘的他，如今只能靠枴杖行動，苟全性命於亂世，對於生活中的不便，也只能認命。「未來無法預料，就交給眞主決定吧！」年紀尙輕的他感嘆道。

距離邊界僅十公里的札塔里，說到底還是約旦的領土，在此安身的敘利亞人，以及經由親友作保離營，散居於約旦各城鄉的敘國鄉親，莫不期待戰火早日平息，好回鄉重整家園。

但是眼下政府軍、反抗軍打得難分難解，除了不怕死的志願戰士敢回國參戰之外，大多數的難民，就像抗戰歌曲「松花江上」歌詞所描述的，「脫離了我的家鄉，拋棄那無盡的寶藏，流浪！流浪！整日價在關內，流浪！」

離營在外的難民，行動雖有自由，生計卻難有著落；住在難民營裏的人，食宿雖有保障，但只能在約七平方公里大的營區裏活動，日復一日地走著白色石子路，在白色帳棚和組合屋之間穿來穿去，久而久之，不染上「白色憂鬱」也難。

「我現在過得有點茫然，大家都沒事做，就是泡茶、聊天。」說起難民營裏的生活，薩米爾語帶無奈。年紀更大、身體狀況不好的阿布穆罕默德，也道出同樣的煩悶：「早上起來之後就是祈禱，喝茶之後再回去睡覺，祈禱、喝茶、睡覺。」

儘管就物質條件而言，難民們所獲得的資源，特別是免費醫療和糧食配給，甚至比在地貝都因部落還要充裕。但我卻無法在他們的言談及眼神中，感受到貝都因人那種雖貧不苦、安住於斯土的篤定。

來到營區的最高點，一個僅一人高的小石堆，但見許多敘利亞人小心翼翼地站上去，拿出手機捕捉來自北方祖國的訊號。

以十公里的距離來看，敘利亞基地臺的訊號傳送到札塔里，已是相當微弱，但難民們仍不願放棄這一絲與親人互通訊息的機會，殷殷企盼的焦急，有如杜甫〈春望〉一詩中所描述——「烽火連三月，家書抵萬金」的心情。

「你們是西尼（阿拉伯人對中國人的稱呼）嗎？」面對難民語帶不悅的提問，通曉阿拉伯文的陳得雄四兩撥千金地化解了。走在營區之內，不時可以感受到難民群眾對東方人的不友善，他們把中國視為阿塞德政權的幫兇，來自臺灣的我們也難免感受到壓力，必須時時警覺。

其實連身為地主的約旦人，也不敢對難民掉以輕心，在我們來之前，札塔里就出過事，群眾因不滿生活條件太差，加上鬱悶情緒積壓許久，一股腦兒爆發出來造成暴動，約旦警察被迫動手鎮壓，雙方受傷者甚多，主管單位不得不謹慎以對。

但儘管生活不盡如人意，悲憤情緒、思鄉之情難解，仍有敘利亞人對約旦和國際社會的援助心懷感激。「右邊老鷹下方的字是『自由』，左邊的坦克、握刀的手以及被刺的心，訴說著敘利亞在流血，而中間兩顆心分別代表敘利亞和約旦，表示彼此是兄弟。」阿布都馬濟德解說了一處組合屋牆上塗鴉圖文的意義。

儘管在公共場所牆面畫圖寫字，是破壞公物的行爲，但管理單位似乎「不小心」忽略了這些塗鴉，也因此讓我們看到了難民們去國懷鄉的悲憤，以及知恩圖報的自尊。

此行的最後，阿布都馬濟德帶我們來到新入營者報到的地方，由巴士載來的敘利亞難民，井然有序地辦理報到，領取毛毯、睡墊，先在臨時營房過一晚，之後再領取帳棚，到指定地點紮營安家，或住進臨時屋。

「其實他們只會在這裏過一晚，但她還是很用心地掃啊！」看到小女孩仔細整理臨時營房，陳得雄讚歎道。約莫七、八歲的她，看了我們一眼，就自顧自地繼續做事，小小的動作，展現了敘國人即便家園已毀，國不成國，依舊勉力維持以往的自尊與自愛。

「不要過去，我們要趕快走。」看到我們往哈希米組織的發放點走去，陳得雄連忙制止。畢竟連鎮暴部隊、裝甲車都出動的場面，不是我們區區幾個人可以控制的，因此遠距離拍攝一番後，一行人就匆匆上車，結束了長達三、四個小時的難民營探訪行程。

晚上聽發放人員分享，又一個悲傷的故事列入了我們的紀錄。「她問我，以前住在戈蘭高地，以色列軍攻占那裏，都不曾殺害百姓，為什麼敘利亞同胞要自相殘殺呢？」陳秋華提到，今天到阿爾塔卡富組織辦公室作客，碰到一位剛剛過邊界的敘利亞阿嬤哭訴，自己的兒子因為參加自由軍，戰敗被俘後竟慘遭斬首處決。

「她還問我，能不能帶她去臺灣？」老婦人訴說悲慘遭遇，讓國際賑災經驗豐富的陳秋華不知如何回應，剛從難民營訪視回來的我，也為此感到不忍。

「砰！」午夜零時，跨年的煙火，劃破了安曼的夜空，屋外傳來阿拉伯流行歌的快節奏，青春正盛的約旦青年們，正興奮地迎接二〇一三年到來。不知在馬夫拉克、札塔里的人們，是否也一樣地放煙火、一樣地跨年狂歡？但對於瑟縮在帳棚裏的敘利亞難民來說，聽到這有如槍彈的聲響，究竟會有什麼樣的感受呢？

難民營之行，讓我深刻體會到，戰爭人禍比天災更可怕，因爲它不止殺傷人的生命，更會摧毀人與人之間的信任，當同飲一江水的同國人民，甚至是左鄰右舍相互殘殺，幸免於難的人們，還能相信誰呢？

我也在札塔里看到了約旦及國際社會，正致力於讓難民們過著符合人道基準的生活。儘管再好的硬體設備，都取代不了敘國鄉親心中，那個曾經美好的家，援助難民的各方面工作，也都有進步的空間，但是每一個爲難民用心付出的職員及志工，都值得世人肯定。

而且可以預見的是，不論是不堪回首，還是心懷感恩，札塔里這個名字，將是數十萬敘利亞難民刻骨銘心、一輩子忘不掉的記憶。曾在那裏走過一回，見證歷史的我們，也會永遠記得這一個交織苦難與重生、悲憤與感恩的地方。

佩特拉奇緣

觀光業者登上駱駝，身影映襯著佩特拉的岩山石窟，彷佛一瞬間回到西元前；其實直到一九八〇年代遷出谷地以前，居民生活樣貌，與古人並無太大差別。

有鑒於南部貝都因部落發放工作一開始，大家又要長途跋涉幾百公里，馬不停蹄地跑部落，陳秋華於是安排我們提早一天出發，先到約旦著名的世界文化遺產佩特拉（Petra）古城取景採訪，次日再與發放團隊會合，南下各部落。

「我已聯絡阿布慕沙，他會來載你們。」陳秋華與太太陳高怡怡分別到王宮及自家餐廳上班，我們一行人站在門外等待接送的車輛，當天氣溫有點冷，但天空分外晴朗。

不過行程卻被一起竊案延誤，司機大哥的錢包在前一晚被偷了，駕照、身分證也跟著不翼而飛，因此他起床後的第一件事，就是到警察局申辦臨時駕照。始料未及的突發狀況，讓我們的出發時間，從早上八點延遲到接近正午。

「對不起，我來晚了。」遲到的阿布慕沙以破百的時速向南疾駛。儘管約旦沒有像臺灣一樣的高速公路，但聯絡南北的快速公路，速限高達一百一十公里，而且車輛不多，因此很快就結束了從安曼到佩特拉的兩百多公里路程。

佩特拉的標誌卡斯那陵寢，為納巴泰人從垂直岩壁上開鑿雕琢而成，儘管歷經自然風化、人為兵燹，雕像花紋多半損壞，但現存的岩雕立面，依舊讓人歎為觀止。

到旅館放好行李，吃過午餐後，一行人在下午三點邁進古蹟園區的大門，那時距離六點關園只剩三個小時。

根據過來人的經驗，要把佩特拉看個仔細，至少要一整天，必要的時候還得租驢子，以節省走山路的時間。雖然只剩三個小時，但入寶山不能空手回，能走多遠，能看多少，就盡力而為。

通過票亭入口，遊客有兩條路可以選擇，一是安步當車走石板步道，二是再花一點錢，乘坐由貝都因人駕馭的小馬車，由碎石子馳道進入。我們不想多花錢，於是跟著年輕力壯的青年客一起走步道。

暖暖冬陽當頭照，馬車噠噠身旁過，放眼所見，盡是雄渾的砂黃色巨岩，步道旁幾塊四四方方看起來像印章的巨岩，旁邊解說牌上寫著，這是神靈的方塊（Djinn Blocks）。我們猜想，這些明顯由人工雕琢而成的方型巨岩，與貝都因人傳統信仰有關，可能是紀念往生者或供奉神靈的石碑。

人行步道與車馬馳道的盡頭，就是著名的蛇道（Bab el-Siq）入口，走進抬頭仰望，只見無垠藍天，被兩側數十公尺高的岩壁，夾成了「一線天」，裏頭的路大多窄小蜿蜒，不時出現行人與馬車爭道的情形，但身處其中並不會有侷促感。

蛇道夾谷的兩側山壁，曲線渾圓少有尖角，棕紅岩層的造型與紋路美不勝收，很明顯是千萬年來由風與水沖刷磨擦而成。走著走著往下一看，灰黑色的鞋竟裹上了一層粉紅色的砂塵，無怪乎佩特拉會被世人賦予「玫瑰城」的美稱。

不過裏頭的景觀也不盡然是大自然的鬼斧神工，在人手摸得到的岩壁基部，可見人工開鑿的引水道，那是佩特拉先民納巴泰人（Nabataeans）的傑作。西元前六世紀末，游牧的納巴泰人發現了隱身在岩石山中的佩特拉谷地，於是在此定都建國，他們在岩壁上開水路，引進外頭的河水用以灌溉莊稼、飼養牲畜。

憑藉著佩特拉山谷易守難攻的地勢，良好水利設施帶來的充足糧食，以及東西方貿易中繼站的優越地位，納巴泰王國曾享有一段既富且強的黃金時期。

其盛世疆域，曾南達沙烏地阿拉伯的西海岸，北抵敘利亞大馬士革。國家財力雄厚，民生富足安樂，人民得以盡情發揮藝術天分，讓佩

特拉山谷的壯麗山景，再添幾座巧奪天工的石雕鉅作。

走到蛇道盡頭，視線豁然開朗，映入眼簾的是高度近四十公尺，由整塊岩壁雕刻而成的國王陵寢。它是佩特拉的標誌，也是約旦觀光旅遊事業的金字招牌，對外國遊客來說，能在此千年古蹟前拍照或打卡，約旦之旅就算不虛此行了。

而這美得不可思議的岩窟，更是絕佳電影場景，大約在讀國中的那些年，有大導演把齊秦、楊林、曾志偉等臺港明星召集起來，遠赴約旦拍攝電影《新阿里巴巴》。在影片中，這座王陵成了四十大盜的藏寶庫，由齊秦飾演的阿里巴巴，跟蹤這些兇神惡煞，通過蛇道找到這處藏寶地，自此展開一連串緊張刺激的故事。

電影劇本的情節是杜撰的，但在歷史記載中，還眞有人到此尋寶。根據解說牌上的短文所述，這個陵寢被稱爲卡斯那（Al-Khazna），阿拉伯文的意思就是寶藏。當地貝都因人盛傳，納巴泰國王把寶物藏在一個甕裏置於陵墓頂端，因此有人就開槍射擊，希望打破藏寶甕，讓珠寶掉下來。

[redacted]

蜿蜒的蛇道，是進入古蹟群的必經之路，由於需要花費一點時間，才能走到盡頭看到陵寢，常予人「山重水複疑無路，柳暗花明又一村」的驚奇。

國王的寶藏有沒有被偷盜？解說牌上沒有說明，倒是把槍擊古蹟留下彈孔的犯行記下來了。

考古學家考證，這個陵寢是納巴泰國王阿力達斯四世（King Aretas IV）的安息之地。在「人生七十古來稀」的遠古時代，這位生於西元前九年，逝世於西元四十年的國王活得並不算短。

而從六世紀末定都佩特拉，到阿力達斯四世作古的數百年推斷，納巴泰王國與周邊地區，經歷了三百多年希臘化人文的洗禮。

歷史課本上提到的希臘化時期，堪稱西方上古時期的三國時代，其開端可以追溯到征服者亞歷山大大帝的豐功偉業。

西元前三三八年，希臘北部馬其頓王國擊敗雅典一統希臘，本想進一步征服波斯，卻沒想到大軍未動，國王腓力二世就被暗殺，二十歲的亞歷山大王子繼位平定內亂，接著揮師東進，打下小亞細亞（今土耳其共和國）、肥沃月灣、埃及、波斯（今伊朗），一路衝到印度河畔，才被南亞的大象軍團擋下。

年紀輕輕就創造出人類史上第二個地跨歐亞非的大帝國，亞歷山大無愧大帝尊號，可惜天妒英傑，一生爭戰無數的他，在西元前三二三年撒手人寰，得年不到四十歲。強人驟逝，底下的將領展開你爭我奪的權力鬥爭，亞歷山大帝國版圖最後分成三大獨立王國。

其中版圖最大的塞流卡斯王國囊括今日的土耳其、伊朗、伊拉克；一海之隔的安提哥那（Antigonus），則固守亞歷山大的希臘老家。

分得埃及、巴勒斯坦和敘利亞部分地區的托勒密王國（Ptolemy），則以人文薈萃，擁有豐富藏書的亞歷山卓爲都城，其最著名的君主，就是人稱「埃及豔后」的女王克麗奧帕特拉七世（Cleopatra VII）。

三國分據亞歷山大帝國的歐、亞、非區塊，儘管政治上鼎足而立，但其文化主流皆源自愛琴海濱的希臘。

位於中東肥沃月灣，夾在塞流卡斯與托勒密之間的納巴泰王國，就隨順因緣吸收了希臘的文化元素，卡斯那陵寢的圓柱及神像遺蹟，反應當時的希臘化風格，也彰顯了佩特拉所擁有的雄厚財富及精湛工藝。

儘管西元一世紀中期開始，羅馬帝國開始支配該地，並於西元一〇六年併吞納巴泰王國，但佩特拉依舊不減其華美。城內除了精雕細琢的神殿、王陵、貴族墓穴之外，還增設羅馬城市必備的圓形競技場、列柱大道等設施。

羅馬人擅長的圓拱技術也被引進利用，讓善於開山鑿洞的納巴泰人，多了打石成磚、砌磚造屋的選擇。

之後，隨著羅馬帝國將基督宗教定爲國教，佩特拉也增添了不少教堂、修道院。在谷地裏，隨處可見沿著山壁開鑿、雕琢出來的殿堂立面，以及符合結構力學原理的圓拱。當地先民就地取材，古建築皆呈現石材的原色，營造出人與天地和諧的美感。

如是的自然美，除了有賴納巴泰工匠的精工，也要感恩造物者，賜予當地軟硬適中、紋理瑰麗的砂岩石材，這種材質容易加工，利於工匠精雕細琢，卻又耐得起歲月侵蝕。假如佩特拉的岩山，如金門花崗岩般堅硬似鐵，那麼當地先民留下的古蹟，可能就是另外一番風貌了。

不論是直接開鑿的洞窟及立面，還是石磚砌成的殿堂，佩特拉建築都是就地取材，不粉刷、不上塗料，展現岩石原本的肌理紋路，讓自然及人工相得益彰。

走過羅馬、拜占庭的興衰起落，見證阿拉伯聖戰士與歐洲十字軍的鐵血干戈，任憑世間風雲變幻，居民們都努力維護佩特拉的繁榮，爲自己保留一方安身立命之地。

可惜人算不如天算，地中海航運興起，中東陸上交通線改變，幾次的大地震，又損毀賴以維生的水利設施，失去「財源」和「水源」，居民們只好出走。

佩特拉在十三世紀走下坡，到了十五世紀已成荒煙蔓草的幽谷，只有游牧的貝都因人勉強維持當地人氣。一直到十九世紀初，歐洲探險家才重新「發現」這個失落之城。一九八二年，聯合國教科文組織將佩特拉列爲「世界文化遺產」之一，讓塵封數百年的玫瑰城，重新獲得世人的驚歎。

走進位於半山腰的一處神殿洞窟，方方正正的空間裏，除了護欄與寫著「禁止碰觸」的告示牌外，空無一物，但這反而讓遊客們能更專注地去欣賞岩層的肌理。

洞裏紅白交織宛如樹木年輪的紋路，是大自然的創作；外面精美的石柱及立面裝飾，則是先民文化與工藝的極致展現。飽覽佩特拉的自然與人文之美，我不禁忌妒約旦國王及六百萬臣民，竟能擁有如此豐美的千年「祖產」。

但美中不足的是，頭頂上的「天花板」染了幾道焦炭的黑。難不成此地在改朝換代之際，曾被羅馬大軍燒殺擄掠，留下千年不退的兵燹痕跡？

不想那百戰舊山河的興亡史，我步出石窟遠望，但見方圓數公里之內，人群三三兩兩。偶見遊客與貝都因業者談好價錢，就騎駱駝或乘小驢往更深處行去。

山谷壯麗雄渾，人馬小若螻蟻，看風景的人成了別人眼中的活動景觀，頗有杜甫〈望岳〉詩中，「會當凌絕頂，一覽眾山小」的氣闊。

「一顆一丁錢！」下山的路上，賣石頭的小女孩用英文叫賣著，小小的攤位上，擺滿了高爾夫球大小的彩石，示現了佩特拉地質的奇美。有些攤位則是賣些雜七雜八的藝品，傳統的阿拉伯油燈，呼應著阿拉丁的傳說，裝在小玻璃瓶裏的砂瓶畫，是最廉價但也別具特色的紀念品。

「你們要騎驢子嗎？一個人收七丁（約新臺幣三百元）就好。」眼看關園時間將近，貝都因業者主動降價，希望在最後的一個小時裏，多少增加幾塊錢收入。

隨著天色愈來愈暗，我們用最快的速度步出蛇道，踏上石板步道，但人再快也快不過馬。

夕陽餘暉下，兩個貝都因男孩騎著馬從後方奔來，輕鬆超越慢吞吞的我們，雖然聽不懂兩位小騎士在講些什麼，不過歡聲笑語中，可以想見他們的輕鬆與暢快。

或許也只有在下班收工，到抵達家門前的這幾分鐘，才能稍稍放下賺錢謀生的辛苦，自在做一個豪邁奔放的貝都因騎士吧？

走完最後的幾百公尺，步出票亭閘門時，已感覺到飢餓指數上升。好在阿布慕沙這回沒有遲到，很快就把我們接回旅館用晚餐。

「我以前啊，在空軍幹地勤，負責維修F十六戰鬥機……」吃著餐廳提供的美味自助餐，身為退伍士官的阿布慕沙打開話匣子，與我們邊吃邊談男人的共同話題。

持有「潛龍一號」退伍令的我，也把在海軍當兵一年多，以軍艦為家的甘苦談，與這位難得看到海的約旦朋友分享。

「奇怪，怎麼都沒有人啊？」環顧四周，擁有上百個座位的餐廳裏，除了我們個位數的一行人之外，竟然沒有其他食客，一直等到用餐完畢，靠上座椅，才見寥寥幾個西方遊客前來大快朵頤。

「這段時間，來佩特拉的客人很少。」餐廳侍者道出了「度小月」的無奈。對於此地賺觀光財的旅遊業者來說，東方面孔是稀客，最主要的衣食父母，是地緣較近的歐洲觀光客，其中又以法國、義大利人士為大宗。以往在聖誕節及元旦的旅遊旺季，佩特拉的人氣指數，是名副其實的「滿坑滿谷」。

但沒想到歐盟諸國陷入了「希臘化」的經濟危機，高失業低收入讓來自歐洲的觀光人潮大減，加上近來北鄰敘利亞內戰情勢日益惡化，也多多少少影響了外國人到此一遊的意願，讓新年旺季成了冷清的小月。

第二天一早，我們前往附近的小佩特拉風景區，造訪曾經接受慈濟幫助的「前」佩特拉居民，了解他們的生活概況。

「你看路邊的房子，都是哈山親王爲他們建的。」阿布慕沙像導遊一樣地解說，他曾多次參與當地的發放工作，對佩特拉及周邊地區相當熟悉，很快就帶著我們找到過去歷史的見證者。

「我們是在二〇〇五年時接觸慈濟，呃……也許更早，那時我告訴陳（秋華）先生，這裏有很多窮人，他們就來了。」小佩特拉的觀光藝品店老闆愛德，道出了志工入社區的因緣。

由於時間距今已久，而且慈濟的救助也因當地生活條件改善而停止，因此記憶有些模糊了，但他約略記得當時社區裏因貧受助者達百戶之多。

阿布慕沙也補充兩句：「這裏的人都很好，但眞的很窮，他們沒有薪資收入，就靠賣東西給觀光客維生，只有這條路可走。我還記得有個個案，娶了三個太太，一家子有二十幾口人要養。」

而早在慈濟志工展開訪視發放之前，約旦政府也爲住在佩特拉古蹟區的貝都因部落做了不少事。「哈山親王看到人們在洞穴裏生火炊煮，就把人們遷離佩特拉，還建房子給大家住，我們才得以離開帳棚，住進房子。」

愛德表示，以前夏天住帳棚，冬天就搬進老祖宗開鑿的洞窟避寒，沒有電燈，就燒瓦斯、燒柴火，沒有自來水可用，就牽頭驢子，帶著四個二十公升的方型塑膠桶，到山裏的泉眼打水。

「那時我們用馬、驢把物資運進來，也出租駱駝、驢子給遊客騎。天一黑，整個佩特拉陷入黑暗，大家就聚在一起聊天，有時做手抓飯一起吃。」愛德先生話當年，彷彿一夕回到西元前。

聽他解說，我才恍然大悟，原來古蹟洞窟裏的焦黑痕跡，不是刀兵戰火的遺跡，而是貝都因人燒柴火取暖煮食，日積月累薰出來的。想那昔日開山而建，神聖不可侵犯的王陵及神殿，竟成游牧者的安身之所，納巴泰先王先民若有知，只怕也會再三感嘆人世無常吧！

佩特拉的「古早時代」，在約旦居留近四十年的陳秋華也是印象深刻。一九七〇年代，身為禁軍教頭、王室侍衛長的他，與上司哈山親王，正值三、四十歲的盛壯之年，戮力從公之餘也尋幽訪勝，佩特拉古城是必訪之地。

只不過當時約旦還不懂得如何妥善保護、運用這稀世珍寶，任憑貝都因人自由放牧、居住其中。儘管已經有遊客造訪當地，但與其說是觀光，不如說是去探險，那時佩特拉還沒有設閘門收門票，外人隨時可以進出山谷，就算夜遊也沒有人管。

「但那一次眞的把我嚇一大跳！」陳秋華記得當時他和哈山親王，以及幾個侍衛在入夜之後進入佩特拉，走著走著就撞到不明物體，定神一看，原來是個穿黑袍的婦女，而環顧四周，到處都是穿黑衣的貝都因人，谷地裏一片漆黑，只有零星的火堆放送微弱的光。

權傾朝野的王爺、武功高強的大內侍衛，碰上一群「古墓派」黑衣人，陳秋華的佩特拉夜驚魂，有如武俠電影的劇情高潮。

但他們沒有碰到不世出的武功高手，山谷裏也無刀光劍影，哈山親王看到的，是貝都因同胞貧窮匱乏的苦相，以及千年古蹟遭人畜踐踏、被柴火薰燒的損失。

「那時哈山親王還告訴我，安曼的奸商很壞，和那裏的人做交易，竟能用一包麵粉換得一隻羊。但他們也無所謂，只要有羊、羊奶，有麵

納巴泰人開鑿的洞窟，千百年後成為貝都因游牧人過冬避寒的絕佳處所，儘管三十多年前居民已搬離，洞窟中仍依稀可見柴火煙燻的遺跡。（前頁）

粉可以做餅就好了。」談到佩特拉地區貝都因人的單純善良，陳秋華語帶不捨。

爲了改善居民生活，同時保護古蹟免於人們有意無意的破壞，哈山親王與胡笙國王兄弟同心，於一九八〇年代，展開了佩特拉地區貝都因部落遷移計畫。

搬離谷地的居民們，住進了政府提供的房子，孩子們也得以進入公立學校讀書。隨著時光流逝，停滯在「時光隧道」裏的艱苦生活，與世隔絕的封閉狀態已成過去式，昔日接受慈濟幫助的家戶，也靠著自己的力量站起來。

「他們主動告知我們，停止救濟。」陳秋華欣慰地說。儘管時至今日，許多「原住民」還是在佩特拉古蹟園區裏，靠賣紀念品、開小吃店、租駱駝驢馬給觀光客騎乘維生，但經王室與政府用心整頓安排後，當地居民與千年古蹟各得其所，達成雙贏局面。

而來自東方的藍衣仁者及約旦本土善士，則與這塊受祖先庇蔭的寶地，締結了愛與溫暖的奇緣。

農曆年前抵達沙漠部落發放，慈濟志工致贈「平安」吊飾給阿拉伯鄉親，讓他們也一沾中國春節的喜氣。

拜別了古城佩特拉與小佩特拉風景區，我們再次坐上阿布慕沙的車，駛往沙格拉（Thaghrah）部落小學。由於這次走的路是新開的，司機大哥沒走過，於是一行人就約在一個叉路口，等志工傑米帶路。

沙漠裏的柏油路面十分平整，可是往前看、往後看都沒有任何人車。儘管阿拉伯文、英文並列的路牌，顯示再往前走十二公里就可以到沙格拉了，但我們還是耐心等待傑米和他的家人到來，畢竟在人煙稀少的地方，跟知道路的人結伴而行總是讓人比較安心。

「今天，我們五點鐘就起床了！」

加長型小客貨車抵達會合點，傑米和我們簡短打聲招呼，兩部車就緩緩上路，店裏的生意有長子阿瑪爾看顧，身爲一家之主的他，載著太太和三位千金一起來參加發放。

沙漠公路路面狹窄，地形高低起伏不定，傑米的車重心高又載了許多糧食，因此行進的速度不能太快，十幾公里的路開了快半小時才抵達目的地。快接近學校的時候，活潑的貝都因小孩已經在入口處手舞足蹈起來，等候多時的大人們則忙著引導來車進入。

沙漠中除了空地、什麼都缺，志工與鄉親們搬來足球門架，綁上旗幟及橫幅，將食物擺在桌上，以克難但整齊的場面展開發放。

傑米打開車門，搬下一袋袋橘紅色的馬豆，這些乍看像加了大量色素的豆子，煮熟後就會變成黃色豆泥，因爲富含油脂，缺乏運動的都市人不宜多吃，但對有一餐沒一餐的窮人家來說，卻是重要的熱量來源。

除了馬豆，糖、米、食用油及茶葉也是必備的食品，而因應沙漠冷冽的寒風，志工們也準備了慈濟的環保毛毯，最後還送上一個「平安」吊飾，希望貝都因鄉親能感受慈濟人眞誠的祝福，同時沾沾中國新年的喜氣。

大家分頭進行發放和帶動團康，擔任教師的莉莉，把孩子們帶到一旁排排坐、教唱慈濟歌，其他人則持續搬貨、擺桌。

「這背心會不會太大了？」看著傑米的小女兒碧姍穿著特大號的志工背心搬生活包，像罩了件長袍似的有些不方便，志工媽媽特地給她換了件小的，但下襬還是垂到膝蓋處，怎麼看就是大一號。

碧姍當天一身黑色勁裝，配上粉紅色球鞋，以及黃色系的志工背心，雖然有些不成比例，卻不失簡潔俐落。而喜歡嘗試新事物的志工顏睿麒，則是興沖沖地把剛買的銀灰色阿拉伯長袍穿上身，戴上紅白相間的約旦傳統男士頭巾，標準的東方人面孔搭上阿拉伯風的服飾，讓貝都因鄉親們感覺既新鮮又親切。

「慈濟人待我們像一家人，不管是臺灣人、阿拉伯人，大家就像兄弟一樣。」沙勒瑪歡喜地表示，自己家有六口人，這一次領得的物資，可以讓一家人使用兩個星期。

相對於靠觀光維生的佩特拉，因敘利亞、以巴戰事而「度小月」的情形相比，沙格拉所受到的影響並不大，因爲當地就業機會本來就不多，許多部落青年不是北上安曼，就是南下阿卡巴（Aqaba）找工作。不過近幾年來約旦經濟不景氣，年輕人不好找工作，有些出外念大學的子弟，體認到留在大城市，日子也未必好過，打算畢業之後回鄉服務。

「我們老一輩的，大部分走軍旅生涯，年輕一輩的像這位就上大學，他主修阿拉伯文，再一年就畢業回來當老師了。」部落頭目阿馬茲撒瑪語帶自豪地向我們介紹村中的優秀子弟——二十一歲的加拉德。

對於這位即將爲人師表的青年來說，返回家鄉教書是對親友們最大的回饋，因爲他當初就讀大學的學費，可是大家一塊、兩塊，點滴捐助才湊出來的。

就沙格拉小學的硬體建設來看，加拉德未來的教學環境，應該不會太差，而且沙漠地帶生活單純，花費比安曼低得多，若能安於教職，以穩定的薪資過日子，也不失爲利人利己的謀生之道。

回想從前，已經是大人的他，對於小時候接受幫助的事，依舊印象深刻。「我記得大概十一歲時，慈濟人來到這裏，發放夾克、文具，我們都很快樂地等待慈濟人來，那是我童年中的美好記憶。」

從這位「準老師」的年齡推算，慈濟人關懷約南貝都因部落，至今已有十個年頭了，不算短的時間，能讓嬰兒長成小孩，小孩長大成人。儘管因爲距離遙遠，慈濟人頂多一季去一次，一年和鄉親們見三、四次面，但長久累積的情誼，卻讓彼此一見如故。

「你們也是我們的兄弟啊！」一名長者懇切地說。

結束了在沙格拉部落的發放，阿布慕沙北返安曼，我們則登上小巴士，會同志工前往下一個發放點——阿巴西亞（Abasiya）部落。由於路程有些遠，加上出發時已近午，志工們於是半路停車，在沙漠中央擺桌開飯。

以阿拉伯人的作息步調來看，下午三、四點吃中餐算正常，我們在十二點左右開動，算是提早不少。為了這次難得的「大漠饗宴」，志工媽媽們可是卯足全勁，炒飯、大麥飯、麵包、醃茄子，連約旦本地吃不到的茶葉蛋都端出來了。

吃著約旦志工媽媽準備的午餐，愛爾蘭志工鄭順吉、吳嘉萊夫婦異口同聲讚歎。由於這幾天馬不停蹄地進行窪地阿頓、約旦北部部落及敘利亞難民發放，大家消耗了不少卡路里，因此不用提醒，每個人都自動地「惜福」，把所有餐點吃光光。

用餐時，空氣的流動似乎靜止了，儘管攝影機的麥克風還是捕捉到一點風聲，但沒有揚起沙塵來「加菜」，老天爺可說是相當幫忙。

以大地為席、藍天為幕，慈濟人說說笑笑，度過了別開生面的午餐

約旦南部的阿巴西亞部落，沙漠如海人煙稀，天寬地闊美如畫，
但身居其中的貝都因人卻飽受貧窮匱乏之苦。

時間。用餐完畢，我們不忘把回收物收拾打包，不留廢物在沙漠。

「水」足飯飽後，巴士司機伊浩小心翼翼地載著大家駛抵目的地，相較於沙格拉小學還有柏油路可行，阿巴西亞的發放點，可以說是「浮」在一片黃沙之上，所謂的「路」是車輪直接在沙地上輾出來的。

按照慣例，志工們到南部發放，都是選在各部落的中心點，也就是類似鄉公所的地方，這一次也不例外。然而眼前的景象卻令我驚訝，一個沙漠部落的行政中心，包含磚造的學校、鐵皮屋、帳棚，所有的「建築物」加起來，竟然用十隻手指頭就數得完。

從發放點往四周望去，方圓十公里內杳無人煙，連一條電線或水管都看不到，部落居民們靠手機通訊確定時間地點，再乘著小卡車前來。大夥兒搬來一座足球球門鐵架，綁上橫幅與旗幟，黑白紅綠四色組成的約旦國旗、五彩的佛教旗幟以及慈濟的蓮華法船旗飄揚風中，爲蕭瑟的沙漠增添了躍動的色彩。

趁著布置場地，擺設物資的空檔，陳秋華一邊指揮，一邊向我們解說部落的情況：「我們關懷這裏快十一年了，你看他們空空蕩蕩什麼都沒有，剛來時，他們全村才一部小卡車，現在經濟情況有改善，但十幾年來……實在是太慢了一點。」

就適應環境的能力來看，貝都因人能忍人所不能忍，千百年來的沙塵風暴、烈日驕陽，不曾阻斷他們在中東沙漠地區縱橫游牧、生存繁衍。但是當阿拉伯世界愈來愈現代化、都市化，物價隨著通貨膨脹節節高升，固守傳統生活領域和生活方式，讓人感覺很「酷」的貝都因原鄉人，日子反而愈過愈「苦」。

陳秋華還記得，曾有阿卡巴的善心人士要捐款給他們，每戶補助一百丁（約新臺幣四千元），但部落裏的人連車錢都出不起，無法到阿卡巴領錢，致使一番美意徒留遺憾。

需要幫助的人出不來，伸出援手的人就走進去。志工們在阿巴西亞的發放，也是一樣把大人、小孩分別帶開，志工媽媽阿比爾與志工奶奶莉莉，各自帶了一隊小孩做遊戲。

部落物資匱乏，孩子們缺乏玩具和用品，慈濟人帶來了氣球和帽子，小志工碧姍像加冕一樣，把藍色的保暖帽套在受助孩子的頭上。小

小志工碧姍負責發放保暖帽，從她與貝都因孩子的對比，可見生活無虞的城市，與環境嚴酷的沙漠，形成不一樣的童顏。

慈
濟
JORDAN

朋友幫助小朋友的景象令人莞爾，卻也令人不捨。

生長在安曼首善之區、家境寬裕的碧姍，就像甜蜜多汁的蘋果一般白白胖胖。而貝都因部落的孩子則是又黑又瘦，如同被風乾的椰棗。烈日當頭、風沙侵襲、缺水缺糧的艱苦環境，不只在大人臉上留下滄桑的印記，也連帶影響孩子的成長。

但是窮孩子沒有悲觀的權利，現在的他們在自己部落上小學，畢業之後還要到外地上初中。「早上四點，他們就要騎駱駝或驢子，走十公里路上學，有時候還會碰到狼和豹呢！」陳秋華略述了部落子弟難行能行的求學路。

爲了幫助這些苦中求生的貝都因鄉親，慈濟人特地爲每一戶準備一包五十公斤重的麵粉。志工傑米、阿布湯瑪斯、鄭順吉與勇男兒會同部落的壯丁，氣喘吁吁地把這「重量級」的新年禮物搬上小卡車。

根據志工的概略估計，一戶人家以七口計，五十公斤的麵粉省著用，可以撐上一個月，當然，如果家中食指浩繁，有限的物資就會消耗得更快。不過貝都因朋友們從來沒有抱怨物資不夠，只要慈濟人來，都會熱誠地接待。

發放完畢，部落頭目阿布巴卡，代表散居在三十平方公里範圍內的兩百多位居民，請大家入帳做客。約十坪大的帳棚，以咖啡色的羊毛氈蓋頂抵禦寒風，帳內鋪設地毯，留出一塊沙地當火灶，兩個被煙燻黑的茶壺，透露出克難但溫暖的氛圍。

頭目叫喚年輕男子為大家奉上咖啡和茶，衆人圍著溫暖的炭火席地而坐，彷彿武俠小說裏，中原群俠與西域高人在大漠相會的場景。

「以前雨量豐沛，這邊都是麥田，但是十五年前開始就乾旱了，連游牧養羊也不行了。以前部落裏還有兩、三百頭羊，現在都沒了。沒辦法生活，年輕人只能去當兵或到城市打臨時工。」阿布巴卡的感嘆，讓我大感驚訝，原來貝都因人不只會放羊，還會耕田種麥子，但隨著氣候變遷，良田變荒漠，雨水少到連羊也養不成。

「當年全部落只有一部舊的小卡車，有次下大雨，一位孕婦快要臨盆，沒有道路就是跑在沙漠上，結果車子過河時熄火，小孩就在那裏出生了。」「你還記得這件事啊？那個嬰兒就是你的跆拳道學生阿里的小孩啊，現在好大啦！」細說從前，阿布巴卡與陳秋華你一言、我一語。

走過百里黃沙路，看見部落帳棚區的荒涼與匱乏，有人好奇地問：「如果政府給你們房子，你們願意搬離現在的地方嗎？」

「不搬！如果搬到城裏，政府只會給我們小房子，我們只有那小地方。但在這裏，我們有很大的空間，這塊土地是我們的。」阿布巴卡堅定地回應，有如電影《賽德克巴萊》片中，為保護傳統領域及文化，牽衆奮戰的臺灣原住民長老。

儘管年輕人已一個個離鄉背井到外地討生活，但只要長者們還有一口氣在，傳承千百年的貝都因人文，就會在沙漠中頑強地存在著。

賓主相談甚歡，志工們在離情依依下，踏上南下的路途，準備到港都阿卡巴過夜。

乘著巴士趕路的時間，大家把握因緣交流心得，言語中充滿歡喜，也有發自內心的不捨。「看到那些孩子沒有鞋穿，我就感到很難過。他們的手和腳就像老人一樣乾燥粗糙。」志工吳嘉萊心疼地說。

部落頭目邀請志工入帳一敘，從帳內布置可見貝都因人順應游牧生活，鋪毯於沙地上直接坐臥。

次日，備妥中餐口糧後，黃色小巴士北上，開往此行最後一個發放點——窪地芬難（Wadi Feynan）。先前進阿卡巴走的是東側的沙漠公路，北上的路則是沿著約旦、以色列的邊界而行的西線，經死海東岸到安曼、伊爾比德。朝北而行，腳下及右邊的土地屬於約旦，左側遠山則歸以色列。

而阿卡巴國際機場就位於約旦、以色列的邊界地帶，與公路平行的飛機跑道上，停放著一架全白的三引擎噴射客機，再過去一點就是以色列的山頭了。如此罕見的地理位置，足可名列世界奇特機場之一。

陳秋華表示，這條公路的南段，是臺灣榮工處的傑作，已經完工三十多年了。前人開路，後人便捷，平坦無坑洞的路面，讓司機放心地把油門踩到底，久久才遇到一部對向來車，更特別的是，路邊還有「注意駱駝」的三角警告牌。

通車三十多年，路上尚且人行稀少，可以想見開工之初，遠道而來的榮民伯伯們，需要具備多大的勇氣與毅力，方能克服物資的艱困匱乏，在沙漠裏開闢康莊大道，用汗水爲臺灣爭光榮。

疾駛將近兩個小時後，小巴士向右轉，離開公路駛向山谷，駛離平坦的柏油路，進入凹凸不平的小路，志工們開始感覺到顛簸，且愈接近目的地，地形起伏愈大。

「嘎吱！」金屬與石頭磨出尖銳聲響，小巴士底盤觸地了，大夥兒於是趕緊下車，減輕載重，讓車子脫困。

「嘎吱！」又一次底盤觸地，眾人再一次下車，如此一路顛顛簸簸，最後還得越過滿是石礫的乾河道，才抵達目的地。

「我們以前都是開四輪傳動的小卡車來，這是第一次把巴士開進來。」對於小巴士所受的「折磨」以及司機伊浩可能遭受的責難，陳秋華很過意不去，準備承擔所有的損害賠償。而經過走走停停、上上下下的路程，我也決定保留「窪地芬難」的原本譯名，因爲要進入這裏，眞的「很難」！

「這裏很大，大概有上千平方公里，我們第一次來這裏的時候，他

時值冬季，窪地芬難的游牧人把家當及牲口遷移到谷地避寒風，
領得慈濟物資後，他們的冬令生活又多一分溫暖及保障。

們只有一部小貨卡呢！」來到山腳下的部落小學，志工阿布湯瑪斯爲我們解說了窪地芬難的概況。

和沙格拉與阿巴西亞相較，這裏的部落中心位於山谷且離山很近，居民們直到今天還保留眞正的游牧生活。

「他們春天入山，把羊趕進去；冬天山上太冷，才回到這裏。因爲孩子要上學，現在採定居，只有爸爸趕羊上山，等夏天過後，再回來和家人相聚。」阿布湯瑪斯補充說道。

說到與窪地芬難結緣的經過，陳秋華提到哈山親王的次女蘇瑪雅公主（Princess Sumaya），「當時她來這裏訪視，最後卻是哭著回去。」聽到女兒的回報，與貝都因人交情匪淺的哈山親王，便請陳秋華帶志工前去訪視援助。如今十年過去了，窪地芬難儘管還需要慈濟人幫忙，但經濟與教育的情況已有所改善。

「我是這間學校畢業的，現在當導遊，大多服務歐美遊客，帶他們進山參訪。」在地居民穆罕默德，服務於新開的「生態旅館」，當導遊一個月可以掙得三百丁收入。

相對於靠觀光客吃飯，當老師的收入沒有那麼高，只有約一百六十丁，但比起打零工，還是穩定多了。

「我就是這所學校畢業的，之前在母校當老師教電腦三年，學校裏有六臺電腦，學費全免，輟學的人也很少。」二十六歲的歐達特表示，自己在部落裏的學校讀了十年，才出去外面念書、上大學，儘管已經轉到其他學校任教，但他仍肯定慈濟對本地學童的幫助。「捐文具對師生幫助很大，因爲這邊沒有商店，買不到文具，必須利用假日才能到阿卡巴買。」

學子們的困難，大家感同身受，因爲我們就是一路「跳曼波」進來的，發放之路難行，可以想見這裏的一張紙、一枝筆皆得來不易。

但也就是因爲難行能行，慈濟人與窪地芬難結的緣特別深。發放結束後，部落頭目阿布卡里邀請大家到家裏，順便參觀他規模不小的羊群。志工們在午餐時每人都分到一根香蕉，阿布卡里於是請大家拿香蕉皮餵羊，但志工們卻有些不放心，深怕羊兒吃壞肚子。

「沒關係，你可以試試看。」童文雀放膽一試，把黃澄澄的香蕉皮丟進羊圈，果然引起衆羊爭食，大夥兒見狀，就把頭目的羊當成「資源回收桶」，沒幾分鐘，一大袋的香蕉皮就被啃光光了。

「冬天時我住在這裏，夏天就到別處去，我還記得三年前，一噸草料才七十丁，沒想到現在的政府補助價，一噸就要一百七十五丁，若用市價算，一噸高達三百丁呢！」談起節節上升的飼料成本，阿布卡里感到壓力沈重，但儘管生活不容易，他依然響應慈濟的竹筒歲月，涓滴累積善款布施行善。

「我們三年前投竹筒捐了四十一丁（約新臺幣一千六百元），您看，這是收據喔！」阿布卡里拿出捐助慈濟的憑證，阿布湯瑪斯也拿出新的竹筒，請他持續發揮愛心。

辭別了窪地芬難，黃色小巴吃力地駛出滿是石頭的谷地。由於天色已晚，當我們跑到死海邊時，湛藍的水色已被黑夜吞沒，只有對岸以色列山上的家戶，及鹽礦廠的燈光相伴。儘管未能一睹世界最低地的特殊景致，但能親見道地的貝都因風情，也算不虛此行了。

遙望應許之地

志工往返安曼及約南、行經死海海濱時，常見遊客徜徉海中，體驗高濃度鹽水的超強浮力。對岸日落處為以色列領域、《聖經》記載的「應許之地」。（攝影／謝金龍）

走訪南部發放行程，港都阿卡巴是個重要的休息站。原本慈濟志工並沒有將它列入行程，但經過幾次沙漠夜「驚魂記」，才決定寧可多花點錢到阿卡巴住旅館，也不能讓自己的健康和安全暴露在風險中。

「那時候我比較沒經驗，總認為每個人都很強。」談起早年發放，陳秋華感到有些抱歉，那時到南部一天得跑幾百公里，一大早就要出發，連續到八個學校發放，而且所有的食物、文具發放都要在下午一點前完成，以免回安曼太晚。為了趕行程，志工們大都提早一天去，在沙漠部落學校的走廊過夜。

身為領隊的他，半夜起來巡視，眼前的景象讓他大吃一驚。「哇，我第一次看到約旦螞蟻那麼大。」陳秋華伸出小指比擬，那螞蟻的身長，已不只用公厘計，而是一公分以上的大小，一旦侵襲眼耳口鼻就麻煩了。

於是，陳秋華商請學校老師，讓志工們住進教師宿舍以策安全，自己則爬上屋頂過夜。時值乾季，露天睡覺不怕半夜下雨，且多了明亮星月相伴，聽著由人打鼾聲、狗汪汪叫以及驢子咿喔咿喔組成的夜曲，雖難以入眠，卻也別有一番體會。

但是沙漠野地蟲蟻不少，就算住進室內也未必躲得開。又有一次，一位好心的教授讓慈濟人到家裏過夜，志工媽媽阿比爾仍被無聲無息爬進門的大蜘蛛，嚇得手足無措，趕忙拉來幾張椅子拼湊成床，把自己架高才敢睡覺。

基於安全衛生考量，並顧及多位志工年事已高，發放物資操勞後需要好好休息，約旦慈濟人從四年前開始，將阿卡巴列入南部行程之中。

拜別了阿巴西亞的部落頭目，志工一路往南行，舉目所見盡是高大的岩石山與礫石荒漠。在以刀劍弓弩等「冷冰器」爲主要武器的古代，沙漠開闊平坦的地形適合騎兵馳騁衝刺，而險要的高地則有利於防守的一方，登高遠望可及早偵知敵情，備齊弓弩武器阻卻敵軍。

前往阿卡巴的路上，小巴士幾度行經峽谷地帶，只見兩旁山勢高聳，中央通路狹窄，形成「一夫當關萬夫莫敵」的態勢。

在電影《阿拉伯的勞倫斯》片中，阿卡巴港被鄂圖曼土耳其帝國建設成濱海要塞，由於背倚廣闊無垠的大沙漠，土耳其軍料想英國陸軍和阿拉伯起義軍不可能由陸路來襲，便把炮口朝向阿卡巴灣，以抗拒英國艦隊。

沒想到英國軍官勞倫斯與起義軍統領率領五十名貝都因戰士，冒著飢渴而死的危險，騎駱駝走了好幾天穿越大沙漠，並說服當地依附土耳其的部落倒戈，聯手進攻阿卡巴。

阿拉伯起義軍出其不意由沙漠地帶襲來，土耳其守軍倉皇應戰，卻因大炮被固定朝向海邊，無法轉向內陸轟擊，最後被只有刀和槍的貝都因戰士擊敗，阿卡巴也因此回到阿拉伯人掌握中。

背倚高山大漠不易穿越，整體地勢易守難攻，無怪乎這個約旦唯一海港會被稱爲「阿卡巴」，也就是阿拉伯文「障礙」的意思。

然而隨著時代的演進，昔日的「障礙之城」如今已成爲約旦不可或缺的對外窗口。細看世界地圖上亞非交界地帶，阿卡巴港面臨的阿卡巴灣，位於紅海北端，其海域全長一百六十公里，最寬處僅二十四公里，面積不大但地位卻極其重要。

海灣西岸爲埃及西奈半島，東爲沙烏地阿拉伯西北海岸，南端通過蒂朗海峽（Tiran Strait）連接紅海，北端灣區則匯集了三個國家的港口，由東到西分別是約旦的阿卡巴港、以色列的艾拉特港和埃及的塔巴港（Taba）。

三港中的艾拉特原是約旦的土地，但在第一次以阿戰爭時被剛獨立的以色列占領，自此成爲以國在紅海水域唯一的港口，而阿卡巴也因此成爲約旦碩果僅存的出海口。

原本阿卡巴港所擁有的海岸線只有區區八公里，但爲了擴大港區並延長海岸線，約旦於一九六五年與沙烏地阿拉伯協議，以數千平方公里的不毛沙漠，交換沙國西北部濱海的一小塊領土。

條約簽訂之後，沙國國王不費吹灰之力闢地千里，而阿卡巴港區的海岸線則延長到二十六公里，爲保護得來不易的領海，約旦軍方還特別買了幾艘小炮艇，成立一支超迷你海軍。

保有阿卡巴港，不只讓約旦避免了內陸國對外交通受制於人的劣

勢，還進一步升級成區域轉運重鎮。從地中海過來的貨船，通過埃及的蘇伊士運河，進蘇伊士海灣後向東南方行，駛入西奈半島最南端的紅海水域，然後轉向東北通過蒂朗海峽進入阿卡巴灣，再航行約四、五個小時即可抵達阿卡巴港。

臺灣、中國大陸的貨物要海運到約旦，則先下南海，過麻六甲海峽，走完印度洋的航程後，再取道亞丁灣進入紅海，一路行駛到北端轉進阿卡巴灣。

貨物在阿卡巴港下卸後，即可轉運到約旦首都安曼、伊拉克的巴格達等地。以約旦國內公路里程計算，從安曼到阿卡巴約三百二十五公里，相當於臺北到高雄的距離。

而論港區及城市規模，阿卡巴與臺灣東部的花蓮港、花蓮市相當，但約旦政府將它規畫爲特區，享有關稅方面的優待，因此進出阿卡巴都要在關卡檢查過後才能放行。攜帶物品的規定也比照國際機場，例如酒類，免稅額爲每人一瓶，多帶就要扣稅。唯一且優越的港都地位，讓它成爲約旦的金雞母。

早晨時分，悠閒的婦人坐在阿卡巴的海灘看海景，對面有些霧濛的城市，為以色列的艾拉特港。（前頁）

「你看伊拉克不平靜、巴勒斯坦不平靜，所有的貨櫃都是到阿卡巴港，等到平靜之後再用貨櫃車拖進去。所以常有伊拉克人來，說我有十萬、八萬的現金，你有什麼貨可以賣給我？」經商多年的志工許盈盈，說明了這個南方港都的重要性。

腦筋動得快的商人，懂得利用阿卡巴大發戰爭財，而慈濟人援助敘利亞難民的冬衣，也有賴這個交通口岸轉運。從地圖上看，那六大貨櫃的愛心物資，等於繞過了半個地球才到達，其航線還得經過海盜猖獗的亞丁灣海域。

所幸在我們抵達阿卡巴市的時候，那些愛心物資已平安抵達。人貨無恙，發放任務進度順利，志工們也就放心在港都休息一個晚上。

抵達旅館卸下行李後，「識途老馬」便帶著我們出外采風，那時夕陽已西下，但或許是緯度及地勢比安曼低的緣故，這個臨海的港都溫暖

在造景燈光的映襯下，聳立在夜空中的清真寺塔更顯聖潔莊嚴，
為阿卡巴港都的一大勝景。

許多，就連海風也是涼涼的，沒有沙漠冬風的凜冽。

華燈初上，海邊的清眞寺打開造景燈光，潔白的尖塔，呼應著喚拜的吟誦，營造出海天神人渾然一體的莊嚴感。

阿卡巴市距離地質風景區瓦地倫（Wadi Rum）不遠，許多觀光客都選擇在此住宿，因此市區內旅館林立，商店街和市場規模不大，卻能滿足本地人和遊客需求。路邊小店裏廉價的中國製日用品任君選擇，賣堅果及甜點的商家貨源充足生意興隆。

工藝品店賣的傳統阿拉伯短刀，雕工粗細不一，價差頗大，背包客若覺得太貴，也可以改買紅白相間的傳統頭巾，加上黑色箍帶，只要花個十幾塊錢，就能「改頭換面」，過過當阿拉伯人的癮。

不過對約旦志工來說，那些賣得比安曼地區還貴的紀念品，實在勾不起大家的購買欲，只有少數人買了拖鞋之類的日用品，而貼心的領隊陳秋華夫婦，則買了香蕉和堅果與大家分享。

約旦的週休二日，依循伊斯蘭傳統定在週五和週六。我們抵達阿卡巴的時間是週五，正是約旦人與周邊國家遊客度假的好時光。晚餐過後，本土志工如莉莉、漢娜、阿比爾等，還有傑米一家人，就到露天咖啡座閒話家常，享受難得的悠閒。

華人志工陳秋華及太太陳高怡怡，留學生勇男兄和太太詩芸，就帶著第一次來的人到海邊散步。在溫柔海風吹拂下，週末夜裏的阿卡巴，輕鬆得近乎慵懶，讓人不知不覺放慢腳步。

穿著輕便的西方遊客自由穿梭，青年男女在路邊談笑，商店街燈火通明、人氣頗旺。昇平的夜景，讓人幾乎忘了在不遠的北方，敘利亞內戰正在進行中，而六十多年前的此地，還是以阿戰爭的前線呢！

「那邊就是以色列，如果你想去的話，關口離這裏不遠，而且持臺灣護照過去免簽證喔！」站在阿卡巴的海濱，望著近在咫尺的以色列艾拉特港，志工童文雀興奮地說著自己的以國之行。

在約旦臺商公司工作的半年期間，她乘著工作餘暇，越界前往耶穌成長及傳道的聖地拿撒肋（Netzerath）遊覽。

一路行程尚稱順利，美中不足的是以色列邊關人員，在她的臺灣護照上蓋了章。自此，那本被烙上大衛王傳人印記的旅行證件，就成了阿拉伯國家的「拒絕往來戶」，除了約旦和埃及，任何一個阿拉伯國家的邊關人員，若發現護照上有以色列入出境章，幾乎都是「禁止入境」。「所以你一定要先跟他講，請他蓋在另一張紙上，然後你要把那一張紙收好，出境時他會收回去。」童文雀接著說明往來以色列和阿拉伯國家的注意事項。

望著曾經是約旦領土的艾拉特，見萬家燈火通明，我突然有一股似曾相識的感覺：「這名字好像在哪裏看過？」左思右想，終於找到了答案。一九六七年十月，以阿六日戰爭結束之後四個月，一艘以「艾拉特」爲名的以色列驅逐艦，在地中海東部、蘇伊士運河北部海域，遭埃及快艇發射反艦飛彈攻擊，成爲世界上第一艘被「艦對艦」飛彈擊沈的戰艦。

排水量不及百噸的小艇，竟以飛彈擊沈超過千噸的敵艦，讓世界各國大爲震驚，也揭示了「海戰飛彈化」時代的到來。

爲了確保自身安全，以軍敗戰後加緊研發飛彈。在一九七三年贖罪日戰爭中，以色列海軍飛彈快艇部隊，終於以自製的「天使」飛彈重創埃及、敘利亞海軍，爲陸、空友軍創造有利態勢。

艾拉特號事件不只大大刺激以色列，也讓臺灣驚覺事態嚴重。因爲事發那年，中共海軍已配備反艦飛彈，但國軍艦艇只有槍炮，處被動挨打劣勢。因此軍方得知艾拉特號被飛彈擊沈後，就趕緊派員前往以色列，洽談飛彈技術合作。

贖罪日戰爭期間，「天使」飛彈戰果驚人，國軍於是向以色列購買數套裝於驅逐艦上，並參考其技術研製國產反艦飛彈。

一九八〇年代，臺灣製造的「雄風一型」飛彈成軍上艦，與以色列原裝進口的「守護天使」共同游弋於臺海。飛彈化的國軍艦隊，也因此成爲當時亞太地區戰力名列前茅的海上勁旅。

由此來看艾拉特號以慘重犧牲寫下的「世界紀錄」，對一九七〇年代以後，臺灣的安全與繁榮不無影響，而海軍義務役退伍、對軍事略有涉獵的我，也因爲它而「認識」眼前的艾拉特市。

遙望同樣寧靜幽美的港都夜景，凝視那基督宗教《聖經》中上帝的「應許之地」，更深刻體會世界和平、親友均安在的可貴。

在任內促進臺灣、以色列雙方友誼的貢獻。離臺返國前，他不忘向證嚴上人辭行，並到老地方做環保，有始有終地完成對臺灣最後的付出。

因爲親眼看過他揮汗做環保，甘若飛的歡喜付出，讓我對以色列留下不錯的印象。然而個人的善行，似乎還不足以化解數十年累積的「歷史共業」。上了年紀的約旦慈濟志工，儘管知道慈濟大家庭中，有位熱心的「猶太師兄」，但說起以色列與中東戰爭，仍難免悲憤激動。

「一九六七年我還年輕，記不得發生什麼事，但媽媽及較年長的家人都記得，那時爲了逃難，大家拿了鑰匙就離開，心想還會再回來，戰爭結束後卻回不去了。」

年近七十，篤信天主教的莉莉，是生在耶路撒冷的亞美尼亞裔巴勒斯坦人，二十三歲結婚那年，碰到六日戰爭，以色列從約旦手中奪下約旦河西岸土地，耶路撒冷全境盡入其手。

「大約十年之後，我回到耶路撒冷，去看老家的房子。敲門時，一個猶太男子應門，我問他如何取得這間房？他說向某某人買的。房屋還是和以前一樣的，但所有權已經換了幾次。」好不容易回到成長的故鄉耶路撒冷，莉莉央求屋主讓她進門看看以前住過的房間，但屋主婉拒入內，傷心的她只能悵然離去。

戰爭流離造成的創傷，以阿民族間的情仇，不只巴勒斯坦人永生難忘，就連外來的「巴勒斯坦媳婦」也感同身受。

「像我回到先生的家鄉，婆婆不是先帶我回家，而是先帶我到幾個『人肉炸彈』遺族的家裏拜訪。」志工許盈盈表示，自己的另一半是巴勒斯坦人，在安曼念大學期間碰上六日戰爭，位於西岸的家鄉就此成爲以色列占領區。

基於國安考量，以色列對阿拉伯人的入境簽證從嚴審核，早年丈夫持約旦護照回以色列控制下的家鄉十分困難，而擁有外國護照又是東方面孔的許盈盈，要入境就相對簡單，因此回鄉探親，多半由她代行。

一九七九年，剛當媽媽的她抱著七個月大的長子，跟著婆婆從約旦返回老家，行經以色列入境關口時，只見阿拉伯人大排長龍。「那時一名以色列士兵看到我，就說你不用排隊，可以從貴賓通道進入，我說我和婆婆在一起，必須和老人家一起走。」

身爲巴勒斯坦媳婦，許盈盈婉拒了以國人員的好意，堅持和丈夫與婆婆的同胞站在一起。回到老家後，她將行李中的化妝品、乳液拿出來，衆親戚們看得目瞪口呆，因爲以色列爲了防止爆炸攻擊，對阿拉伯人的行李檢查得分外嚴格，許多瓶瓶罐罐，甚至連口紅都會被沒收。

悲與怨不只存在老一輩的記憶中，就連從小生長在約旦，不曾經歷戰亂的年輕世代，也能體會父母、祖父母的傷痛。

「像約旦大部分是巴勒斯坦人，他們的家、從小長大的土地都被占領了。爸爸、爺爺有很多土地，都被以色列人拿走了，這就是以巴的問題。」許盈盈的女兒，「七年級」的韓詩瑪，用中文說出了自己對以巴問題的想法。

但明理的母女檔也表示，儘管對以色列政府的作爲無法認同，卻不排斥與猶太人或以色列人一起行善。「這是一個人發自內心做好事，和政府、政治無關嘛！」

親身經歷過戰亂流離的莉莉也說，發生在自己身上的事，不能忘卻，想忘也忘不掉，但未來若有機會碰到以色列的慈濟人，她將敞開心胸，伸出友誼之手。「聖經教我們愛，愛超越一切。我們何不手牽手，一起向愛前進？爲什麼要有戰爭殺戮及痛苦呢？」

志工的生命經驗分享，顯示中東的「歷史共業」非一朝一夕可以化解，人們心中的憤怒不平，也不是任何強權、武力所能壓制的。但是無所求付出的愛，卻能膚慰傷痛，讓人看見仇恨對立之外的另一種可能。

儘管和以阿之間的千軍萬馬相比，約旦慈濟的隊伍規模不及一個步兵排，小到可以忽略不計，但志工們仍以種子自許，努力向前行。「耶穌說心中有愛，即使剛開始像芥菜籽一樣小，最後也能發揮移山的力量。」信奉東正教的志工阿比爾樂觀地表示。

在紅海之濱的美麗晨曦中醒來，乘著早餐後出發前的空檔，我與攝影記者再次來到海邊取景。冬夜過後，阿卡巴灣的水域平靜而湛藍，南邊的碼頭區，停泊著造型奇特的汽車運輸船以及雪白的郵輪，接近沙灘的水域則有一艘數千噸的小貨輪下錨停泊。

早起的遊客已坐上腳踏船駛離岸邊，而繫泊在木棧道或岸邊的「玻璃船」似乎還沒開始營業，湊近一看，船體中段挖空裝上透明板，水下風光一覽無遺，業者如此大費周章改造，可見阿卡巴海灣的海底世界應是別有洞天。

走上帶著歲月痕跡的木棧道，腳下的海水竟如琉璃一般清澈，圓圓的卵石清晰可見，但美中不足的是，人們隨手亂丟的垃圾也無從遁形。仰望天際，由紅三角及黑、綠、白色塊堆疊組合而成，面積達百平方公尺的巨型旗幟隨風飄揚，旗面略有破損，但更顯堅強不屈的精神。

那是約旦王室祖先率領阿拉伯人起義反抗土耳其統治時使用的旗幟，把巨旗飄揚於擎天柱上，除了紀念阿拉伯人擊敗土耳其占領軍、收復失土的功勞外，或許也有向昔日敵人別苗頭的意味。

所幸在以色列、約旦的國境線上，烽火兵燹已成過去式，阿卡巴及艾拉特兩個港口，如今同享「和平紅利」，靠著海運和觀光賺取大筆外匯，撫今追昔，可知無刀兵劫難的日子得來不易，值得好好珍惜。

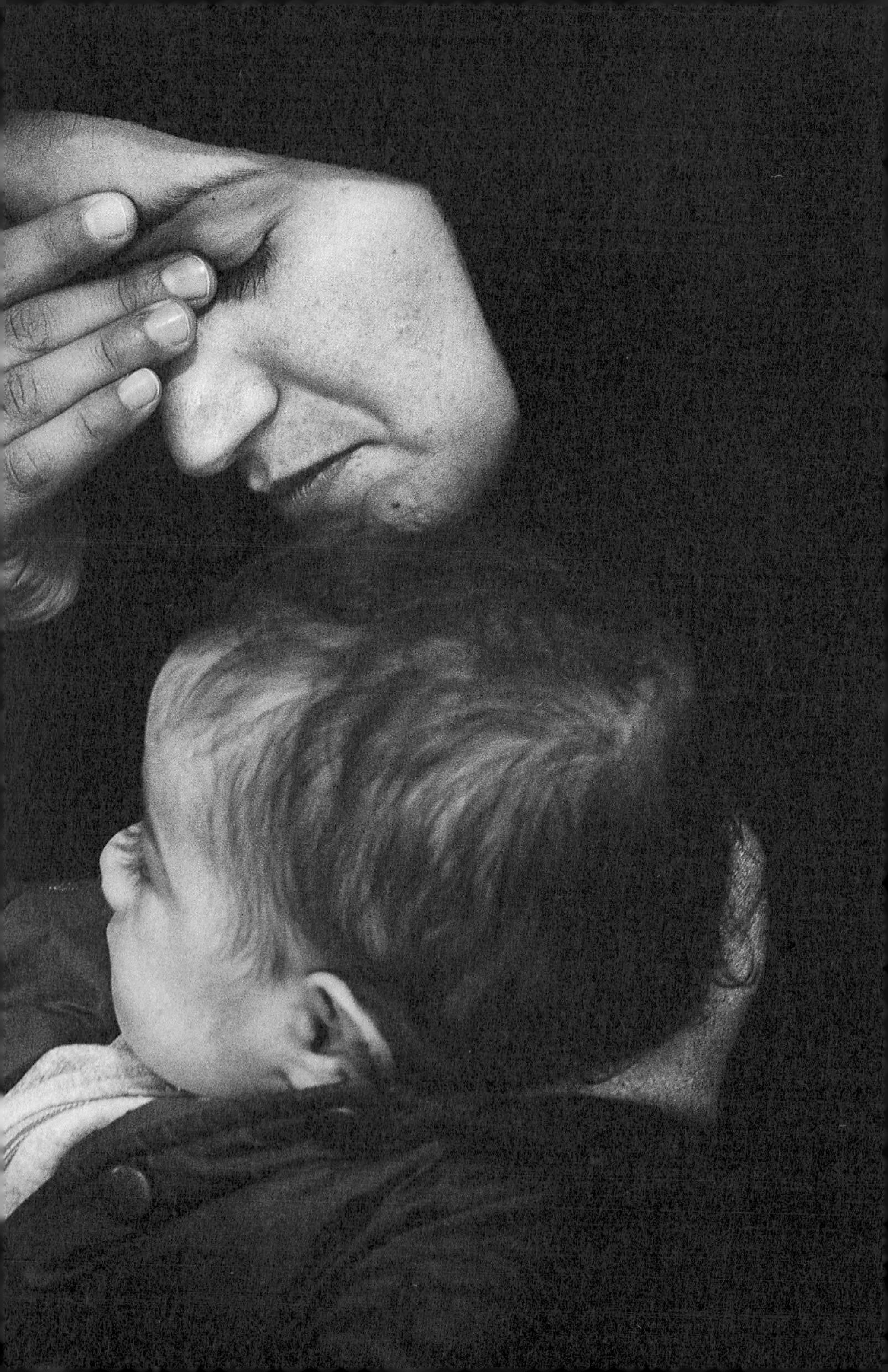

不浪漫的下雪天

為了領到冬衣，媽媽強忍疲累，抱著孩子排隊等待，對於山窮水盡的難民來說，一袋衣服、一包食物，都無比重要。

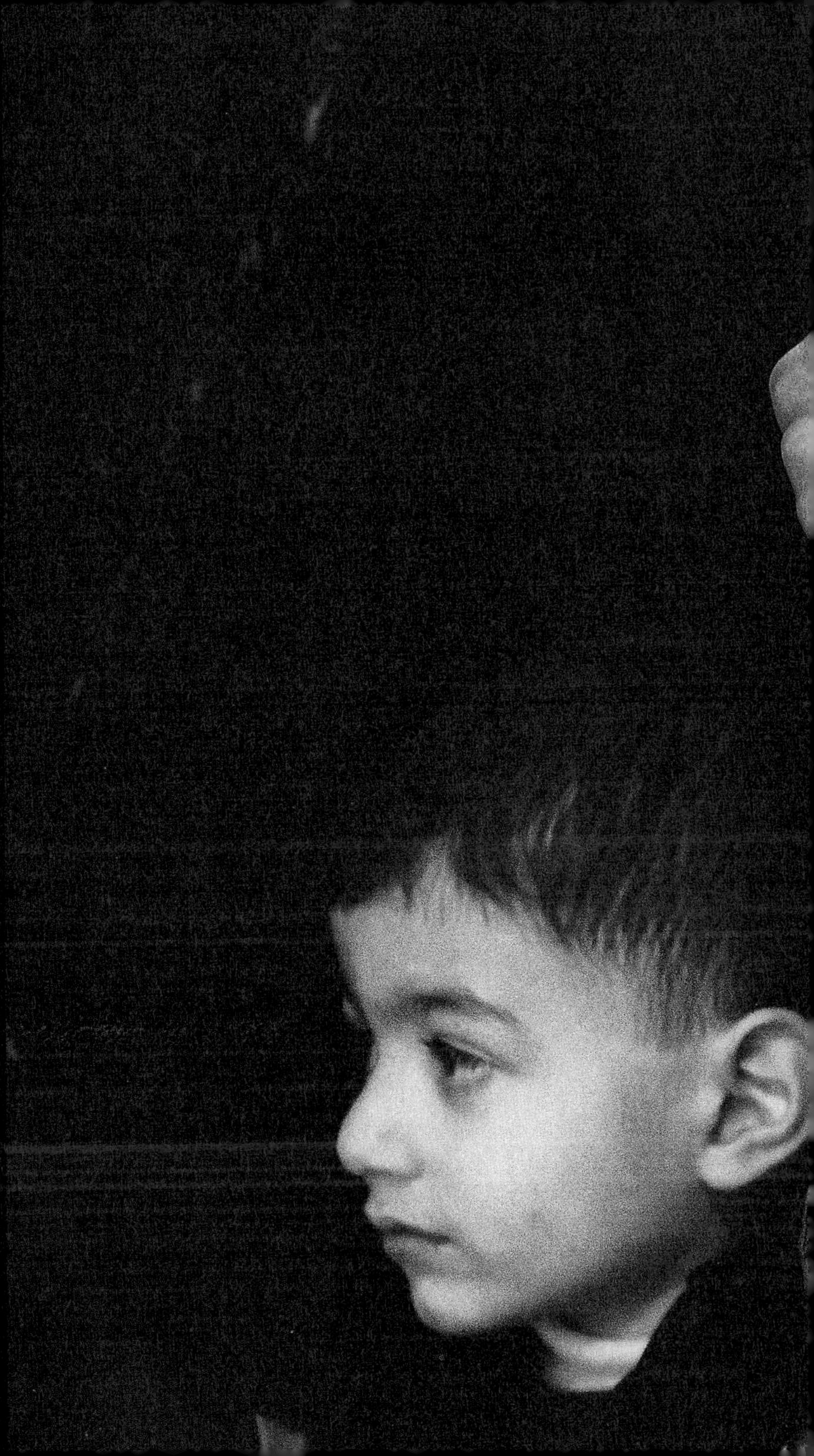

火焰，在玻璃管裏躍動，喇叭傳來動感的阿拉伯舞曲，讓人不禁想跟著歌聲搖擺舞動。

冬季傍晚，安曼市著名休閒區彩虹街，咖啡店裏聲光誘人，瓦斯暖爐火力全開，輸出熱力以驅走寒氣招徠生意。進門的客人脫下厚重外套，悠閒地享用咖啡和糕點，幾個癮君子則合抽一筒阿拉伯傳統水煙，天南地北閒聊。

但敘利亞難民卻無此閒情逸致，流離日久盤纏用盡，已沒有多餘的錢可以支付取暖的電費或燃料費，遑論一杯兩丁的咖啡錢。

難民們在寒夜中瑟縮顫抖，只能用單薄的被服與自己的血肉之軀，對抗愈來愈低的氣溫。在冷到結冰的冬夜裏，若沒有暖氣維持合適的室溫，又無足夠禦寒衣物可以保暖，很容易凍傷或生病。

因此，當臺灣民眾捐贈的六貨櫃冬衣啓運後，約旦慈濟志工就殷殷期盼這批愛心物資，希望能及早發放給難民幫助他們度過嚴冬。

經過長達一個月的航行，六個貨櫃終於抵達阿卡巴港，海運過程尚稱順利，但上陸入關之後，轉運、發放的過程，卻因天氣異常而一波三折。

「是不是有狀況啊？喔！地下道淹水了！」陳秋華驅車前往南薩，與阿爾塔卡富人員辦理臺援冬衣入庫事宜，怎料一大早從安曼出發，就遇到傾盆大雨。

地面積水盈尺，轎車像小艇般，在黃濁的水裏掀起白色浪花，馬路邊幾部進水熄火的車子苦等救援。交通警察指示我們改道，以免淹水區又多一輛拋錨車。好不容易來到南薩，情況與安曼如出一轍，灰濛濛的天彷彿有降不完的水。

「天氣很冷，我們得趕快發放。」阿爾塔卡富祕書長哈理德（Khalid），與陳秋華達成了協議，從預定的時間點來看，大家顯然是預期雨下一天就停，隔天做好準備，就一鼓作氣發放完畢，畢竟約旦的冬天還要冷上好一陣，早點把冬衣發給敘利亞難民，就能減輕許多人的痛苦。

經過一整天的洽談討論，我們在下午五點左右，來到倉儲地點，迎接運載冬衣的貨車，那時雨還沒停，路邊積水也還沒退。陳秋華擔心用紙箱打包的冬衣，如果淋了雨、滲了水受潮損壞，就辜負了臺灣善士發心捐贈、志工們用心整理的美意。

所幸載貨的司機和捆工有所準備，用防水帆布把紙箱包起來，儘管有些外圍的箱子難免碰到水，但沒有缺損破爛的情形。搬運工頭頂降雨、腳踏積水，盡快把一箱箱的冬衣搬進倉庫，看到物資入庫爲安，我們也暫時放下擔憂，打道回府。

白天的一場大雨，讓安曼等大城的街道頓時化爲水世界，入夜之後溫度驟降，天上降下來的水滴成了冰粒子，路邊的車輛、建築物屋頂都蓋上了一層顆粒不小的冰沙。

第二天早晨起床，走到門外一看，陳秋華家的院子也積了一層冰，鄰居的斜屋頂上，仍有一抹半透明的白。「走，我們出去看看。」陳秋華扭動鑰匙發動引擎，一行人駛向市區，也順便探探天氣和路況。

來到窪地阿頓旁的山頭，從高處往下看，部落帳棚旁的小河洪流滾滾，和我們之前所見的涓涓細流完全兩樣。居民把帳棚紮在平緩的凸岸，雖然旁邊的水勢很湍急，但看起來沒什麼安全顧慮。

灰濛濛的天一樣下著雨，雖然有防水外套的保護，但冰冷的感覺仍一陣陣地從背後襲來。接著降下冰粒，然後是細白的雪花，短短一個小時內，降雨變成降雪，整個安曼也變成一個銀白色世界。

小孩跑出家門，抓起積雪打起雪仗，看孩子們玩得起勁，陳秋華把車暫停路邊，讓攝影記者多拍些雪中即景。

「碰！」一顆雪球砸中了車窗，不一會兒又飛來幾顆，看來安曼的小頑童們雖然還沒當兵，卻懂得炮兵戰術，當第一個人丟雪球打中我們的車完成「試射」後，其他人就展開「效力射」，把手中的雪球都砸過來了。

別看雪花鬆鬆柔柔的，若被捏成雪球再用力砸出去，勁道可不輸石頭。一旦車窗玻璃被雪球打破，板金被打凹，就得到修車廠排隊了，因此拍攝告一段落，大家見好就收，逃離了孩子們的雪球陣。

路面積雪被輾成冰，車輛打滑失控，一路上已經有不少「前車之鑒」，警告我們小心駕駛。

追撞、衝出路面等事故，讓交警忙得不可開交，還有一部小車「玩溜滑梯」，駕駛把煞車踩到底，四個輪子都不動了，仍然一路往下滑，好在它與前車距離夠遠，不然交通事故又要加一筆追撞紀錄。

手腳凍到近乎麻痺，又看到交通打結、到處撞車，我不禁想起俄羅斯人「冬將軍、雪元帥」的比喻。

話說十九世紀拿破崙率法軍征伐帝俄、第二次世界大戰希特勒舉兵攻打蘇聯，都是一開始氣勢如虹連戰皆捷，但等到時序入冬，暴風雪來臨，就陷入官兵凍死、凍傷，武器在低溫下失靈的困境，而「愈冷愈開花」的俄羅斯民族則趁機反攻，把飢寒交迫、「凍」彈不得的敵人打出去。

因此，俄人把嚴酷的冬季風暴，暱稱爲冬將軍、雪元帥，並尊爲國家民族的守護者。不過這一個冬季，老俄的雪元帥不只巡守本土，還跨界到地中海東岸周遊列國。

聽志工轉述新聞內容，說這是中東二十年來最大的一次暴風雪，不只安曼被雪覆蓋，就連以色列的耶路撒冷、敘利亞的大馬士革等地，也

大雪驟降，增加車輛打滑失控的風險，也嚴重影響人道援助的效率及安全。

都遭到大雪侵襲。約旦政府基於安全考量，已宣布連續兩天停止上班、上課，邊城南薩市上級長官伊爾比德省省長，甚至通令轄區內的人道援助活動暫停。

其實不待官方發布命令，所有的慈善團體已因大雪阻斷交通而動彈不得，家住安曼的慈濟志工們，連開車出門都寸步難行，遑論冒著大風雪北上南薩城。

「札塔里難民營淹水，很多帳棚都倒了。」遠方傳來的壞消息，讓陳秋華露出凝重的神情。由於主管單位基於安全考量仍不敢放行，志工們對於難民營裏幾萬人所受的苦，只能寄予精神方面的支持和祝福，而對在難民營外租屋而居的「自由難民」則要盡快展開援助。

連續三天的大雨暴風雪後，天氣終於開始好轉，慈濟與阿爾塔卡富組織緊鑼密鼓地展開冬衣發放。

為了讓發放順利圓滿，陳秋華再三提醒，不能像賣衣服的攤販一樣把冬衣晾開，而是用雙手一上一下抱緊，將摺得整整齊齊的贈衣，恭敬地送給難民鄉親，「我們不是發衣服，而是為臺灣傳愛。記住，你是證嚴上人的手。」

但考驗依舊接二連三地來，由於大雪過後路面多處積雪結冰，安曼市區交通堵塞，讓大家比預計時間晚了一小時才到位。志工們依舊先展開「愛灑」，讓鄉親了解冬服發放背後，眾人的付出與祝福。

影片前半段有許多內戰畫面，有的婦女看了不禁淚下，但當慈濟志工、慈濟醫院醫護人員整理冬服的畫面出現，原本流淚的人展露了歡喜笑容。

然而經歷三天雨雪之災的折磨，許多人的情緒已到失控邊緣，就連一向尊重女性的敘利亞男人，也顧不得禮節，爭先恐後地向前擠。

「請排隊！」志工阿比爾拿起麥克風，站上椅子大聲疾呼，志工和接受以工代賑的敘利亞青年，則手牽手拉起人鍊維持秩序。面對擁擠混亂的場面，大人們叫罵呼喊，小孩嚇得哇哇大哭，而最令人不捨的是那

連續三天的冰雪酷寒，難民情緒浮躁不安，冬衣發放首日出現推擠叫罵情形，所幸慈濟志工與阿爾塔卡富人員掌控得宜，有驚無險完成發放。

懷抱嬰孩的媽媽，即使身體再疲累，也得抱著孩子撐下去。

有人出現頭暈、發抖等低血糖症狀，所幸志工們爲了哄小孩，早就準備了許多棒棒糖，當下就發給他們食用以免昏迷。眼看男士們把場面弄得一團亂，一名穿黑袍的老婦人語帶無奈地對志工說：「這些年輕人不聽話，應該打一頓再趕出去。」

人潮阻滯拖累發放進度，哈理德當機立斷，開放一樓的義診所預定地作爲第二道窗口。「男衆到上面領衣服，女衆在下面領。」在阿爾塔卡富人員的疏導下，原本緊迫的氣氛趨於緩和。

發放的同時，志工們也進行訪視關懷。午後，我們前往位於約、敘邊界的邊防軍據點，訪視營內的臨時難民收容所。

「我們防區有七十八公里長，設有四個據點，自從敘國內戰爆發後就開始接收難民。」部隊副指揮官哈瑪德（Hammad）上校親自解說邊境情勢，以及約旦官兵救援難民的情形。

從營區解說平臺望向對面的敘利亞，眼前落差達五百公尺的蘇內比（Athneibeh）河谷，是易守難攻不容易通過的天險，也是要用小軍車把人從谷底載上來的關口。

志工重返舊地，河谷的險峻依舊，原本乾枯的谷底卻因降雨降雪聚水成潭，儘管對面的敘利亞邊境已為反抗軍控制，逃難的人不用擔心被政府軍狙殺，但高漲的水位卻成爲另一個難以踰越的障礙。

「一個月前，我們每天大概會接到一千兩百位難民，但一週前，就降到每天一百人。」哈瑪德上校表示，一、兩個月前，對面的敘利亞邊區還在政府軍控制下，弟兄天天都能看到眞槍實彈的交戰，飛機轟炸、坦克炮擊、步兵交火，甚至整個村莊被炮火摧毀。

在重炮、機槍的窺伺下，不論是逃難的敘利亞難民，還是救人的約旦士兵，都身處致命危險邊緣。有時難民中槍受傷了，士兵還會把自己的內衣撕開，充當止血繃帶設法搶救。戍邊的約旦軍必要時也會進行警告射擊，以嚇阻敘利亞狙擊手傷害難民和同袍。

由此可見，敘利亞內戰不只導致本國生靈塗炭，約旦北方邊境也因此不平靜。不過約旦官方仍避免正面介入敘國內戰，守土有責的軍人，也服從這最高指導原則。「我們不支持政府軍或反抗軍任何一方，就是以人道精神救助難民。」哈瑪德上校轉述了統一口徑的官方說法。

走過地勢顯要的邊防第一線，接下來是難民的臨時收容所，它的入口處停了一輛架重機槍的小軍卡，駕駛員和機槍手把車頭及槍口朝向敘利亞方向警戒著，顯示約旦軍方對鄰國情勢絲毫不敢掉以輕心。

在那個由波斯灣產油國卡達捐助的簡易屋區，疲憊的難民可以暫時喘口氣，吃一頓熱食補充體力，然後登記資料進行簡易體檢，完成之後就等大巴士接送到難民營。

營區和札塔里難民營相距八十五公里，約一個多小時就可抵達，在正常狀態下，難民不會在臨時收容所逗留超過二十四小時。

對於這些過客，約旦軍方仍盡力照顧，不僅提供睡墊、毛毯，還備有電暖器供他們袪寒，可是數量仍有不足，因此志工們評估，要送來一些毛毯。

在臨時收容營區內，我們遇到了阿布都拉先生，驚魂甫定的他，正哄著一個約六個月大的小男嬰。這是他雙胞胎小兒子其中一個，兩個小寶貝還有一對小哥哥、小姊姊，連同媽媽總共六口人。

「約旦軍隊和百姓對待我們像兄弟一樣，可是政府軍卻拿老百姓當人牆，躲在後面打自由軍。」談到逃難的過程，年輕爸爸語帶不屑地表示，政府軍只敢對無力反抗的老百姓開槍，碰到反抗軍就不敢動手，一家人能平安抵達約旦，全靠敘利亞自由軍護衛。

「那你將來有什麼打算呢？」把握離去前的幾分鐘，我向阿布都拉提問。

「我的家人都過來了，之後我就要回去參加自由軍。」聽到他的回答，我彷彿受到一記重擊，不知該說什麼？既然已經舉家逃出戰地，爲何要重返龍潭虎穴，讓妻子兒女倚著帳棚含淚北望？

「我已一無所有，也沒什麼好失去了！」阿布都拉忿忿地說。聽到他的悲憤之語，身爲外國人的我們也不便說什麼，只希望他所說的是氣話，冷靜之後還是會和妻兒一起留在約旦。

我們一行人即將離去時，大巴士到了，部分難民收拾簡單行囊，上車前往札塔里難民營。目送敘國鄉親離去，我們直接返回安曼。

第二天、第三天的發放，活動地點分別改在撒哈何蘭的路邊工作站，以及尼安美的社區活動中心，這兩個地點活動空間大，不像地下室倉庫施展不開，人群容易緊迫焦慮，加上天公作美陽光普照，發放工作於是漸入佳境。

「L號男夾克！」「M號女孩上衣，六歲以下的！」第一線志工按照難民手持的發放券給予衣服，幾個男士、幾個婦女，男孩、女孩的衣服要多少？都列得清清楚楚，後頭的人看哪些衣服少了，就搬個幾箱過去補充。

別看一件衣服很輕，幾十件折疊整齊裝成一箱，積少成多也有十幾公斤重，因此冬衣發放的勞動量，未必少於先前的食物品發放，不過志工們都把辛苦當作「幸福」。

等候的隊伍裏，一名小男孩拿到志工發的棒棒糖，卻羞赧地躲到大人身邊，「你要說『修格蘭』啊！」不忘做人的基本禮節，媽媽溫柔地鼓勵著。

冬衣之外，難民鄉親連裝冬衣的紙箱、大塑膠袋也撿回去用，對於「門都沒有」的家戶來說，這些賣不了多少錢的回收物可是大有用處。「下雪的這幾天非常冰冷，大家都受不了，孩子們也受不了。沒辦法就相互擁抱，用紙箱圍一圍，有被子就大家一起蓋。還好鄰居很好心，有多的地毯、毛毯都會借我們用。」

難民媽媽娜加說，自己住的房子有兩間房，每月租金一百丁，不但沒有暖氣沒有電，就連門窗也沒裝，所以下雨天水會打進來。但要租好一點有門有窗的房子，就得要月付一百五到兩百丁的租金，一家人只好繼續過著門戶洞開、雨雪交襲的日子。

「幸好慈善組織告訴我們哪一天會有人來發放，我們就相互通報。謝謝，眞的很感謝你們，這些衣服都很好，能幫助我們。」走在暖暖冬陽之下，娜加帶著微笑離去。

「那幾天眞的很難熬，很多孩子生病了，我的丈夫還在敘利亞打仗，我不但要照顧孩子，還要照顧外孫。」吉納德阿嬤表示，一家老小

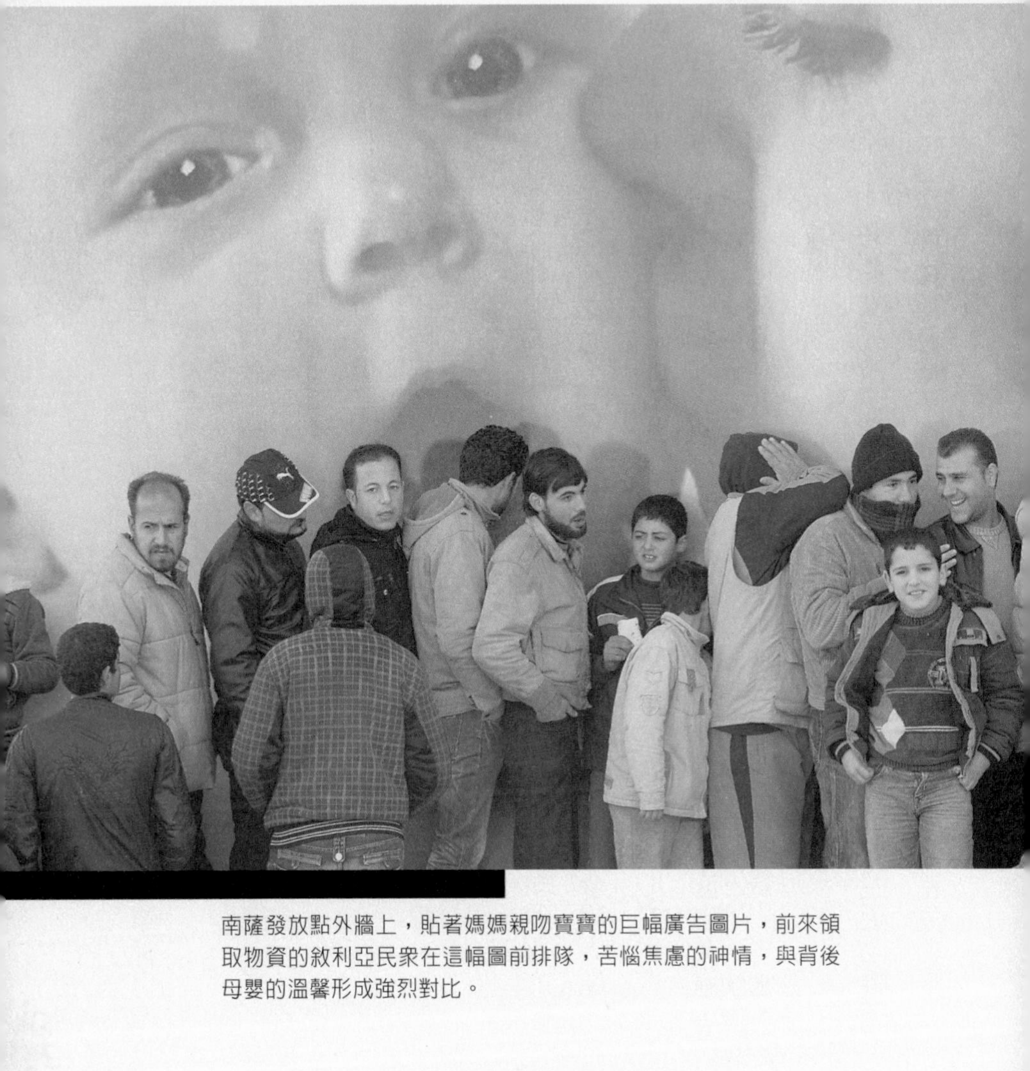

南薩發放點外牆上，貼著媽媽親吻寶寶的巨幅廣告圖片，前來領取物資的敘利亞民眾在這幅圖前排隊，苦惱焦慮的神情，與背後母嬰的溫馨形成強烈對比。

逃到約旦已經十一個月，沒有錢買油買瓦斯取暖，甚至連水費帳單都付不出來，因此二手的冬衣大有用處。

「我要向臺灣的捐贈者，致上千萬個感恩。」透過志工的翻譯，老阿嬤向幫助他們的千千萬萬人致意。

「他們把我家的房子燒了，我們從敘利亞逃出來時一無所有，所以我需要每一樣物資。」阿瑪德表示，因爲沒有錢買新衣、付燃料費，一家人只能靠裹毛毯取暖。

他的五個孩子中，最小的兒子才一歲半，因此拿了不少嬰兒服。「首先我要致上感謝之意，其次我要祝福捐贈者，希望他們不會陷入像我一樣的困境。」走過顛沛流離，阿瑪德發自內心致上最眞誠的祝福。

得到重要的冬衣物資，大部分的難民鄉親都能暫解憂愁，露出久違的笑容，但也有人牽掛身在難民營的親人，特別是札塔里難民營的淹水災情，讓人聽了萬分不忍。

「太冷了，我的女兒冷到連自己的小孩都抱不住！」儘管頭頂溫暖陽光，蘇依曼阿嬤依舊愁眉不展，她沒有錢租公寓，住清眞寺和兒孫緊抱取暖，捱過了雨雪成災的那三天，但對住在札塔里難民營的兒孫，她卻愛莫能助，只能讓他們獨力面對困境。

「裏面的人受凍，他們甚至說回敘利亞打仗，都比受困在冰雪裏好。」對於離國出走的決定，蘇依曼感到後悔，並表示自己什麼都做不了，甚至連家人都分開了。不過得到贈與的冬衣，老人家還是對捐助者表示感謝：「你們能做的都已經做了，真謝謝你們！」

「哇！麻糬耶，先開動吧！」完成了最後一天的冬衣發放，志工們齊聚許盈盈家共享豐盛晚餐。

厚實的牆壁、完整的門窗，將個位數的低溫擋在外頭，暖氣和著人氣，讓屋裏洋溢著溫馨歡喜的氣氛。在大夥兒完成任務，放下擔憂與辛勞，開懷聯誼的夜晚，相信得到臺援冬衣的敘利亞鄉親們，早已穿上那循著鄭和下西洋航路、遠道而來的禦寒衣物。

根據約旦慈濟和阿爾塔卡富組織的統計，連續三天的冬衣發放，總共嘉惠了兩千一百七十九戶敘利亞難民家庭，以敘利亞人出生率高，家庭人口偏多的情況估算，穿上臺援冬衣的大人及小孩，應有萬人以上。

冬衣之中，不少是印繡著中文字的學校運動服，當穿上這些衣服的孩子度過這個冬季，平安長大之後，或許會試著去破譯那衣服上的「神祕圖形」吧？

經歷連續三日「不浪漫的下雪天」，我深刻感受到，溫暖的天氣、和平安寧的生活，雖是住在寶島臺灣的人們，習以為常，甚至視為理所當然，但是在半個地球之外的中東地區，卻有數以百萬計的人們，渴望這些「小確幸」而不可得。

「希望你們不會陷入像我一樣的困境。」這一句難民鄉親發自內心的祝福，我記住了，也在心中默默地回應：「希望你們也能擁有和我們一樣的幸福。」

披上臺灣善心人士捐贈的黃色圍巾，敘利亞小女孩展露陽光般的笑容，難民所求不多，唯「平安」二字而已。

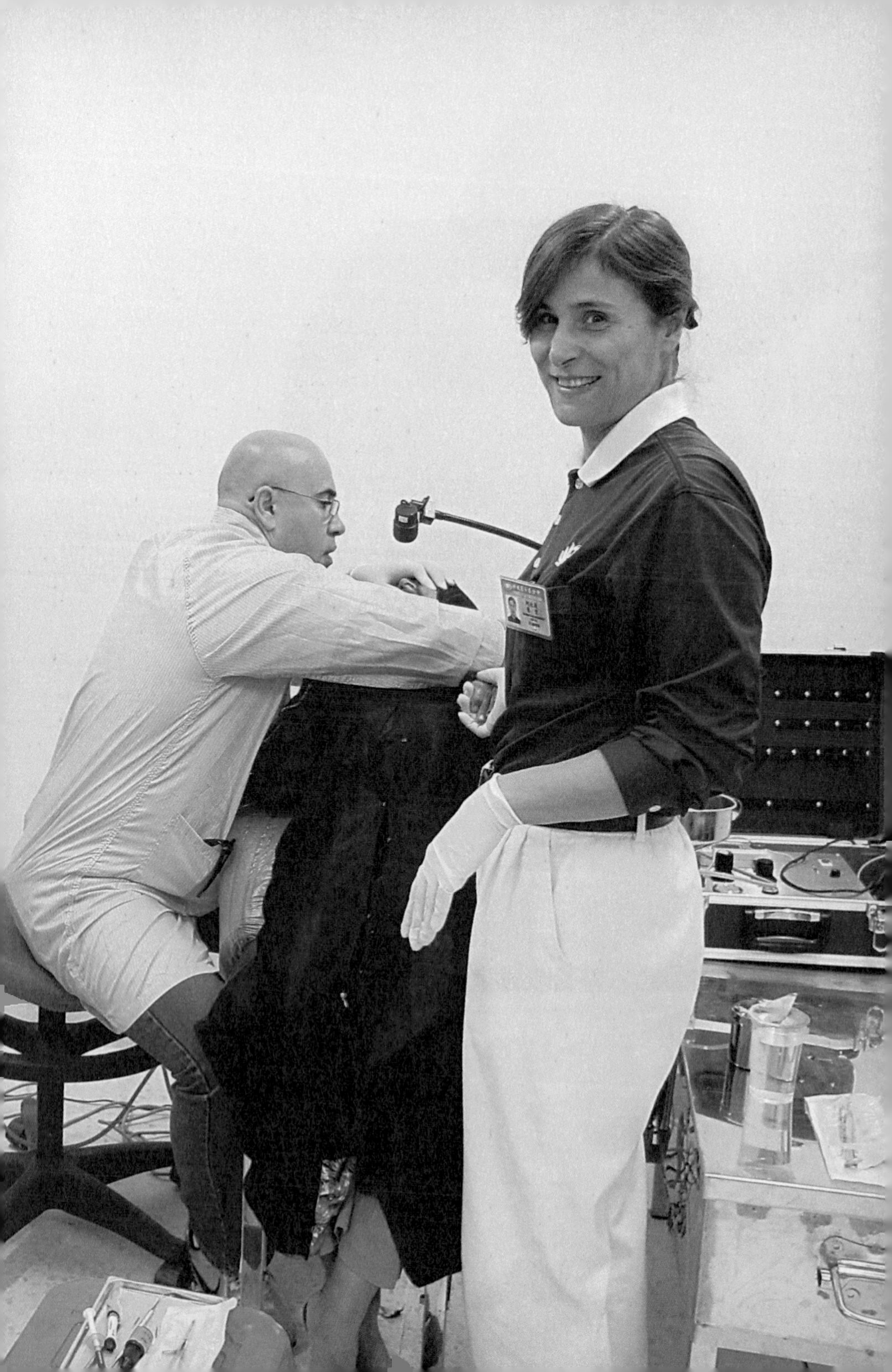

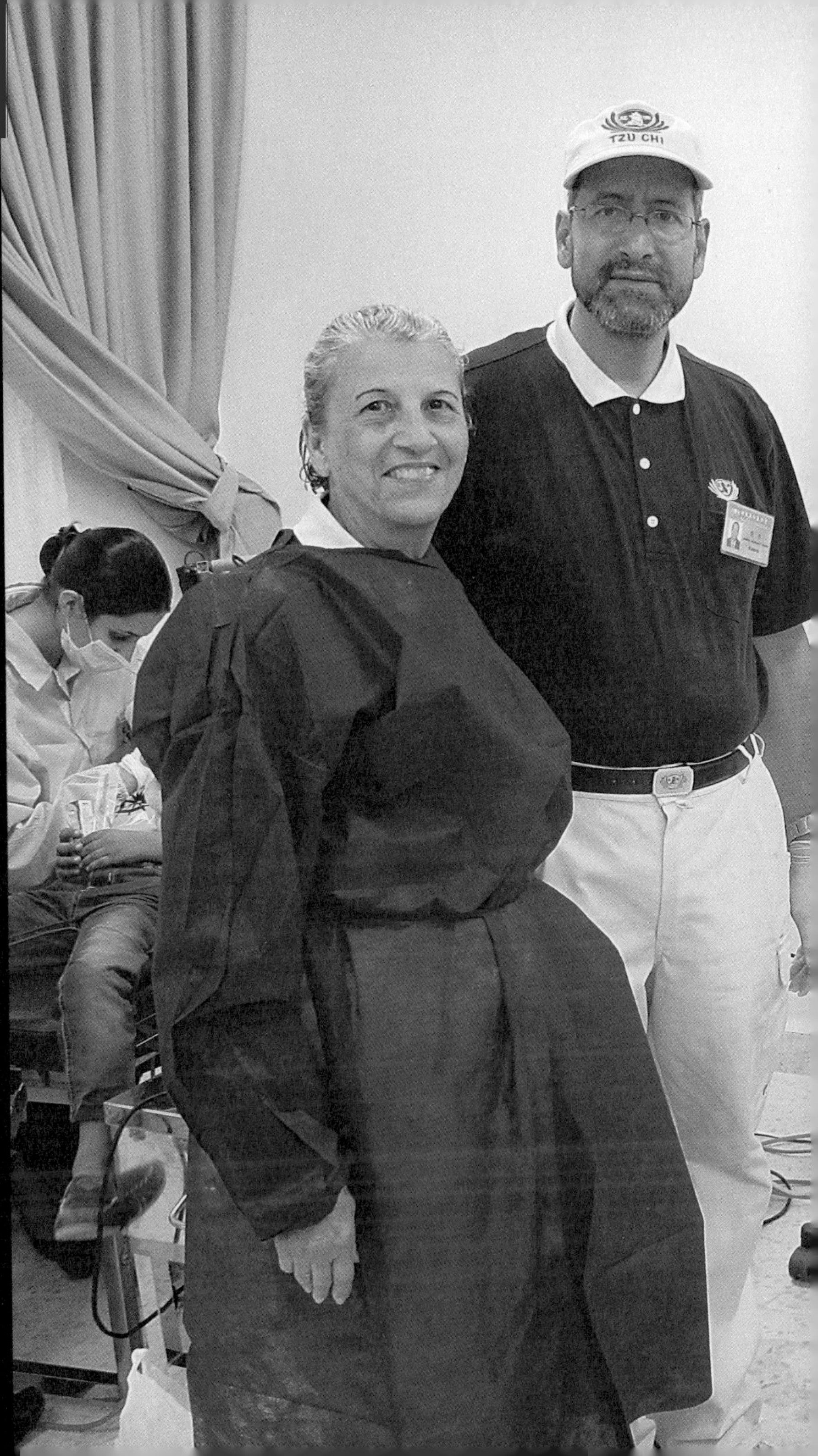
TZU CHI

「何處需要膚慰？我們接力愛，翻山越嶺、翻山越嶺。何處需要關懷？我們飄洋過海，不讓愛枯竭……」行在安曼市內高低起伏的大道上，六十七歲的漢娜阿嬤跟著汽車音響播放的英文慈濟歌哼哼唱唱，穩穩握著方向盤，駛向志工們集合的地點。

多年來「退而不休」，訪視、發放、濟貧已是她生活的一部分，到教堂望彌撒、帶小朋友讀《聖經》，更是每週例行公事。

漢娜以平常心做志工，力行天主教「爲最小兄弟服務」的教義，在鄰國敘利亞兵連禍結，約旦接收大量難民負擔沈重的當下，她以瘦弱佝僂之軀，捧抱十多公斤重的食物品贈與敘利亞難民的身影，讓人敬佩但又不免掛心。

「她身體不好，可是又很愛做事，每次發放結束後，總要休養個十天左右。」對於這位上了年紀的老志工，陳秋華總是特別注意，經常提醒她莫逞強，要適度休息，然而在使命感的驅使下，漢娜總是把該做的事情做到底，才會安心。

「把衣服送給他們之後，我如釋重負！」說起大雪之後的二手冬衣發放，當時身體微恙又咳個不停的漢娜，很慶幸自己趕上了末班車，與大家一起圓滿最後一天的發放。當最後一位敘利亞難民歡喜離去的同時，白了髮的她跟著一同歡笑，但一把老骨頭也筋疲力竭了。

「我希望戰爭早日結束，人們能回到他們的家，而且我們這邊食物、飲水、避難所也快不夠了。」和許多出生於聖城耶路撒冷的老人一樣，戰爭帶來的變故，是大家終生難忘的記憶，敘利亞難民流離失所的苦，漢娜與那一個世代的巴勒斯坦長者特別能同理。

「我小時候就在耶路撒冷讀書，基督徒、穆斯林都住在同一區，我們相互幫助，而且相處得很愉快。」單純無憂的童年記憶猶新，身爲基督徒，漢娜與家人無疑是其他國家教友羨慕的對象，因爲耶穌走過的路，就在離家不遠處。

不過她在高中畢業時就嫁爲人婦，跟著另一半到國外發展，直到以色列發動六日戰爭，占領約旦河西岸，以軍在猶太聖殿遺址所在的耶路撒冷舊城區，升起大衛星旗，當時人在黎巴嫩的漢娜才驚覺，家園變色了。

「之後我還是每年回去探親，但和以前不同的是，要辦簽證才能過

虔誠信仰天主教的漢娜，對證嚴上人頗為敬仰。她認為慈濟人所做的，和基督徒該做的，並無差別。

去，有時候還會被拒絕。我有很多親人、朋友在耶路撒冷，他們來約旦比較容易，我們要過去就很難。」

漢娜表示，許多人都是乘著暑假期間，帶孩子過關口回耶路撒冷。但是以色列邊防對巴勒斯坦人檢查得相當嚴格，一家人可能要等上一整天才能入境，夏天天氣炎熱，小孩不耐久候哇哇大哭，在暑期返鄉是很辛苦的。因此，她與丈夫多半選擇秋冬時分返鄉，避免在高溫下煎熬。

戰爭改變了人生，許多親身經歷過的巴勒斯坦人，都難忘骨肉分離、有家難歸之痛，但漢娜卻慶幸自己的親友平安無恙，「周遊列國」的生活也沒有受到太大影響。

「我先生是會計師，在跨國公司服務，大概每四年會調到另一個國家，我們結婚後先到伊拉克，然後去黎巴嫩四年。之後，因爲孩子念書的關係，在利比亞待了十年。」在國外度過近二十個寒暑，夫妻倆返回安曼定居並開超市，十年前丈夫往生，漢娜就一個人把生意撐下來，直到二〇一〇年才完全退休。

目前，她與唯一的兒子住在一起，兩個女兒都已出嫁，外孫們年紀也都不小了，人生至此可謂功成身退，不過年近七十的她還是努力發揮良能。

「她們把孤苦無依、被遺棄的老人接到院裏安養，我有空就過去幫忙餵食，並捐食物給她們。」漢娜長期關懷的機構，是德蕾莎修女創辦的仁愛傳教修女會在約旦的會所，因爲彼此都是天主教徒，她與修女們溝通無礙，結下了深厚的好緣，有時甚至還會出現「奇蹟」呢！

「我記得有一次，我送了一些麵包過去，修女見到我，驚喜地說，我們剛剛才在祈禱，希望有人捐麵包，結果您就送來了！」

身爲教會讀經班的導讀者，漢娜對《聖經》中的故事及道理，有深刻的體會。「耶穌曾以五餅二魚餵飽五千人，這個故事告訴我們，不要認爲自己很窮，當別人有需要時，即使你只有十塊五塊，也可以去買些東西餵飽他們，你有信仰就會變得堅強。」

她以耶穌的故事說明信仰、奉獻的不可思議力量，儘管是以基督宗教的教義去詮釋，但也能與《靜思語》「有願就有力」的箴言相呼應。

而對於身穿藍天白雲的慈濟法親，漢娜認爲用「好的撒瑪利亞人」來形容相當貼切。

「有一人受傷倒在地上，一個人走過去了，另一個人也走過去了，第三個就是撒瑪利亞人，把他扛上驢子送到旅館，並且囑咐旅館的人，我給你錢，你好好照顧他，我會再回來。這些人中誰做了好事？」

談到這廣爲基督徒所知的《聖經》譬喻，漢娜不禁感嘆，當今社會，有許多人看著別人面臨死亡、挨餓受苦卻無動於衷。「人不應該這樣，總是可以捐些東西做些事吧！」

不願坐視苦難，漢娜以一己之身爲教堂與修女會出錢出力，及至二〇〇九年，她和老同學莉莉閒聊，又打開另一道行善之門。「它是個國際的慈善基金會，由陳先生擔任負責人。」莉莉口中的陳先生，就是慈濟志工陳秋華，聽到這個熟悉的名字，漢娜想起來，早在二十多年前，已故的丈夫與他就認識了。

在耶路撒冷度過童年與少女時光，經歷以阿戰爭的離亂，漢娜（右）晚年在同學莉莉（左）接引下走入慈濟，跟著這群「好的撒瑪利亞人」實踐愛的信仰。（下圖／漢娜提供）

多年服務的經驗，讓漢娜很快熟悉慈濟的志工事務，並在二〇一〇年來臺受證成爲慈濟委員。而良好的英文能力，也讓她成爲華人志工與阿拉伯受助者間，相當重要的溝通橋梁，有她從旁協助，訪視工作就能事半功倍。

「有一次到窪地阿頓，我和陳秋華去了解有多少家庭需要幫助，卻發現一個小女孩嚴重燙傷，家人爲她敷上黑藥膏，再用床單把她蓋起來。」漢娜檢視傷口感到情況不樂觀，志工趕緊將小女孩送到醫院診治，醫師進一步檢查，面色凝重地說：「再拖一天，她就沒命了！」

治療大面積的燒燙傷需要時間，更需要對劇痛的忍耐力。在緊急處置的三天期間，志工不時聽到診間裏傳來小女孩的哭喊，於是買來三明治安慰她，「她竟然說不想吃，要把三明治留給弟弟、妹妹。」小女孩對家人的關懷，讓漢娜等志工分外感動，於是又多買了一些，讓久處貧窮環境的一家人吃個飽。

經醫護人員清創、下藥、包紮後，小女孩感染情況獲得控制，終於保住了一條寶貴生命。

專心投入志工服務，讓漢娜不知老之已至，但過度勞累的時候，身體就會提出抗議，逼得她不得不躺下來。二〇一二年十一月，志工傑米來臺接受證嚴上人頒授慈誠證，英文流利的漢娜也一起來臺擔任翻譯，幫助傑米更深入了解慈濟。

沒想到一趟臺灣行，不僅參訪了規模宏偉、充滿道氣的靜思堂，跟著新科慈誠、委員吸收許多舊法新知，也因爲泌尿系統感染，不得不「親身體驗」臺北慈濟醫院的醫療環境。

「我不知道如何表達我的感謝，院裏的護士很用心照顧我，還有一位叫喬伊絲的助理，陪伴我一整天，她的丈夫甚至每天帶早餐給我吃。」在接受大愛電視臺「大愛人物誌」節目訪問時，漢娜一再對著鏡頭，感恩住院期間曾經關懷、幫助過她的人。

原本要來協助翻譯的她，因病成爲被關懷的對象，而且住院三、四天期間，醫護人員、志工法親的照顧與問候不間斷。「慈濟人的幫助，讓我忘記了病痛。」已康復的她再三感恩道。

走過約旦最寒冷的冬天，當地慈濟人援助敘利亞難民以及本土貧民的行動，並沒有因爲氣溫上升而稍有放鬆。一如之前的發心，漢娜沒有缺席，甚至把正值青春年華的外孫女也帶過來，有體能旺盛的年輕一輩承擔粗重搬運工作，年事已高的她就多花心思陪伴婦女及老人，即使只是陪她們走一小段路，說幾句話都好。

相形之下，年過半百但仍精力充沛的阿比爾，承擔的分量就多上許多。在援助本土貧民與敘利亞難民的事務中，她從前置的聯絡、協調到第一線的發放一肩挑，用心用力備極辛勞，卻鮮少露出疲態。

在首場冬衣發放時，敘利亞難民因飽受雨雪冰寒之苦，出現情緒不穩，推擠叫罵的混亂情形，男子們甚至把敘利亞穆斯林尊重女性的傳統擺在一邊，爭先恐後地往前擠。

眼見情況瀕臨失控，阿比爾於是站上板凳，拿起「大聲公」向群眾喊話，試著讓大家的情緒冷靜下來。「我不是對他們吼，而是請他們有秩序一點，我幾乎是用求的，請他們退回去，讓我們可以更方便地工作，就可以早些結束發放，而大家也可以早點回家。」

面對如潮水般湧來的人群，焦躁不安的情緒，登高喊話的舉動其實有些危險，因爲只要人們稍有推擠，站在高處的她很容易被擠下來，但在那緊要關頭，阿比爾的注意力都集中在群衆，似乎忘了自己的存在。

相較於一整天在外奔波，隨時面臨變化球的志工行腳，顧店賣藥的本行反而單純許多。「我不知道爲什麼，這一段時間止痛藥賣得最好。也許是最近大家煩惱憂愁多，所以止痛藥特別暢銷吧！」

走進阿比爾開設的小藥房，一股似曾相識的親切感油然而生，店面寬度不大，大約僅容一個大人伸開雙臂，不過麻雀雖小五臟俱全，藥品、奶粉甚至嬰兒奶嘴都有。在約旦首都安曼市裏，這樣的小藥房不起眼，卻是守護社區民衆健康，解除病痛的第一線。

「我的店裏有賣成藥，不需醫師處方即可購買，但高血壓、糖尿病的藥就要有醫師處方。」談起自己從業至今的觀察，擁有藥劑師執照的阿比爾表示，隨著飲食及生活型態改變，人們缺乏運動，許多人年紀輕輕就過重，甚至罹患高血壓、心臟病。

相形之下，五十多歲的阿比爾，則保持標準身材與良好的健康狀況，得以兼顧事業、志業及家業，當全方位志工。

眼見享有太平日子、豐足生活的敘利亞國民，蒙受烽火兵劫，成了寄人籬下的流離難民，曾在該國留學的阿比爾分外不忍。三十多年前，她以些微之差落榜，沒能進入本國醫學院就讀，於是轉向鄰國找機會。

「一九七九年我高中畢業，就去敘利亞首都大馬士革讀藥學系，那時我們班上的約旦人還不少喔！」由於約、敘兩國都是阿拉伯國家，彼此的人民都能以阿拉伯文溝通，因此阿比爾到大馬士革念書，就像臺灣學子到外縣市求學一樣，很快就適應當地生活。

藥學系課業繁重，同學們在用功之餘，喜歡到處遊玩紓解壓力，特別是身為外國人的約旦留學生，每到假日都會外出采風，而大馬士革多的是名勝古蹟。千年歷史的清眞寺、典雅的教堂、歷史悠久的香料市場，讓阿比爾讚歎不已：「它像安曼但更古老，你看到的都是古蹟，我很喜歡那種氣氛。」

結束了五年學業，阿比爾返回約旦，開始了與小藥丸、軟膏為伍的藥劑師生涯，並與身爲同業的另一半結爲連理。夫妻倆以開藥房爲業，用心撫養一雙兒女，行有餘力就捐錢給教會，資助貧困家庭，過著平靜寬裕的生活。

二〇〇二年丈夫英年早逝，得年僅四十九歲，阿比爾一肩挑起另一半留下來的藥房，繼續以專業服務社區，維持生計。

儘管失去了爸爸，必須在單親家庭成長，孩子們的表現，仍不負媽媽的期望，女兒娜汀（Nadin）苦練跆拳道有成，獲選爲約旦國手，曾於二〇一二年參加在越南舉辦的亞洲跆拳奧運資格賽奪得金牌，獲勝不久後轉戰倫敦奧運，並榮任約旦國家代表隊的入場掌旗員。

因爲女兒娜汀學習跆拳道的緣故，阿比爾與身爲教練的陳秋華、陳得雄很早就認識了，當時陳秋華等人已經在約旦展開慈濟的濟貧志業，身爲學生家長的她，認同教練所做的善事，經常抽空參與。

「二〇〇一年，我在慈濟當志工的第一件工作，就是到馬夫拉克幫人粉刷房子，那是一間窮人的房子，只有兩個房間。」放下白領專業人士的身段，拿起油漆桶和刷子做別人眼中的粗活，阿比爾不以爲苦，因爲她本來就很樂於助人。「但慈濟示現了一條路，讓我把助人範圍擴大，去幫助更遠的地方。」

加入慈濟十多年來，阿比爾走訪過北邊的札塔里、馬夫拉克、杰拉什，也曾跟著約旦慈濟人驅車前往死海以南沙漠地帶的沙格拉、阿巴西亞、窪地芬難等地，與當地的貝都因人結好緣。

身爲「全方位」志工的她，除了調配藥劑、支援義診的本行，也承擔照顧戶的訪視關懷工作。而就長年來的訪視經驗來看，她認爲住在偏遠地區的人未必是情況最差的一群，反而是最接近市中心的暗角，有不少鮮爲人知的艱苦人。

「那個婦人有嚴重糖尿病，膝蓋以下組織都壞死、發臭了。」阿比爾提及的個案，是住在安曼市中心窪地阿頓貧民區的七十歲老太太，她生前病痛纏身的苦相，是許多約旦慈濟志工無法忘卻的深刻記憶。

當時發現老人家病況危急，志工馬上安排送醫，醫師初步診斷後說要開刀，把變黑的小腿從膝蓋以下截除，否則有性命之憂。阿嬤的兒子們卻不同意動手術，因爲他們家境實在太窮，付不起手術費用，只想把老媽媽接回家，走完人生最後一程。

「你們不能這樣做！」阿比爾不諱言，當時志工和家屬們起了口角，爲了保住老太太的命，慈濟人承擔了所有的手術費用，讓截肢手術順利進行。

切除了嚴重壞死、已經喪失功能的患肢後，老太太情況大幅好轉，解除了性命之憂。術後三個星期，志工與她的兒子協調，將老太太送到另一個親戚家安住，並致贈輪椅以方便活動。

就在一切看似否極泰來的時候，變化又出現了。「那時是晚上十一點，阿比爾打電話給我，哭著說：『那人告訴我，她兒子把她帶走了，我們能做什麼？』」面對突如其來的情況，陳秋華安慰阿比爾：「你已經盡力了。」

幾經打聽，志工們找到了老阿嬤的所在地，原來兒子把老媽媽帶到距離安曼五十公里的沙漠地帶。

進入簡陋的帳棚，阿比爾看到老太太皮膚異常乾燥，有嚴重脫水的現象。一問之下才知道，家人讓老太太穿上成人紙尿褲，老人家不適應，爲了避免排尿，索性不喝水，身體就愈來愈虛弱。

眼見情況不對，志工再次把老太太送醫救治，醫師診斷發現，她的腎臟已經衰竭，需洗腎才能存活。「醫師說，如果你把她送回去，就是在謀殺她，眼睜睜看她死。」陳秋華回憶道。

一如之前的截肢手術，志工們也準備好要承擔高額的洗腎費用，但仔細詢問後發現，老太太符合醫療補助資格，得免龐大的洗腎醫療費用，院方於是爲她進行血液透析，排除體內尿毒。

不過，老人家罹患多種疾病，身體已敗壞不堪，洗腎兩週後，還是不幸往生了，而在此過程中具有醫療背景的阿比爾，自始至終都持續關懷著。

截肢老太太的個案，反應了窮人無錢看病，只能「拖磨」一天過一天的艱難，如是人間苦相的一再示現，也促使阿比爾更把握當下，努力做就對了！

「你瘋了嗎？那邊整個國家都被震毀了，現在有很多傳染病，很多大體都還沒辦法挖出來呢！」二〇一〇年元月，海地爆發七級強震，瞬間奪走三十萬人命，美洲慈濟人就近動員投入救災。得知阿比爾想要前往已成廢墟的海地參與賑災，親友都很不放心，爲了讓家人安心，她著實費了一番工夫和父母、兒女溝通。

約旦慈濟志工也整備待命前往，因爲在海地災區，需要關懷的不只有災民，還有戍守當地的約旦維和部隊。強震造成該部隊人員傷亡，但全體官兵依舊打起精神，協助慈濟和其他團體進行援助發放，讓從臺灣及美洲各國前往救援的慈濟志工們感念在心。

「我們要過去關懷約旦駐海地的維和部隊，你願意去嗎？」接到電話，阿比爾立即整理行李，會同陳秋華、陳得雄，從安曼啓程，花了二十六個小時飛到多明尼加，再乘車經陸路，進入空中交通斷絕、道路柔腸寸斷的海地。

「那是我第一次參加國際賑災，慈濟在那裏發放食物、毛毯和防水布，我就過去參與，並支援藥劑的工作。」由於義診一天就服務數百人，整理藥品、調劑的工作相當吃重，阿比爾及其他藥師志工們，經常得犧牲自己有限的休息時間。

「在海地，她做得比我們更多，晚上我們睡了，她還要繼續工作呢！」陳秋華讚歎地說。

跟著慈濟賑災的腳步，阿比爾把來自約旦的關懷，帶到了地球另一端的海地，不僅膚慰飽受失親之痛、傷殘之苦的海地人，也讓約旦維和部隊官兵，感受到「他鄉遇故知」的欣慰，以及來自祖國百姓的支持。

儘管一趟海地之行，占去十五個工作天，收入少了許多，但心中的感動與收穫，卻是千金難買的。

走過海地震災，投入敘利亞難民關懷，阿比爾在行動中實踐信仰。身爲東正教信徒，阿比爾很贊同《聖經》所言：「我雖然行過死亡的幽谷，也不怕遭害，因爲祢與我同在」。

基於對神的信仰，她把行善助人當成自己的本分事。「耶穌基督要我們所做的事，和慈濟幾無差別。在我內心深處，我聽到上人說，你可以的，我相信他若能讓我們去，必然不會讓我們受到傷害。」阿比爾信心十足地說。

步步驚心

離開烽火漫天的祖國，逃到約旦的敘利亞老婦，雖免於生命危險，但身處飢寒交迫困境，心繫家園和親人，仍不免悲從中來，老淚縱橫。

走過難民營與物資發放現場，我們對難民的處境，終於有了較深入的了解。但對於敘利亞人逃到約旦依親的情況，卻一直沒有合適的因緣去接觸，直到遇見羅比。

「喔！喔！這裏會痛。」因爲腰部不適許久，四十出頭的羅比，來到阿比爾的藥房求助。恰巧當天稍早陳秋華帶我前來拜訪，身爲跆拳道高手，擁有豐富跌打損傷經驗的他，便幫忙按壓患部找出痛點，以便藥師阿比爾對症抓藥。

「啊！喔！」「你要多運動啊！」聽到羅比不時喊痛，陳秋華提出建議。

下午時分，生意不忙，一行人於是在小店裏心得分享，我請阿比爾多講一些有關敘利亞的事：「他們很懂得享受生活，每個星期都會出去郊遊，雖然也有貧富差距，但不論收入高低都能過快樂的日子。如果你收入有七千五百敘磅，相當於一百丁，就能滿足所需，過得很舒服。」

羅比接著補充：「然後你就能結婚、買房子、生一兩個小孩。有空就去郊遊，坐在地上享受大自然，不管是貧是富還是中產階級，每個人都做得到。」

由於氣候合宜、農產豐富，且兩代阿塞德總統為保江山、穩定民情，皆大力保障基本民生需求，因此敘利亞的物價、生活費比約旦低很多，人民生活相對寬裕。

物美價廉的優勢，吸引不少約旦人乘著週五、週六假日，越界到敘國觀光、吃大餐。但美好的日子已成為過去式，當下的兵荒馬亂，讓羅比既憤怒又無奈。

「你知道嗎？敘利亞已經死了十萬人，還有二十萬人傷殘！我們是人耶，到了二十一世紀，竟然還在講槍擊、打仗這些事，彼此之間應該用談判、對話解決嘛！可現在不是，你射我兄弟，我殺你爸爸，相互報復，沒完沒了。」

就像臺灣不同「顏色」的支持者，阿拉伯男人「講政治」也是情緒激昂。聽多了難民及本地人對敘國內戰的評論，羅比先生所言，大致也差不多，但接下來他提到的事，卻讓大家驚覺，難民與自己的距離，其實比想像中近得多。

戰前，敘利亞人民多半享有小康生活，即使為躲戰禍逃到鄰國，
依舊盡力維持體面，但衣著整齊、形象端莊的背後，很多家庭已
經撐不住了。

「我媽媽是敘利亞人，她的兄弟姊妹現在都住在清眞寺，我們設法把一個阿姨接出來，現在安置在我家。」身爲慈濟會員的羅比講到重點，原來難民不只住在收容營區，或別人家的出租公寓，在慈濟法親中，就有人爲了安置從敘利亞逃過來的親友而奔走忙碌。

媽媽是敘利亞人，也就意味著一半的親人，包含外公、外婆、阿姨、舅舅，以及許多的表兄弟姊妹，都是敘利亞人。羅比表示，他除了把阿姨接到家裏住，也會同親友幫太太的敘利亞籍表姊一家人，在約旦安家。

儘管在夫婦倆的鼎力相助下，這些親戚的生活還過得去，但陳秋華仍然決定要請志工前去關懷。

由於陳秋華還要到哈山親王的王宮上班，第二天的關懷行程，就請志工漢娜負責。我們先坐她的車，到阿比爾的藥房與羅比會合，然後步行到他家，巧合的是，當天關懷的對象，也是一位名叫漢娜的老婦人。

「晚上十點，自由軍來了，叫我們快走，說兩個小時後，他們（政府軍）要攻擊這裏。」坐在外甥羅比家的客廳，漢娜阿姨訴說逃難的經過。經她說明，我們才知道，政府軍以空襲、炮擊濫行殺戮，固然令人髮指，但宣稱要為人民而戰的自由軍，也不是對百姓秋毫無犯。

當自由軍戰士帶著武器強行闖進家門，布置火網準備戰鬥，也就意味著整個社區將成為政府軍空襲、炮轟的目標。眼看家園即將被戰火吞噬，手無寸鐵的百姓只能舉家出逃，五十六歲患有高血壓的她，就帶著念小學五年級的孫女，跟著鄰居走。

「阿姨打電話告訴我，說她們的情況很糟糕，她逃離的時候沒有多帶衣服，拿了護照就跑。」羅比表示，從大馬士革的阿姨家到約旦邊界，路程約兩百公里，原本坐車只要三個小時就能到達，但老太太和她的孫女，卻整整花了十二個小時才走完全程。

好在敘利亞的邊防人員，沒有把這一老一小當成支援叛逆的嫌疑人，祖孫倆持護照順利出國進入約旦，接下來的居留事宜，就留給身為外甥的晚輩去辦理。

「她給你多少錢？」「她是我阿姨，是我媽媽的妹妹啊！」警察的詢問，讓羅比感到匪夷所思，但要證明親屬關係，讓阿姨和她的孫女可以依親長期居留，得提出有力的證明才行。由於母親早在十年前就已過世，夫妻倆花了好一番工夫，才把媽媽的身分證明文件找齊。

警察將漢娜阿姨護照上的資料，與羅比已故母親的資料仔細核對，方才確定兩人爲同父所生的姊妹。除了確定親屬關係，羅比還得提供財力證明給移民部門審核，證明自己可以負擔敘利亞親戚在約旦的生活。

「吃得好、睡得好嗎？」「還行啦！」我試著噓寒問暖，希望老人家能感受到我們的關懷。幸運的是，身爲機械技師的羅比收入不錯，住家空間寬敞，家具、睡床、暖氣一應俱全，吃住都不成問題。

漢娜阿姨及孫女住在那裏，情況比起大多數租屋而居的難民家庭要好得多。儘管羅比因爲工作的關係經常不在家，擔任老師的太太白天也要上課，但家事有女傭打理，兩個學齡前的可愛女娃也能承歡膝下，讓姨婆稍解流離之苦。

「她和我們同吃同住，下雨下雪的時候，我會請她們到我們的房間睡，還得定期到阿比爾那邊，替她拿高血壓藥。」羅比表示，阿姨有時也會出門，去親戚家或是到藥房串門子，不會整天悶在家。除了照顧老人，他也得幫助表兄弟女兒復學，但和先前申請居留一樣，就學問題同樣不好辦。

「校方要求提供她在敘利亞學校的在學證明，要請她在大馬士革的母校開立，可是現在這種局面，誰能進得去？」

儘管申請學校復讀，有不少困難需要克服，但羅比和當老師的太太還是全力以赴，因爲女孩跟著阿嬤逃難至今，已經輟學六個月，學業不能再拖延了。「希望能在二月份，讓她轉進約旦本地的學校就讀。」身爲表叔的他期盼著。

儘管有外甥守護關懷，漢娜老太太還是放不下身在敘利亞的三個兒子。眼看阿姨擔心不已，羅比也竭盡所能，使用手機、網路等一切方式連繫三位表兄弟。然敘國情勢混亂，對外通聯時好時壞，好不容易聯絡上了，電話那頭傳來的訊息，卻更讓人擔心。

「三個星期前，我和一個兒子通上電話，他告訴我現在外面有空襲，地面和天上打得很激烈，你可以聽得到隆隆炮聲。」說著說著，漢娜老太太忍不住哭起來。孩子身處戰火邊緣，做母親聞其音聲，卻遠在數百里外愛莫能助，老太太揪心難過，令人相當不忍。

除了漢娜及她的三個兒子，羅比的敘利亞籍親戚，還有另一個阿姨、兩個舅舅，外加衆多的表兄弟姊妹。就他所知，他們之中有人被抓去充軍，但不知是政府軍還是反抗軍抓的。

「你的意思是，丟給他一把槍，就叫他去打仗？」「對呀！」「打誰？」「不知道。」聽到羅比的描述，攝影同事直呼太可怕了。

兵力不足抓壯丁，許多人連槍都還沒摸熟，就被逼迫上戰場，成爲陣亡者中的一員。弔詭的是，有人被強徵服「不願役」，卻也有不少志願者不惜犧牲生命，爲自己支持的陣營拚殺。

「我曾經勸過一個親友，說你有八個孩子耶！如果你回去參戰不幸陣亡了，誰來照顧你的家人？」對於少數敘利亞親友把約旦當「大後方」，拋妻棄子又回去打仗的作法，羅比很不以爲然，但也只能盡力勸阻，希望他們別做傻事。

根據漢娜老太太的陳述，在她們來到約旦之前，所住的社區已經整整三個月，沒有自來水可用，甚至連麵包都買不到，食物、藥品嚴重缺乏。

羅比表示，一些約旦善心人士乘著飛機還能飛進去的時候，攜帶物資和藥品進去，但到了當地，卻發現東西到得了機場，未必能送到需要的地方。

「因為人們一走出去就會被射擊，誰打的槍？自由軍？政府軍？阿塞德的部隊？不知道。」

地面、空中炮火四射，為了確保機組員及旅客安全，世界各國陸續關閉往返敘利亞的民航航線。空中交通已然斷絕，陸路危機重重，但是當炮火打進家園，即便是最需要保護的婦女和兒童，也得逼迫自己冒險找路求生。

親手奉上慈濟毛毯，拜別了漢娜老太太，我們坐上羅比的車，前往他太太的敘利亞籍表姊阿瑪卡丹的住處訪視。拜訪的前一週，他們一家人才從敘國逃出來。

羅比親切地介紹大家認識，不大的公寓裏，住了阿瑪卡丹及她的三子一女，加上來訪的志工漢娜、羅比夫婦和他們的小小孩，以及我和攝影，氣氛忽然間熱鬧起來。

儘管人數不少，室內並沒有因此變得更溫暖，隨著天色愈來愈暗，冷空氣一波波沈降下來，冰冷的感覺從腳底襲上心頭，我們準備贈送給這一家五口的三條慈濟毛毯，顯得不太夠用。

「因為電視線路從窗戶拉進來，所以不能關緊，冷風都從這裏灌進來。」阿瑪卡丹語帶苦惱地說著。一家人所住的公寓，位於首都安曼市北郊的高地，海拔高風勢強，原本就是比較冷的地方，更糟的是大功率的瓦斯暖爐故障了，大大小小五口人，只能靠兩部電扇造型的小電暖器勉強祛寒。

由於風大寒冷、租金不便宜，阿瑪卡丹再過一陣子就要搬走了。

「她現在住的地方每月租金一百五十丁，我們幫她找的地方只要一百丁，但不附家具，所以也請朋友幫忙，募些家具和冰箱，預計二月就可以搬進去了。」

羅比表示，表姊身上的錢所剩無幾，房租就靠夫妻倆以及各自的兄弟姊妹接濟，一人捐個二十、三十丁，湊一湊還過得去。儘管在約旦的日子很辛苦，冬天的夜又特別冷，但總比勉強留在敘利亞家鄉來得穩妥。

「那時是中午十二點多，一枚大火箭打過來，炸垮了部分牆壁，接著兩枚小的打來，一枚打中廚房，一枚打到大兒子奧斯曼的房間。」阿瑪卡丹表示，火箭打來之前，政府軍和自由軍就已經在住家附近開打了。羅患糖尿病又有胃疾的丈夫行動不便，要她帶著孩子趕快跑。

第二天戰事稍歇，阿瑪卡丹冒險回家探視，只見牆壁被打了好幾個洞，床、書櫃付之一炬，累積多年的特殊教育研究報告、孩子們的故事書成了灰燼，更糟的是丈夫就此失蹤。

「我打電話聯絡他都沒消沒息，不知道是被自由軍還是政府軍抓走了。」經歷過火箭及槍彈轟擊，阿瑪卡丹的家已成斷垣殘壁，但她寧願相信，下落不明的另一半，還活在世上。

她帶著四個兒女離開大馬士革的家，投靠位於邊界省份達拉的娘家，那裏距離邊界約十五公里，阿瑪卡丹把孩子轉進當地學校就讀，希望能在比較安全的地方重新開始。

「沒想到十天後自由軍來了，爲了孩子，我不能待在那裏，於是就往約旦跑。」由於孩子沒有護照無法過邊關，阿瑪卡丹於是尋求非正式管道出境，並聯繫在約旦的表妹和表妹夫，也就是羅比夫婦。

「表姊問我，可以把他們接過來嗎？她有四個孩子，最小的才八歲。」「當然，不能眼睜睜看他們死啊！」面對妻子的擔憂，羅比肯定地回應。

出逃的那一天，阿瑪卡丹一家人於下午五點半，登上了自由軍派出的巴士，抵達「離國出走」的起點，接應的人要求大家下車走小路過邊界。天色漸暗，氣溫漸寒，冷得人直發抖，難友們彼此提醒「保持安靜」，放低姿勢摸黑行走。

出逃的夜路步步驚心，最危險的地帶，距離政府軍崗哨只有五十公

搬到約旦的新家，劫後餘生的孩子們很快恢復童真本色，結伴玩耍起來，對身為父母的難民來說，逃難不只是為了保命，也是為了孩子的將來。

尺，如果有人不小心暴露行蹤，大家都有生命危險。

「他才八歲而已，卻必須在冷夜裏摸黑走三、四個小時。於是，老大奧斯曼把自己的外套脫下來，讓這個最小的弟弟穿。」羅比把小男孩叫到我們面前，指著他說明逃難的概況，言語中充滿不捨。

一如先前的安排，難民逃出敘利亞，馬上遇到約旦軍隊，安全檢查、登記資料後，阿瑪卡丹和孩子們於第二天早上七點，被送進札塔里難民營。得知表姊一家「過關」，羅比和太太趕緊備妥錢和文件資料，辦理作保領人的手續。「你們都有約旦國籍吧？」難民營人員審核身分及財力證明，以確定夫妻倆符合保證人資格。

按照規定，把一位敘利亞難民保出去，須繳交十五丁的費用，爲了把表姊一家五口保出去，羅比夫婦總共付出了七十五丁，約合新臺幣三千元的規費。從登記入營到獲准離營，阿瑪卡丹和孩子們總共在札塔里難民營待了三天。

雖然難免吃點苦，但比起在約旦舉目無親，只能在營區裏「數大餅」的難胞，一家人的際遇仍屬幸運。「我要向約旦政府說謝謝，他們對我們很尊重，特別是對孩子，照顧得很好。」阿瑪卡丹道出了心中的感恩。

從戰情來看，內戰短期間還沒有平息的跡象，何時還鄉不可知，難民們還是得爲自己在約旦的生計、學業做中長期的打算。

阿瑪卡丹的四個孩子中，比較小的三個，包含最小的八歲男孩，都還在中小學階段，當務之急是轉進約旦本地學校，趕快復學，這部分當老師的表妹可以協助。

而老大奧斯曼已完成專科學業，因此羅比四處打聽，想方設法替他找出路。

「你看他的成績，英文、數學、科學都是十分（最高分）。音樂九分，體育本來八分，但後來進步到十分。」拿起用阿拉伯文書寫的成績單，羅比像推薦人才一樣，向我們說明奧斯曼的優異表現。

除了正規學校的成績單，奧斯曼還把自己考取的證照都帶出來，有些還是用英文印製的，可見他若身處太平時期的敘利亞，當可一展長才造福人群，但故國烽火連天不能居留，約旦又不承認敘利亞的證照，讓這位懷才不遇的年輕醫療人員飽嘗挫折。

「他已經在專科學院念了兩年物理治療，而且還拿第一名。但因爲敘利亞政府改了規定，專科學院畢業生不能直升醫學院，必須憑高中學歷去考醫科，他正在拚讀，偏偏碰到內戰。」對於奧斯曼的處境，表姨丈羅比很同情，媽媽阿瑪卡丹更是心疼：「他想念醫科，壓力大到想自殺！」

「別做傻事啊！」聽到年輕人的苦與煩惱，頭髮半白的攝影同事，用英文鼓勵他振作。奧斯曼似乎聽進去了，露出靦腆的微笑。

其實，在戰火連天、生靈塗炭的時局中，具備物理治療專長的人，只要有心不怕沒事做，因爲許多中槍、被炸到傷殘的敘國難民，需要物理治療人員幫助他們復健。

就算是當不收錢的志工，服務那些「做不完」的傷殘個案，奧斯曼也能在助人的同時精進技能，若能以善解心來看待，他的前途仍大有可爲。

「也許我們可以把他推薦給敘利亞人自辦的義診中心！」得知關懷的難民家庭中有此專長人才，陳秋華靈機一動，露出了如獲至寶的歡喜。行駛在前往伊爾比德省，訪視敘利亞義診醫師及傷殘人士的路上，

阿爾塔卡富義診所内，阿布杜拉二世國王玉照俯視前來求診的難民病人，也象徵著來到這裏的敘利亞人，已脫離兵兇戰危的家國，獲得約旦軍民守護。

他先轉進阿瑪卡丹所住的社區，請漢娜和我把生活物資及補送的兩條毛毯送給他們。

由於趕路時間緊迫，加上穆斯林女性不便在沒有熟人作陪的情況下，讓男性來客進家門，因此我們只能把物資搬上樓，請漢娜致贈，然後「快閃」上車。

「修格蘭！」阿瑪卡丹對漢娜連聲道謝，雖然不便登堂入門和他們多聊聊，但這位媽媽歡喜的笑容，卻讓我深刻感受到「患難見眞情」的溫暖。

「你稍等一下。」漢娜走下樓梯，突然想起「平安」吊飾忘了給她。「請問你，這兩個中文字是什麼意思？我要向她說明。」「嗯！一個代表和平（peace），一個代表安全（security）！」

面對漢娜突如其來的提問，我倉促間給了個答案，或許這一個解釋，和中文辭彙「平安」的眞義有所差距，但仔細想想「和平」與「安全」，不就是所有敘利亞難民當下最希望得到的幸福嗎？

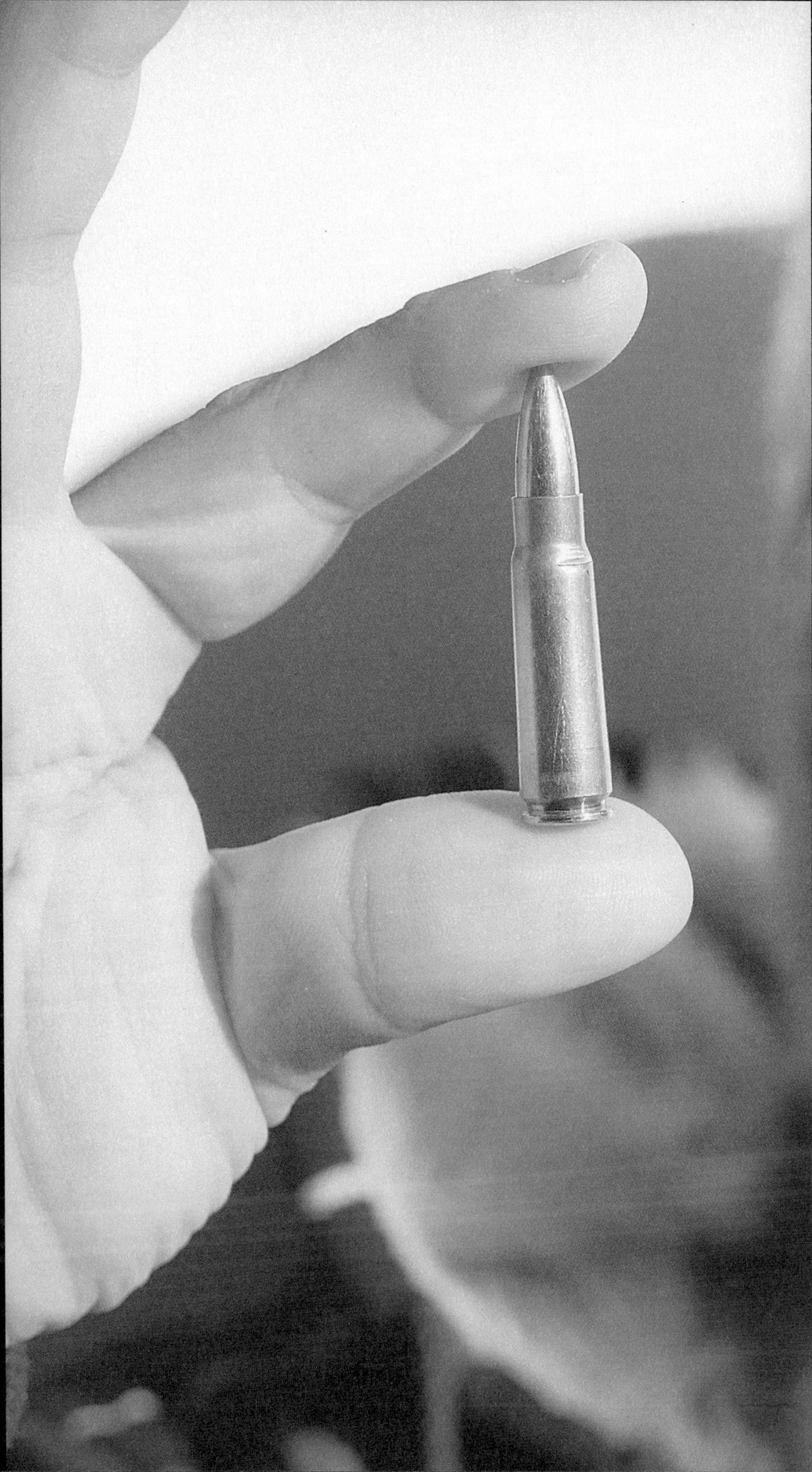

一瞬間與一輩子

在伊爾比德市重傷患收容所，一名敘利亞難民展示從戰場拾獲的步槍子彈。政府軍與反抗軍激烈交火下，不到一秒的時間差，可能就改變難民往後的人生。

內戰造成了無數家庭破碎的悲劇，能在槍林彈雨下全身而退，或是僅受輕傷已是不幸中的大幸。

約旦的敘利亞難民裏，重傷患不少，他們在約旦及外援醫療團隊搶救下，撿回一命，卻因傷殘而不良於行，甚至全身癱瘓。這些人的後續照顧與復健，仍須投入大量人力及資源。

弔詭的是，敘利亞的戰火也迫使搶救生命的醫療人員出走。他們爲保全性命逃到鄰國，卻意外地承擔起醫療照顧的重要環節，變成難胞在約旦的「社區醫師」，發揮治療疾病、幫助傷患復健的良能。

具有難民身分的醫者，以志工的精神服務難胞，但也必須與患者共同面對醫藥、器材短缺，生計難以維持的困境。

爲了幫助傷病難民與有困難的醫療人員，約旦慈濟人展開了訪視行動，重點直接地伸出援手，讓難民醫療人員得以持續發揮良能，以自己的力量照護同胞，並鎖定需要幫助的醫療個案，進行短、中、長期的援助及陪伴。

在諸多傷殘個案中，八歲小女孩琳與慈濟的因緣相當奇特，因爲通報她的人初見到我們時，可是火冒三丈，恨不得把這些「西尼」除之而後快。

那天，天降大雨，到處淹水，陳秋華會同阿爾塔卡富組織敲定冬衣發放事宜後，一行人就前往南薩市的小吃店用午餐。

大門口外雨一直下，大家乘熱享用敘利亞特色小吃——酸奶堅果粥時，溼冷的空氣中傳來憤怒的叫罵聲。

「西尼（中國人）該死！」一名高壯大漢對我們怒目而視，大聲咆哮，還做出抹脖子的手勢，店裏的人都愣住了。

「他爲何那麼生氣啊？」「他認爲你們中國人，和阿塞德一樣，都在殘殺敘利亞人。」聽到協力組織人員的解說，陳秋華趕忙請他解釋：「我們是來幫助難民的。」

經過一番說明、化解誤會後，「憤怒老兄」向大家道歉並說明自己

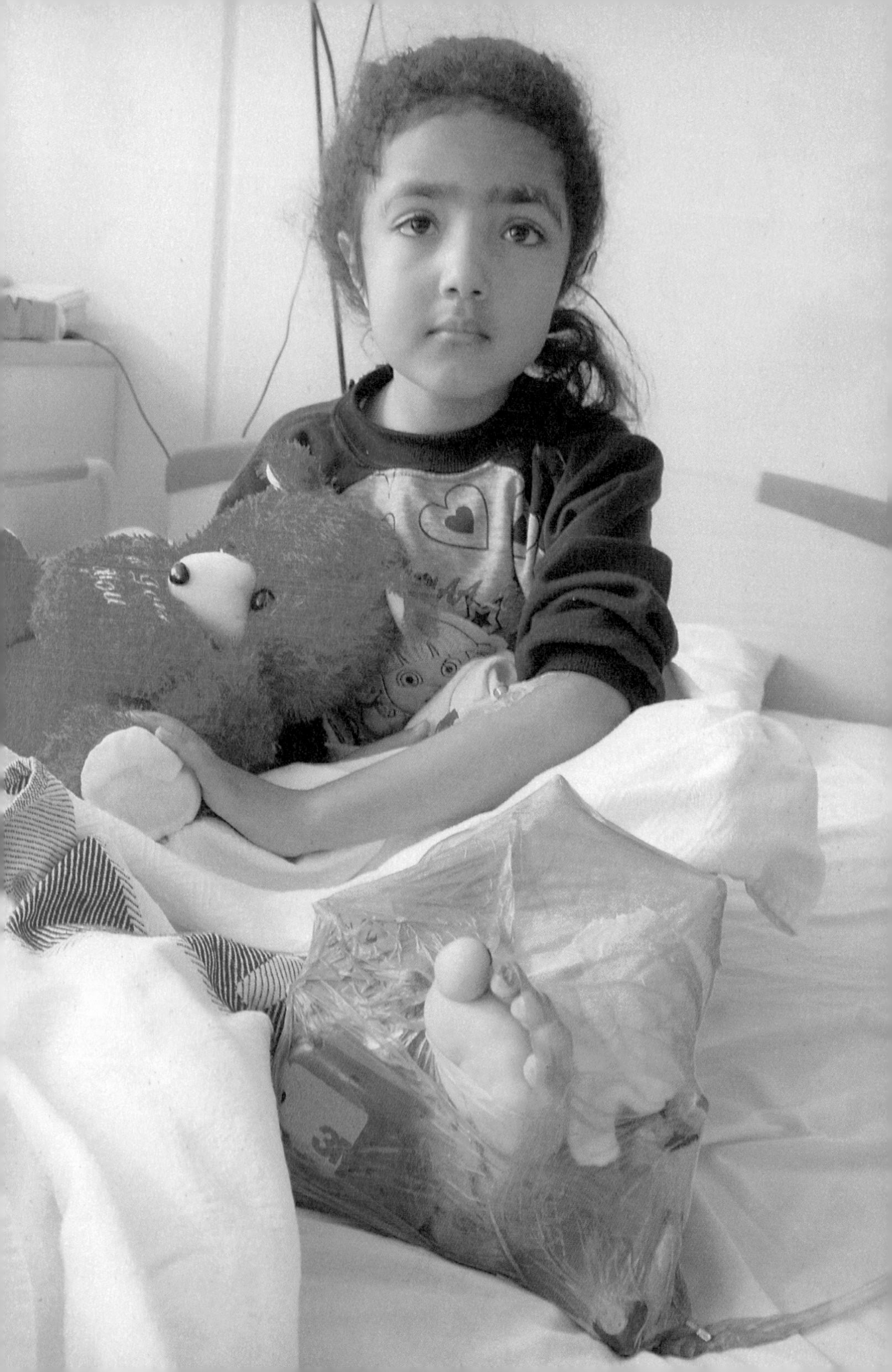

的現況：「我叫鳩任，是敘利亞的公職獸醫師，但我和太太及九個孩子來到這裏後，就靠慈善組織接濟了。」他表示自己有房子有農場，還種了五百棵橄欖樹，用以產製橄欖油賺錢。

可是戰火一起，房子被炸垮了，橄欖園被蹂躪破壞，一家人被迫逃到南薩，爲了維持生計，鳩任只好到小吃店當收銀員。儘管每天都在數鈔票，但生活很困難，維持一個家已不容易，遑論幫助別人。

「她的左腿被槍彈打到，現在住在醫院裏。」得知慈濟人願意幫忙，鳩任將八歲小女孩琳的情況告知陳秋華，當時小女孩和媽媽分住不同的醫院，由舅舅阿里先生照顧她。

鳩任將聯絡電話交給陳秋華，志工就在冬衣發放結束後，前往伊爾比德市的醫院探視。

走進病房，儀器嗶嗶作響，只見一位疲態畢露的中年男子，陪伴著黝黑瘦弱的琳。「她可能要截肢！」志工漢娜轉譯了阿里的擔憂。從外表上看，琳的左腳腳掌看起來還算正常，但左小腿上卻釘滿了鋼釘，外面還用一層橙色塑膠袋包起來。小小年紀承受極大創傷，但她沒有喊

小女孩琳在敘國家鄉遭遇槍戰，左小腿不幸中彈，瞬間血肉模糊。送到約旦搶救後，雖免於失血死亡，但重傷的小腿還是岌岌可危。

痛，只是沈默地看著舅舅和陌生人談事情。

「你要多吃一點，把自己養得強壯一點，就可以好起來，然後去上學、交朋友。」漢娜鼓勵琳振作精神，並送給她書包、文具，還有一隻紅色的玩具熊，陳秋華則代表約旦慈濟，致贈一百丁應急金給阿里。

幾天之後再次訪視，我們看到了琳，同時探視了她的表哥，也就是舅舅阿里的兒子，那名少年和琳一樣無辜遭殃，所幸送到約旦急救後已脫離險境。但一個男人要顧兩個受傷的孩子，處境實在困難，慈濟人於是把他們列爲長期關懷的對象。

在中東產油富國資助醫療費用、約旦醫護人員全力搶救下，許多像小女孩琳一樣的重傷患，得以免費動手術，逃過死神召喚。不過資源終究有限，當大部分經費投入緊急醫療，沒有立即危險但需長期復健的殘障者，以及落腳各社區的難民鄉親，要就醫就得自求多福。

因此，有些慈善團體召集醫療人員開辦免費診療，如阿爾塔卡富組織，就在南薩市成立義診所，招募難民醫師爲當地的敘利亞難民提供基本醫療服務。

「夏天時，消化不良、拉肚子的病人很多，還有一些中暑個案；冬天的話，就多感冒、喉嚨發炎的病例。」女醫師思貝麗簡要說明不同季節的盛行症狀。

身為婦科醫師的她，每週一次由阿爾塔卡富組織派車，接送到義診所看診，幫助了許多南薩地區的難民婦女，但沒有支薪的她，和大家一樣過著刻苦克難的生活。

「我是難民，也是志工。」思貝麗說明敘利亞難民醫師的處境，對於被迫冒險的醫者來說，能保住一命已是天大的幸運，來到約旦之後的生活，只能走一步算一步。

「六個月前，我的弟弟被政府軍打死了，他才二十一歲啊！」說起自己和家人的遭遇，內科醫師阿斯瑪迪語帶遺憾，但一大家子十五口人中，除了不幸喪命的弟弟，全都安抵約旦，其中還包含他的太太以及兩個兒子，算起來仍值得慶幸。

阿斯瑪迪醫師除了在南薩的阿爾塔卡富義診所服務同胞，也和幾個志同道合的醫界朋友，在伊爾比德市找房子開設義診中心。難民醫師懷抱滿腔熱忱，希望能用自己的良能爲難胞服務，但孑然一身逃到鄰國，除了腦中的知識技能之外，別無資源。

爲了進一步了解難民的醫療問題，陳秋華與阿斯瑪迪醫師相約，前往他們的義診中心拜訪。就這樣，我們踏進了隱身民宅中的敘利亞難民義診所。

「我們的藥品，是沙烏地阿拉伯、阿拉伯聯合大公國、科威特捐的，這個是糖尿病的藥……」義診所藥師簡要地介紹醫療環境。

對於藥品的管理，義診團隊還算上軌道，可是器材與設備就捉襟見肘，好比「急診手術室」，原本是一間廚房，醫師們擺上一些最基本的醫療設施如病床後，就在那裏進行簡易的外科手術。

克難的環境擋不住醫師救人的腳步，拜訪告一段落，阿斯瑪迪醫師要外出往診，我們於是一同前往。

「唉，唉喔！」阿斯瑪迪醫師檢視胖大叔左大腿內側的傷口，令男護士伊布拉欣幫他換藥，沾藥的棉花棒一碰到傷口，病人就痛得哀號。由於在場的都是成年男士，胖大叔也就不避諱地讓大家看那接近生殖器的患部。

三道傷痕深度不淺，都突破表皮、眞皮深達肌肉層，若沒有妥善護理很難癒合。狙擊手的子彈沒取走他的性命，卻在下體部位造成深深的傷口，令人匪夷所思。

「這不是槍傷。」阿斯瑪迪醫師沒好氣地回應了我們的疑問，原來胖大叔罹患嚴重心臟病，約旦的醫師從他的左大腿內側切取幾段大血管，移植到心臟上取代被膽固醇堵死的血脈。術後，命保住了，但大腿的傷口卻一直好不了。

聽阿斯瑪迪醫師解說，再看看桌上的香菸，我才恍然大悟，原來他不是被狙擊槍打傷，而是被「菸槍」正中「紅心」。

略有醫學常識的人都知道，抽菸會使心血管疾病惡化，而且會影響血液循環，使傷口不易癒合。胖大叔要治病療傷卻又戒不了菸，讓阿斯

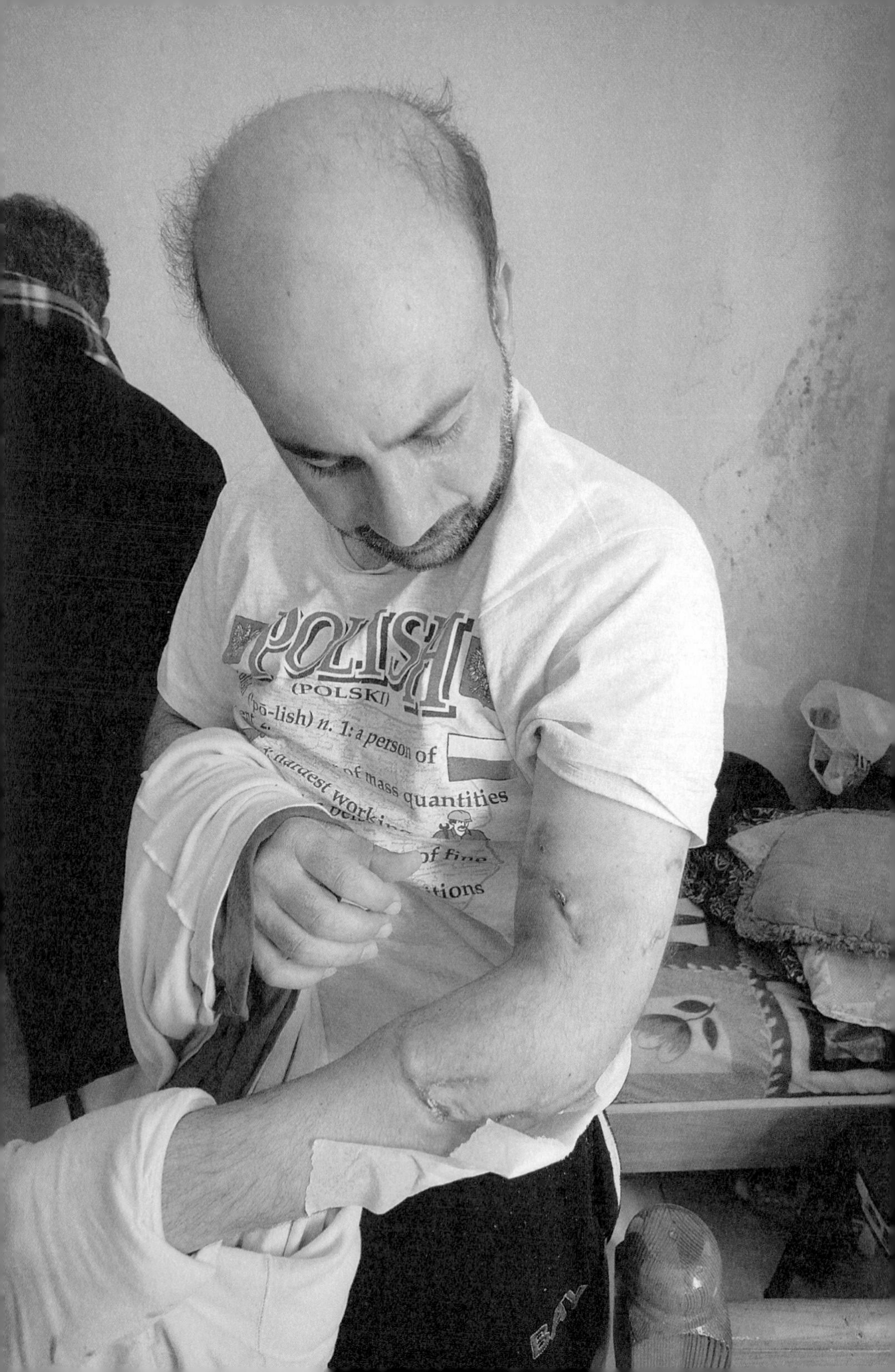
POLISH
(POLSKI)
(pō-lish) n. 1: a person of
of mass quantities

馬迪醫師感到很無奈，只能好言相勸，畢竟現在國難當頭，難胞們處境艱困，有限的醫療資源更不容糟蹋浪費。

接著，一行人來到難民醫師們租借民宅設立的重傷患收容中心。剛踏進大門，氣氛就頓時變得沈重。

三十六歲的尤瑟夫，左手臂已經不能動了，仔細一看，手術的縫合處、破片射入的傷口雖已癒合，卻留下明顯疤痕。「火箭來襲時，他們都死在我面前，眞主保佑，我活下來了。」大難不死的他說得淡定，但是炮火對他的傷害，尚未完全排除。「我身上還有十三個破片。」

除了一般傷患，我也特別注意有沒有化學武器攻擊的受害者，因爲到馬夫拉克接臺灣來的貨櫃時，我們曾碰到兩位敘利亞男子，言之鑿鑿地說：「政府軍使用化學武器，造成二十人死亡，三百多人失明。」

若兩人所說爲眞，幾乎可以確定「糜爛性毒劑」已投入使用。還記得在海軍服義務役期間，每隔幾個月，艦上官兵都要戴防毒面具入「毒氣室」受訓。剛進去時還不覺有異，但曝露在外的雙手、脖子已感到有點灼熱。

火箭破片穿透肢體割裂肌肉和神經，導致尤瑟夫的左臂癱瘓失能，但能保住右手和雙腿，已比其他重傷患幸運許多。

之後教官下令脫下防毒面具，眼、鼻黏膜瞬間接觸催淚瓦斯，就像火燒般刺痛。大家依指令報姓名、答數，折騰個幾十秒，教官才開門讓學員「撞」出去。那時不管是官還是兵，個個都是面紅耳赤、痛哭流涕的狼狽樣。

由此即不難理解，在沒有防護下遭到糜爛性毒劑侵襲，暴露在外的衣服、皮膚和五官就會被腐蝕，導致皮膚潰爛、眼睛失明，毒性也會經由皮膚滲入體內，使人中毒。甚至會因氣管、肺臟被腐蝕破壞，無法呼吸，最後窒息死亡。

我特別注意收容所中，是否有人出現頭、臉、手潰爛，眼睛失明或嚴重受傷的症狀。仔細檢視後，沒看到面目及雙手嚴重潰爛的受害者，倒是有人被燃燒彈的烈焰嚴重灼傷。

二十二歲青年比柏受傷前的幾秒鐘，正搶救一位中槍的鄰居，沒想到攻擊者落井下石，一枚燃燒彈打來，見義勇為的他和被救的人雙雙被火舌吞噬。

「我被人送上救護車載到約旦，整個車程長達八小時，途中還遇到

比柏在搶救傷者時遭燃燒彈攻擊，雙腿及下半身嚴重燒傷的他，
對未來復健仍是充滿期待。

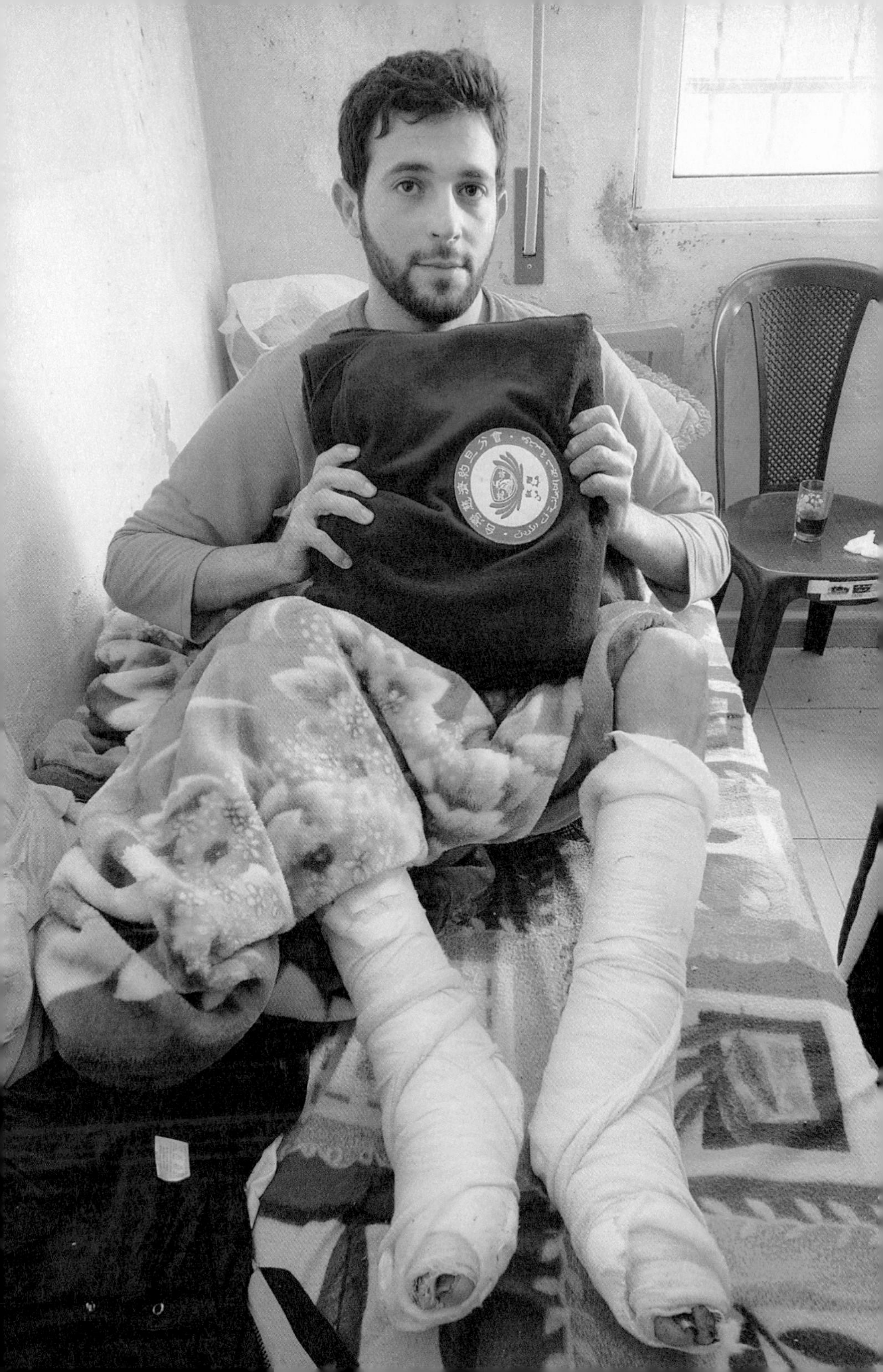

槍戰。」比柏說，敘利亞的親友一度聯絡不上他，兩個星期後，才知道他還活著。

由於火焰是從地面往上竄，比柏的傷勢也是由下而上，年輕的臉龐沒有明顯的燒傷痕跡，但雙腿及下半身嚴重燒傷。我們看到他的時候，已事隔兩個月，他的小腿和雙腳還包著紗布，左手手指也因燒燙傷變形，僵硬不能動了。

「我明天會回診、換藥，然後試著開始走路。」說到未來的復健，比柏不放棄希望，儘管受傷部位的關節因皮膚攣縮、沾黏，活動起來障礙重重，但能走路、保有基本的自理生活能力，總比癱瘓要好得多。相形之下，另一位重傷的年輕人就沒有這麼幸運。

「他的下半身不能動了。」聽到陳秋華及漢娜的轉譯，我不敢問那人的名字，畢竟喪失行動及工作能力，是任何人都難以接受的身心創傷。臥床青年看到攝影鏡頭沒有特別反應，只是兩眼空洞茫然。

他左側下腹部的人工肛門，顯示腹部受創相當嚴重，連排泄廢物的大腸、直腸都不保，加上脊椎也受創，只能靠哥哥幫忙復健，減緩肢體

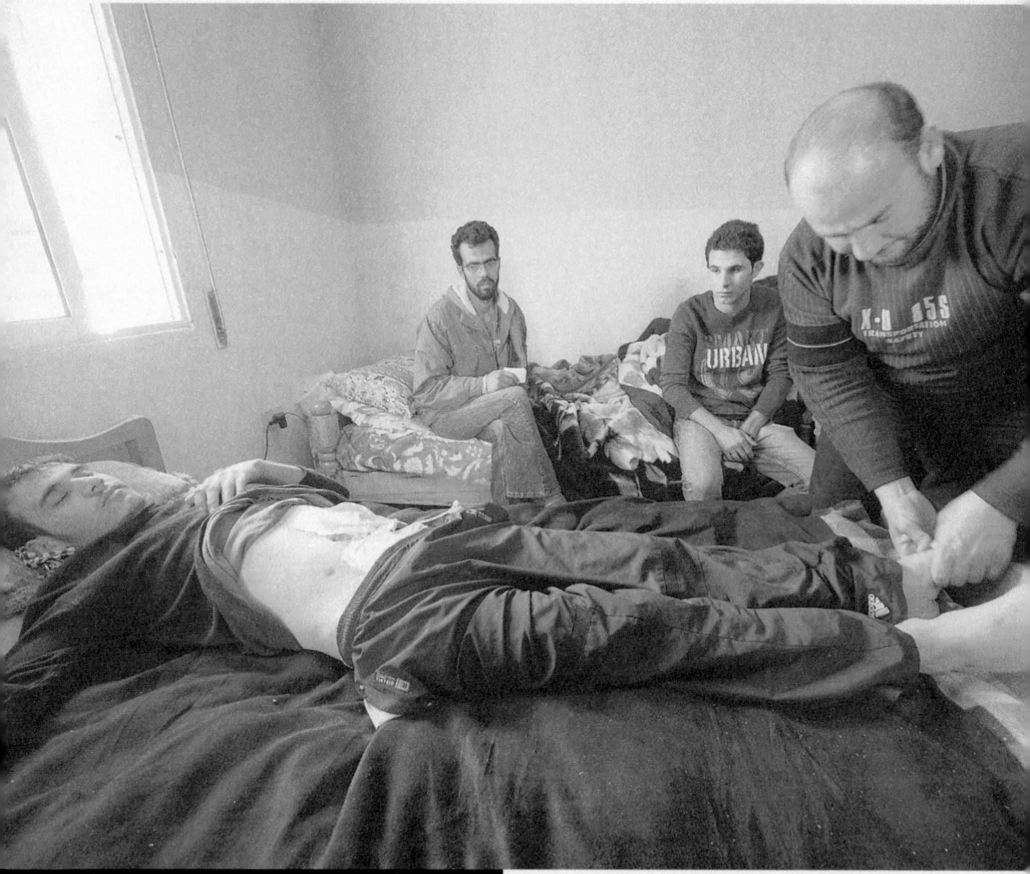

青年因炮火重創腹腔，被迫截除大腸及直腸，只能依靠人工肛門排泄，彈片亦傷及脊髓導致半身不遂。他的兄長盡力幫他按摩復健，希望多少恢復一些功能。

萎縮僵硬的程度。

槍傷、破片撕裂傷、燒燙傷，收容中心的重傷患，大多是二十到五十歲的男性。戰火奪走了他們強壯的身體，讓這些最有生產力的青壯，淪爲被照顧的依賴人口，可以想見，內戰結束的時候，敘利亞人民除了要重建家園，還得設法照顧那數以萬計的戰傷殘障者。

「都這麼年輕，他們的未來怎麼辦啊？」看著比自己年輕許多的敘國男兒，或不良於行，或纏綿病榻，年過六十的陳秋華既擔憂又感嘆。

尼采說：「痛苦的人沒有悲觀的權利。」面對失能的身體、艱困的生活，重殘傷患和難民醫師們，只能相互扶持，克難地醫病療傷、勤做復健。而說起流離到約旦的因緣，難民醫師們除了恐懼，還多了一分對當局的心寒。

「如果你的想法和政府不一樣就會被捕。」阿斯瑪迪醫師提及一位醫師朋友，只因爲在臉書上發文，質疑當局爲什麼要傷害無辜的婦女和小孩，就被抓走關了半年。「現在他下落不明。」

骨科醫師穆斯塔法的經歷，則令人捏把冷汗。他身爲敘利亞達拉省公立醫院醫師，不只在醫院裏搶救病人，下了班也應民衆請求，志願醫治無法到院的傷者。

「反抗軍的傷患不敢去政府醫院就醫，因爲一去就是自投羅網。」不忍同胞因派系對立而不敢就醫，穆斯塔法不分政府軍、反抗軍，還是無辜受傷的民衆，都一體救治，沒想到私底下搶救生命的善行，竟招來白色恐怖迫害。

情報單位將他列入黑名單，拘捕後關了八天。意識到自己被當局視爲反抗軍同路人，性命可能不保，穆斯塔法忍痛放棄原來的職務和國內的病人。逃到約旦另謀生路的他，已列名在敘利亞政府的通緝名單。

由於難民義診所設備不足，不能進行全身麻醉、深切見骨的手術，身爲外科醫師的他，無法用手術刀救人，於是承擔術後照顧、復健的工作。受傷的難民在約旦的醫院完成手術出院後，他與阿斯瑪迪等醫護志工就接手照顧。

爲了讓重傷難胞能好好療養復健，醫師們租借了兩間公寓充當收容中心，總計住了三十一名重傷患，儘管人數不是特別多，但每日的食糧用度仍是沈重負擔。初步訪視後，陳秋華就趕忙採購米、糖、茶、馬豆等食物，以及洗衣粉、清潔劑等物資供他們應急。

「這麼多物資才二十五Ｊ，其實不算貴，希望他們吃好一點，就能恢復得快一點。」陳秋華如是期待。

看到物資送來，重傷患收容中心的醫護及病患們大爲振奮，而我們也意外發現，一張病床上鋪的藍色毛毯，竟有慈濟的標誌，顯然是有人拿到慈濟毛毯後，再「轉捐贈」給他們。

不過身處其中，我仍然感到不對勁，傷患們的日常娛樂，竟是收看敘利亞自由軍網路電視臺播放的交戰畫面，他們看反抗軍與政府軍廝殺，就像國人看職棒比賽一樣平常。而那些讓承平國度百姓吃驚的戰地實況，也是這些難民的眞實寫照。

「我的大兒子被炸死了，他才十八歲而已。」男護理師伊布拉辛，展示愛子的遺照，手機螢幕上的青年，手持步槍、身披彈鍊、勇往奮戰的身影，已成了親人無盡的哀思。

兒子爲反抗當局壓迫而陣亡，原是專科學校老師的伊布拉辛，則私底下用自學的急救技能救助反抗軍傷員。不尋常的舉動引來特務注意，不得已於七個月前，帶著三個太太和倖存的二子三女逃到約旦。脫離了當局的掌握，伊布拉辛拋開救人顧忌，成爲難民醫療團隊一員。

「現在自由軍已經占優勢，如果他們打贏了，我就回去。」伊布拉辛信誓旦旦地說。一位傷者也不諱言，自己是反抗軍戰士，因爲負傷被送到約旦，如果傷養好了，「還要回去跟他們拚！」

我無從研判他們所說的戰況是否屬實，不過身受創傷、遠離家園的他們，儘管面臨糧食、醫藥短缺的困境，在面對外人時，仍展現「輸人不輸陣」的慷慨激昂。

在衆人拍手鼓勵下，伊布拉辛的小兒子阿布都拉，爲我們唱了一曲「自由軍戰歌」。或許是怨恨政府軍奪走了大哥的性命，才十二、三歲的他唱起戰歌，聲調和表情竟然充滿了肅殺之氣。很難想像在內戰爆發

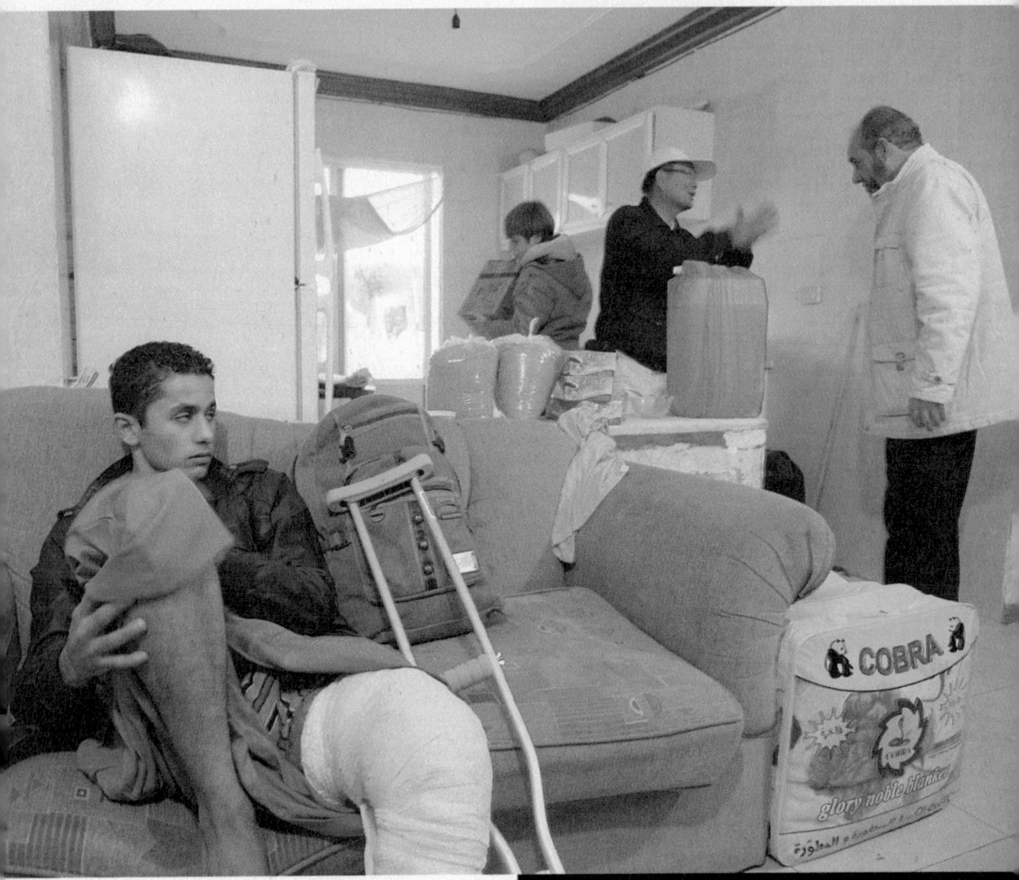

談及阿塞德及敘利亞當局，傷患們罵聲不斷。慈濟志工不介入政治紛爭，本著人道精神提供援助，希望受助者的身心創傷能早日平復。

前，這位金髮男童還是兒童合唱團的一員，唱著純眞快樂的歌曲。

走一趟敘利亞難民自辦的義診所與重傷患收容中心，相信任何人目睹難民與傷兵的苦痛，都會對現代戰爭的破壞力與殺傷力感到驚懼。槍彈、炮彈致人死傷只要瞬間，但是要讓重傷者穩穩站起來，展開新生活，卻是一段又長又苦的路。

深入了解需求後，約旦慈濟人在既有的食物用品之外，加碼援助床墊、內衣褲等物資，並增加洗衣粉、消毒水的捐贈量，畢竟養傷的難民除了要吃得營養，居所、衣物也要力保乾淨衛生，方能避免感染，加快痊癒。

面對不知何時落幕的內戰，慈濟志工已做好長期陪伴、關懷的準備，希望扶持難民度過生命中最苦的階段。

تسجّي تايوان
Tzu Chi Charity
TAIWAN
Not For Sale
20KGS

愛在烽火邊緣

二〇一三年十月，志工前往比鄰伊拉克的邊城魯威西發放，在運米卡車上立起約旦國旗及慈濟旗幟，英阿文並陳的橫幅以及米袋上字樣，顯示這些愛心資糧來自臺灣。（照片／陳秋華提供）

隨著時間流逝，約旦之行也邁入尾聲。飛機在漆黑的冬日凌晨起飛，順著地球自轉的方向往東飛去，我的思緒卻不時回到曾經走過的中東。

猶記得跟著陳秋華前往馬夫拉克市，接收臺灣冬衣貨櫃的那天，碰到一位敘利亞男子，他用攝影機播放自己冒死拍攝的影片，讓我們看見第一手內戰場景。

「這是自由軍和政府軍交戰的情形，地點在大馬士革。」影片中的民兵，身穿便服，大部分人拿步槍，還有人像藍波一樣，把子彈鍊披掛在身上，蹲在矮牆前伺機而動。

「這些武器是我們打了勝仗，從政府軍的軍械庫繳獲的。」攝影者伊布拉辛爲自己的陣營壯聲勢，片中的自由軍戰士高聲吶喊、焦黑生鏽的坦克殘骸、被俘的飛彈車，誇耀勝利者的聲勢。

但殺敵一萬自損八千，勝利的代價是沈痛的。「這是我的夥伴，現在陣亡了，他是個很勇壯的人啊！」伊布拉辛指著影片中，一位留著絡腮鬍的戰士感嘆地說。

而最令我震撼的，是一段地對空飛彈擊中目標的畫面，晴空蔚藍無

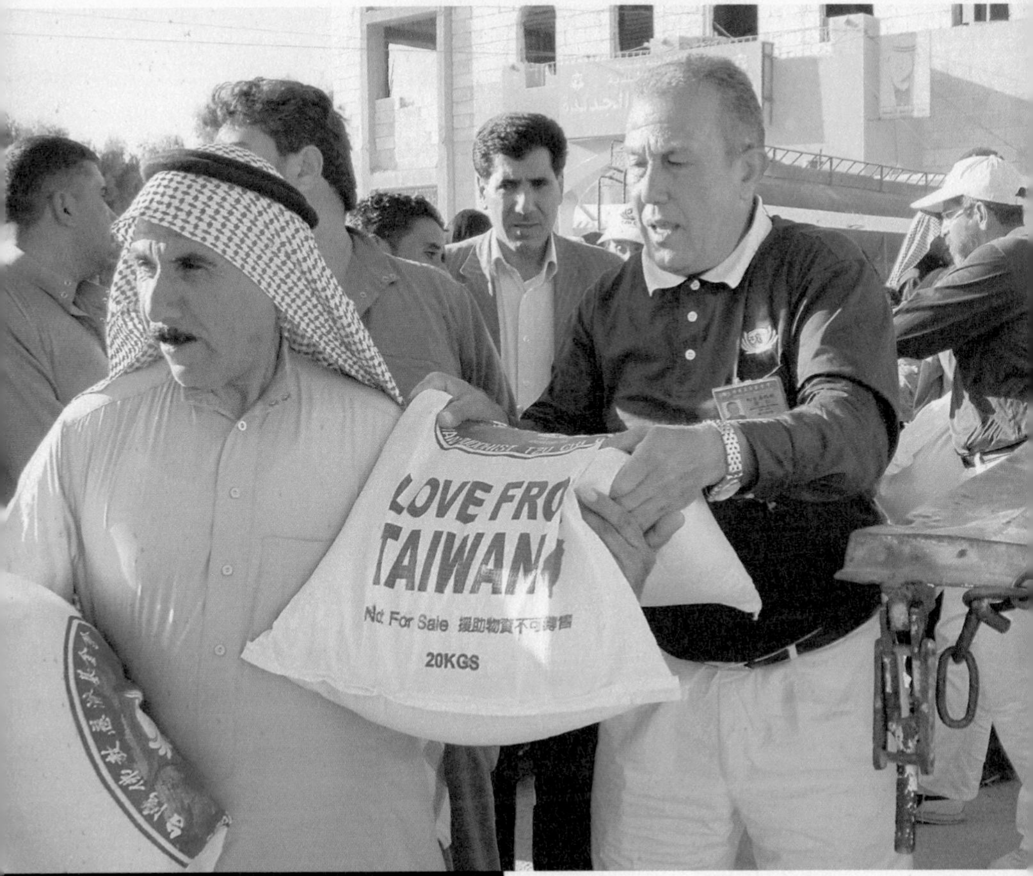

邊城魯威西因美伊戰爭、敘利亞內戰影響，經濟一落千丈，貧窮問題雪上加霜，志工送來臺援白米，趕在冬季降雪前發放，讓鄉親能有足夠資糧過年關。（照片／陳秋華提供）

雲，一條細長如線的白色煙柱，一路向前延伸，冒出橘紅光點後，嘎然而止。

高空上有東西掉下來了，從一個幾乎看不到的小點慢慢變大，仔細一看，被擊中的是一架直升機，頂上和尾部的旋翼已經不見了，機身像陀螺一樣滾轉下墜。

被擊中的直升機愈接近地面，人們的歡呼就愈激昂，最後飛機落在遠處，化為一團火球。反抗軍缺乏有效的防空武器，要擊落敵機並不容易，伊布拉辛看到戰友立大功，露出勝利的微笑，但我想到的卻是交戰當下，人們心中的癲狂、仇恨與恐懼。

機內的飛行員，看著自己從上千公尺高空墜落，離地面愈來愈近卻無從逃生，心中必然充滿了無限怖畏。不過當那組飛行員遵循上級命令，對反抗軍陣地發射槍彈火箭時，地面上倉皇奔逃的人們、倒地哀號的傷者，或許也有相同的驚懼與憤怒吧？

回到臺灣，遠離了充滿荒謬與血淚的戰地氛圍，我恢復往常上班、寫稿、採訪的文字工作，有時下班後看天氣好，就陪媽媽散步到淡水河畔的公園觀賞夜景。往出海口方向望去，由紅色圓拱構成的關渡大橋，燈火通明，車水馬龍，張燈結綵的遊艇緩緩駛來，高分貝的卡拉OK，與岸上的那卡西，隔空唱和。

面積不小的公園裏，中年男女在老歌伴奏下，翩然起舞，幼兒盡情玩耍奔跑。「歌舞昇平啊！」看著衆人其樂融融，媽媽歡喜地說，我卻有些不以爲然，畢竟當前的社會經濟情況，不像眼前所見的幸福快樂。

年輕的七、八年級世代，普遍獲得學士、碩士等高學歷，畢業後卻面臨高失業、低成就的困局。「二十二K」、「血汗」、「爆肝」，讓低薪窮忙的勞工不敢婚、不敢生，加速了少子化、老齡化的危機。社運抗爭新聞不時登上版面，大學生、勞工團體、邊緣族群衆聲喧嘩，不滿情緒彷彿火山爆發一般，四處噴發，讓人無法視而不見。

但想到處處斷垣殘壁的敘利亞，我也不得不承認，臺灣雖然也有難念的經，但仍不失爲有福之地。近代史上的戰爭災禍，如清治時期的分類械鬥、原漢衝突，一八九五年的乙未抗日戰役、二次世界大戰、二二八事變、八二三炮戰，皆已成爲紙上歷史。

我們只需藉由上課學習、參訪遺跡和文物記取教訓，不必「親身經歷」這些刻骨銘心的苦難。而且絕大部分盡兵役義務的男兒，也都能順利退伍歸鄉，超過半世紀沒有戰火洗禮的歲月，使得「平安」被國人視爲理所當然。

相形之下，同樣擁有兩千多萬人口的敘利亞卻是兵連禍結。西亞古國與東方美麗之島，雖同在一個地球之上，卻是截然不同的兩個世界。

「在靠近桃園機場的時候，我看到臺灣的土地，那時很激動，感覺很安全，我回到家了。」暫時放下約旦與敘利亞事務，陳秋華返臺探親，來到慈濟三重園區演講的時候，他第一個動作，就是向在場的志工們，虔誠頂禮。

「當打開箱子的時候，我感動地掉淚了，感恩上人、感恩師兄姊，每一件衣服都摺得好好的，品質那麼好，是你們成就了我們。」

重逢機會難得，我趕緊探問他約旦及敘利亞最新情況。

「小女孩琳的腳保住了！」陳秋華歡喜地說，除了琳康復的好消息，以工代賑的敘國志工中，也有人喜獲麟兒，因此志工們除了發放物資，也依照華人習俗，包紅包給那位初試啼聲的小天使。

不過敘利亞的戰情仍讓人嘆息，二〇一三年九月，聯合國證實化學武器投入內戰，受害者死傷的影像也公諸於世。在國際社會施壓下，阿塞德政府交出化學戰劑，二〇一四年元月，第一批上千噸的毒劑上了丹麥貨輪，在中、俄等國軍艦戒護下，轉運到地中海上的美國船艦銷毀。

「化武惡靈」在列強干預下停止肆虐，但戰爭機器仍無情吞噬人命，爲了增強進攻力道，敘利亞政府軍將炸藥、燃油、金屬碎片等爆裂物塞進空油桶，再由直升機空投到敵陣。

「桶裝炸彈」準度奇差，但依然造成重大傷亡，手無寸鐵的平民無法阻擋政府軍的陸空攻擊，只能寄望自由軍等反抗武裝保護。

然而反抗陣營本身也是問題重重，本國民兵團體各行其是，外國恐怖分子則趁虛而入占地稱王。不同派系爭權奪利搶地盤，甚至爆發「內戰中的內戰」，部分戰士及平民幸運逃過政府軍殺戮，卻在派系拚鬥中慘遭虐殺。

無怪乎約旦本地的朋友，對北方鄰國的未來不敢樂觀看待，認為就算反抗軍戰勝阿塞德當局，敘利亞也會陷入教派、黨派、武裝團體的衝突，還要亂上好一陣子。

斬首、虐囚、公開處決俘虜，交戰雙方的狂熱分子，把影音網站當成耀武揚威的平臺。甚至有反抗軍為洩心頭之恨，不但把敵人屍體割開挖心生吃，還將血腥過程上傳網路，舉世為之譁然。而政府軍雖為正規部隊，駭人程度也不遜於他們口中的「恐怖分子」。

「菩薩啊，這是人嗎？」陳秋華說到，有位約旦朋友用手機播放一段影片，內容是敘國政府軍逮到兩名反抗軍青年，強逼他們向阿塞德總統低頭，兩人不從，慘遭電鋸斷頭。身為跆拳道大師的他，看到斬首畫面，竟不自覺地握緊拳頭，想要出手解救畫面中人。

「他們已經不能算是人了，又怎能說是穆斯林呢？就伊斯蘭教義而言，濫殺一人形同殺了全世界！」對於背離人道、違反教義的暴行，身爲虔誠穆斯林的慈濟人胡光中嚴正表達不能認同的態度。

內戰中的敘利亞形同地獄，而收容數十萬難民的約旦則是「壓力山大」。札塔里營區的收容人數已突破十萬，爲加強維安，約旦政府在二〇一三年三月，下令哈希米組織退出，改由警察部門接管這個意外形成的「第四大城」。

難民營人滿爲患，營外的敘利亞人則面臨生計問題。由於難民人數暴增，已排擠到本國人的就業機會，因此約旦政府一度改變先前通融的態度，嚴格禁止難民打工。

「我的孩子住在難民營裏，整個臉都腫起來了，我一定要帶他出來，可是現在約旦政府不准我們工作。我到很多慈善組織去排隊登記領物資，但一件都沒有……」一名敘利亞爸爸，拿到慈濟志工雙手奉上的生活包，泣訴自己挨家挨戶乞食的悲苦。

當男人無法打工養家，不少難民婦女只好放下尊嚴出賣自己，宛如電影《悲慘世界》的情景，在烽火邊緣一再上演。約旦甚至傳出六、七十歲老漢，付出少許金錢給敘利亞難民父母，將他們十六、七歲女兒納爲妻妾的事。

「我不願看到他們去偷、去搶，或是把妻女送出去，願慈濟所關懷的照顧戶，都不會發生這種事！」聽聞太多令人鼻酸的事情，陳秋華發願守護與慈濟有緣的苦難人。與此同時，也有許多熱血的敘利亞男兒，受夠了寄人籬下的困頓，選擇回去戰鬥。

「他回敘利亞參加自由軍了。」聽到曾經訪問的一位難民青年返國參戰，我驚訝萬分，因爲幾個月前，大家才在南薩的發放場一起搬生活包，在他們租的公寓裏同飲一壺茶。

脫下志工黃背心，換上迷彩戰鬥服，搬運救濟物資的雙手，改持奪人性命的ＡＫ步槍，好不容易逃出來的難民朋友，選擇重回不是殺人就是被殺的戰場，他們的未來我不敢想像。

「將來你進入敘利亞到那個地方，報上我的名字就能找到我，如果找不到……那就表示我已不在人世了。」一位敘利亞教長踏上征途，依依不捨地向陳秋華辭行，並祝福此生有機會，與慈濟人在邊界的另一端相會。

留不住視死如歸的朋友，約旦慈濟人只得「前腳走，後腳放」，在腳走得到、手伸得到的地方，用有限物資傳遞無限關懷。

「我們完成了一千兩百戶的瓦斯發放，這樣他們晚上就不會受凍了，志工們還關懷都利爾（Dulyl）醫院和三間重傷患收容中心，本來要提供食物，但是院方擔心衛生問題，於是改爲提供水果、衣服以及日常用品。」

陳秋華簡要說明二〇一三年春季援助概況，除了給食物及生活必需品，志工也提供一些「療癒系」出版品：「難民心中充滿仇恨，我們贈送英文、阿拉伯文版《愛與關懷》光碟，一人一張，希望能舒緩他們的情緒。」

約旦志工在火線邊緣對抗貧苦，遠在臺灣的慈濟人持續給予有力支援。二〇一三年年中，慈濟本會獲農委會農糧署捐贈五百噸援外白米，便撥出一百噸給約旦分會，用於下半年的發放。有了充足的資糧，志工們擴大發放範圍，不只嘉惠敘利亞難民、貝都因貧民，也澤被更多老弱殘障。印著「來自臺灣的愛（Love from Taiwan）」字樣的二十公斤白米，成為受助者最甜蜜的負荷。

「我發現他們有一個優點，就是心寬念純，心地都很好。」九月下旬，陳秋華率領志工，來到照顧唐氏症患者的穆斯林女青年會特教中心，它是哈山親王的妻子莎露娃王妃，於一九七四年創辦的社福機構。慈濟人前去關懷，可說是回報親王家族多年來的護持。

院裏的「喜憨兒」們，在專業特教老師教導下，學習照顧自己、自力更生的技能。經長期訓練後，一些大孩子已具備烹飪、耕作、製造工藝品等技藝，但心智定格在童年的他們，總是活在純真的小天地裏，全然不知外頭「大人」的世界，已經殺得昏天暗地。

那一次造訪，慈濟志工帶來一千公斤白米，爲急需經費及物資過年關的院方帶來及時雨。捐贈當日，外交部駐約旦代表張雲屏先生、哈山親王長女拉瑪公主（Princess Rahma）應邀蒞臨，捧著米袋爲臺灣善心愛灑中東作見證。

志工們接著前往附近的長者之家致贈白米。「蘋果和這個中國字，代表『平安』，代表我們的祝福。」志工媽媽阿比爾向長者們說明「平安吊飾」的意涵。

親切的問候，讓不良於行的老人們，一掃孤苦無依的陰霾而笑開懷。老先生將喜氣的紅色吊飾掛在胸前，就像獲頒勳章一般，臉上滿是歡喜、得意。完成社福機構的發放後，志工重返比鄰伊拉克的東北邊城魯威西。

志工前往穆斯林女青年會特教中心發放，並參觀院童生活與學習情形，儘管智能有所不足，但「喜憨兒」們在老師反覆教導下，仍能習得一定程度技能。（照片／陳秋華提供）

「我不要棒棒糖，請給我一隻羊好嗎？」志工被小孩的請求嚇了一跳，因爲在南部發放時，當地的小孩只要拿到文具、玩具或糖果，就很高興，但魯威西的貝都因孩子渴求的，卻是可以擠奶的牲畜。

「他們眞的很窮，很多人靠政府補助金過活，一家十幾口，就靠一個月一百六十丁，約合新臺幣八千元的生活費過日子。」陳秋華表示，魯威西等北部邊疆部落，和伊拉克、敘利亞距離不遠，這兩大鄰國原本比約旦富庶許多，早年邊民們靠著邊境貿易、跨國打工，還能過上小康的日子。

然而二〇〇三年美伊戰爭後，伊拉克民不聊生，恐怖攻擊四起，到那裏謀生的青年被迫逃回，邊區部落因此少了打工收入，多了失業人口及戰爭難民。

十年後，另一座「靠山」敘利亞陷入全面內戰，重創該國農工生產及物流，也連帶拖垮邊境貿易，以往物美價廉的敘利亞農產品、民生物資斷貨了，代之而起的是新一波的難民潮。

「你們去的時候，南薩還很熱鬧，現在卻有如死城一般。」陳秋華補充說，敘利亞內戰爆發之初，難民大量湧入約北。當時這些人身上還有些錢，不少邊城居民靠著賣東西、租房子給難民發了一筆小財。但等到難民積蓄耗盡無力消費後，邊區經濟又跌落谷底，而且因爲人口暴增物價上漲，窮人的生活反而比以往更辛苦。

「請不要推擠，照順序來！」二〇一三年十月十二日，志工們在鄰近魯威西市的小鎮進行發放，那是慈濟在當地的第一次。發放一開始，群眾看到一袋袋白米，就爭先恐後地往前擠，甚至爆發口角衝突，推擠碰撞之際，阿布湯瑪斯被人揪住領口，好在他沈得住氣，沒有跟對方起衝突。

「你們的發放，是情況最好的一次，這是十四年來第一次有人完成三百戶的大發放。」協辦單位主管的讚歎，讓陳秋華滿是疑惑：「場面都快失控了！這樣的發放算是好的？」

「二〇一〇年時，有位貴族婦女派人到這裏發放，他們開了一部小貨卡載來物資，但因秩序混亂，工作人員於是停止發放想要離開，不料一群人擁上來搶，有些情緒激動的居民，還把食用油瓶打開，淋得滿車

含著志工發的棒棒糖，隨著大人前來領取物資的貝都因小男孩，
使勁搬動那比自己還要重的二十公斤白米。（照片／陳秋華提供）

子都是油。」

聽到對方描述，志工們不禁倒抽一口冷氣，慶幸當日有驚無險完成任務。被人粗魯冒犯的阿布湯瑪斯也淡定地說：「情況確實有些亂，但我還是覺得很高興，至少鄉親們今天晚上可以吃頓飽飯。」

走過又一年烽火歲月，「冬將軍」再次發威，二〇一三歲末的暴風雪，比我們在約旦時所經歷的更爲嚴酷，甚至傳出敘利亞政府軍與反對派，冷到打不下去而被迫停火。交戰雙方因天候惡劣而休戰，勉強算是好消息，但千千萬萬難民受凍，卻令人相當不忍。

因爲工作安排的緣故，我們沒有重返約旦，但是在大愛臺影片中，看到了熟悉的身影。身穿藍天白雲制服的陳秋華，腳踏爛泥，扛著瓦斯暖爐，走進安曼市薩哈巴（Sahaba）地區的敘利亞難民區。攝影鏡頭帶到白色殘雪，以及小朋友穿著拖鞋、沾滿泥巴的腳，讓電視機前的我不自覺地冷起來。

但等到暖爐送進帳棚，通上瓦斯點燃，發出橘紅色亮光時，因嚴寒而停課的課輔班重新恢復上課，孩子們先將手掌靠近發光處取暖，然後跪在地毯上誦讀阿拉伯文課本。儘管看到的影像不是當下實況，但也跟著感受到充滿希望的暖意。

暴風雪肆虐下，難民的處境確實艱困，但難能可貴的是，他們即使身處窮苦，依舊保有愛人、助人的良善。當菲律賓遭受海燕颱風重創，全球慈濟人募款濟助災區的時候，本身就在接受救濟的敘利亞難民也沒缺席。

在南薩市大禮堂，以及陳秋華於安曼自宅所辦的兩場歲末祝福中，志工們比照其他國家，拿出募款箱向前來參與的人募款。拄著枴杖的傷者、眼眶泛淚的婦女，在接獲救濟物資的同時，也投入了小面額的紙鈔和硬幣。

來自敘利亞難民的捐款，儘管折合美金不及百元，卻是世間苦難人相互扶持、相互幫助，最動人的一幕。對長期陪伴、關懷他們的約旦慈濟志工來說，這苦難中的慈悲，也證明了這些年來「安生」、「安心」的努力沒有白費。

「菩薩所緣，緣苦衆生」，當照亮黑暗的燭光亮起，流離的心就不再孤單，受苦的人就不再無助。

雖然在這片烽火邊緣的土地上，由佛教徒、穆斯林、基督徒合組的慈濟團隊小如微塵，但已將來自臺灣的愛心暖流，注入戰火不熄的中東地區，也爲當地人示現了不同宗教、不同民族合心爲善的新契機。

慈濟志工與阿爾塔卡富組織，於二〇一三年十月合作完成南薩地區敘利亞難民發放，雙方於活動結束後合影留念，也為不同宗教合心為善留下珍貴歷史紀錄。（照片／陳秋華提供）

後記

難得和平

子曰：「有朋自遠方來，不亦樂乎。」返國後，我們都很期待能與在約旦結識的本土志工再相見。由於距離遙遠、語言隔閡，他們要來臺灣非常不容易，因此當我得知莉莉及她的孫女喬安娜（Joanna Arida）要在二〇一三年歲末，來臺灣參加全球慈濟青年營隊時，就把握因緣安排見面。

但沒想到我們在臺灣的第一次重逢，卻是在證嚴上人行腳臺北的會客室不期而遇。

「我有一個請求，希望上人能准許！」在數十位慈濟志工的注視下，證嚴上人伸出右手讓遠道而來的莉莉行吻手禮。這個有西方及中東特色的敬禮動作，不只表達莉莉自己的敬意，也是替一位受到慈濟幫助的敘利亞婦女轉達感恩。

接著，莉莉向上人介紹孫女喬安娜。身高與學業成績都高人一等的她，跟著祖母參與訪視發放已有一段時間了，此刻正好向上人及諸位志工先進報告心得。

「首先，我決定茹素；第二，我要帶同學加入慈濟。」帶著些許羞怯和緊張，喬安娜鼓起勇氣向上人許下新年新願。

見到久違的彼此，我和莉莉阿嬤都驚喜萬分，於是相約元月四日共進晚餐。我急切地想知道約旦的最新狀況，沒想到那天第一個發問的不是我，而是喬安娜。

「你知道提婆（Deva）和阿修羅（Asura）有什麼差別嗎？」因爲在宗教系修過一些佛教課程，我知道她問的是有關佛教「六道衆生」的問題，也很驚訝一個年僅十五歲、生在天主教家庭、長在伊斯蘭國度的高中女生，竟能說出由梵文、巴利文轉譯成英文的佛教詞彙，可見就讀國際學校的她，在宗教通識方面學了不少。

驚訝歸驚訝，當下最重要的還是解答問題。「提婆（即佛教六道衆生中的天人）是具有高度智慧的生命，具有仁慈的特質，而阿修羅則是常常生氣、充滿憤怒，其實他們本質都是一樣的……」我盡力把所知的佛學知識，如「心、佛、衆生三無差別」、「衆生皆有佛性」、「無明」、「煩惱」、「習氣」等概念，用有限的英文詞彙表達，喬安娜聽得似懂非懂，水汪汪的大眼睛裏，好像還浮現著許多問號。

突然間靈光一閃，我想到佛教、基督宗教經典當中，都有許多譬喻，何不借青少年喜歡的影視戲劇，比擬要講的人、事、物呢？「你看過電影《魔戒（The Lord of the Rings）》嗎？」喬安娜點頭稱是。

「提婆就像電影《魔戒》中的精靈，美麗且善良，而阿修羅就像黑暗魔王索倫的軍隊一樣，既憤怒又兇殘，但其實他們本來都是一樣的。」因爲看的是中文版，沒有注意原文，我不知道怎麼用英文講「半獸人」、「強獸人」這兩種面目猙獰的魔軍士卒。但依稀記得電影描述到，半獸人本來是精靈，遭黑暗勢力俘虜後，魔王對他們百般凌虐、折磨，最後把擁有美好特質的生命體，異化爲殘暴、噬血、好戰的怪物。

這樣的說明，不知道能不能讓喬安娜比較容易聯想，也許她自己上網或查書，得到的收穫還多些。但《魔戒》的劇情，卻讓我聯想到當下的敘利亞，就像電影描繪的中土世界，殘暴的武裝部隊相互攻擊，把美好家園蹂躪成「魔多」煉獄，激進分子任意凌虐俘虜、殺害無辜百姓，又何異於電影中魔性大發的「半獸人」、「強獸人」？

相形之下，和平的約旦如同碩果僅存的人族與精靈國度，正值青春年華又樂於付出愛心的喬安娜，就像是精靈公主般內外皆美。

約旦慈濟志工則好比劇中身形嬌小不起眼，但擔負最重要任務的哈比人。會這麼聯想，一是因為團隊中少有身高一八〇公分以上的大個兒，二則志工們都心寬念純、付出無所求、努力克服艱難達成任務。

哈比人因為心思單純、能克服魔王的誘惑，故達成銷毀魔戒、拯救世界的使命，慈濟人所做的事當然沒有那麼奇幻，但他們的努力緩解了許多人的貧苦，膚慰了流離的心。

「有個小女孩名叫阿雅（Aya），我的天啊，我最好的朋友也叫阿雅！」說起遇到的敘利亞女童，喬安娜相當不捨，在發放現場負責看顧難民小孩的她，常和孩童們打成一片。

看到小女孩阿雅戴了一條項鍊，喬安娜順勢打開話匣子：「你的項鍊好漂亮啊！是誰送給你啊？」小女孩羞怯地笑了，接著把喬安娜拉到一旁。

「這個送給你！」「不，我不能收。」「你就收下吧！」不忍當面拒絕傷了孩子的心，喬安娜勉爲其難把項鍊放進口袋裏，看到大姊姊收下禮物，小女孩滿心歡喜地離開了。

雖然項鍊不是很貴重，但喬安娜還是想辦法要找到女童的父母，只是難民們拿到物資就馬上離開，終究難以將項鍊奉還。

之後到貝都因部落發放，同樣承擔保母工作的喬安娜，把敘利亞小女孩送的項鍊，轉贈給一個貝都因小孩。「那是我的美好記憶！」她笑著說。

不過接觸戰爭難民，也難免接觸到殘酷的一面，說起那位只比自己大一歲的敘國反抗軍少年戰士，喬安娜瞪大了眼睛：「一顆子彈從他的右耳下方打入，從另一邊出來，令人驚奇的是，他活下來了。」

同是二八年華的青少年，「她」在平安的國度順利求學揮灑青春，而「他」卻已在戰場上負傷，失去一眼的視力。「他爸爸還說，希望有二十個孩子，個個都像他一樣。」莉莉語帶感慨地說，喬安娜接著補充說明：「因爲其他的孩子拒絕回去打仗。」

聽到那一五一十的詳細描述，我不禁擔心這位未成年女孩，會不會遭受心靈創傷，出現寢食難安的身心症狀？

「我必須去接觸這些事！」喬安娜淡定地表示，自己以前就在癌症中心當過志工，看過許多病苦個案，而且在來臺前，她也才陪癌末的外公走完最後一程。

關懷病苦、見證生死的志工經驗，讓喬安娜練就夠強的心靈力量，去面對戰爭受害人的苦痛，聽難民說故事，她感觸頗深：「想想看，如果有一天，你一覺醒來，國家亡了，你的房子沒了，日常的生活變了，那會如何呢？」

短暫聚會過後，我們與莉莉祖孫合影留念，並致贈一個布娃娃，以慶祝莉莉喜獲外孫、喬安娜當了表姊。

兩個月之後，臺灣慈濟人醫會的牙醫和家醫前往約旦義診並參與發放，祖孫倆又前去助緣，從影視志工拍回來的影像中，我看到喬安娜實踐了承諾，把學姊請來一起當志工了。

二〇一四年二月下旬至三月初的約旦義診行，是臺灣人醫睽違五年之後的重返，志工醫師們希望藉此合作交流機會，接引更多約旦本國醫者加入當地的慈濟人醫團隊，並整修五年前捐贈到當地的牙科器械，傳承操作技術。

當然，診治病苦是此行的第一要務。在陳秋華的安排下，醫師們前往特教中心、老人院進行機構關懷，也到窪地阿頓貧民區、薩哈巴敘利亞難民區及約旦河谷的貝都因部落進行義診發放。

在爲期約一週的活動期間，臺灣牙醫的技術與對病人的用心，讓前來助緣的本土牙醫相當讚歎。看到志工唱歌安撫智障孩子，引導他們乖乖開口讓牙醫治療，特教中心院長鬆了一口氣。

「不只小孩怕看牙，連大人都怕。」說起約旦河谷地部落的貝都因病患，牙醫師謝金龍很不忍，因爲當地醫療資源缺乏，很多人打從出生到成年，都未曾接受牙醫的檢查和診治。

相對於本土貧民滿口爛牙的情況，敘利亞難民牙齒的情況就比較好，補牙、做假牙的人不少，顯示在內戰爆發前，他們的經濟情況不錯，不僅有餘力看牙醫，也付得起相關的治療費用。

「可是逃出來之後沒有保養，牙結石的情形很多。」謝金龍道出了戰爭、匱乏，對難民群衆健康的負面影響。

整形外科醫師葉添浩，也對貧窮引發的疾病問題頗有感觸，外科系的他準備了許多藥品以及器械，甚至爲了讓截肢或受傷的難民免除術後拆線的麻煩，特別準備了可以被人體吸收的縫線。

但是到了現場，眞正需要動刀、縫合的病人少之又少，反倒是呼吸道感染和皮膚病的人特別多。「像窪地阿頓那邊都是皮膚病問題，我語言不通，沒辦法講衛教，只能告訴他們手要洗乾淨、要擦藥。」

面對衆多感冒、皮膚病以及慢性病患，葉醫師不諱言自己有些無力感，因爲義診只有幾天，病患不可能再回診複查，只能開幾天份的藥給他們，之後的醫療還是得仰賴約旦本地院所，但是碰到使得上力的患者，醫者與志工們無不全力以赴，爭取希望。

「醫師說不能碰到水。」「他是說你的外固定支架和傷口不能碰到水，其他部位都要擦乾淨啊！」解開敘利亞青年左小腿上的繃帶與紗布，葉添浩叮囑他要保持腳的清潔衛生以免感染。

由於當天的義診是在陳秋華家進行，葉醫師把患者請進浴室，放低姿勢爲他清洗。自從被警察開槍打傷，送到約旦動手術後，青年的左小腿和左腳掌已經長達一年沒有碰水，久久不癒的傷口、滿是污垢的腳，散發陣陣異味，而劇痛引發的哀號，也讓人聽得心驚膽戰。

由於義診現場沒有手術設備，葉添浩只能小心翼翼地幫青年洗腳，做一些簡單的傷口處理。

根據患者自述，曾有醫師告訴他，左腳可能保不住要截肢了，葉醫師檢視後發現，他因患部遭細菌感染引發了骨髓炎，的確需要進一步治療，但那受傷的腳並非無藥可治。

來到慈濟花蓮本會向上人報告的同時，他也打開電腦播放照片，與同來的大林慈濟醫院副院長簡瑞騰一起會診，盡力爲遠在數千里外的敘利亞傷者，尋求康復的生機。

走過多個苦難國度，賑災經驗豐富的葉添浩自我期勉：「不要麻痹，要回歸初發心！」畢竟一個人、一個團隊的力量有限，與其想著能幫多少人？救不完怎麼辦？不如把握每個當下，關懷每一位與自己有緣的人，就如證嚴上人所說：「只要眼睛看得到、腳走得到、手伸得到，都要不遠千里救拔苦難，成爲他人生命中的貴人。」

巧合的是義診團隊來到花蓮，向上人報告的那天，正好是二〇一四年三月十五日，敘利亞內戰屆滿三周年紀念日。遠在八千公里外的敘國，人民含淚離鄉、流亡異域仍是擋不住的進行式，相形之下，臺灣沒有武裝衝突、無需持槍戰鬥、倉皇逃難，這樣的幸福得來不易，確實值得珍惜並用心守護。

衷心期盼明年三月，敘利亞早已脫離「修羅」、「地獄」的戰況，回歸「人道」，也祝福臺灣以及同樣爲世界付出許多的約旦，永爲安和樂利的淨土，作世間愛與善的泉源。

【約旦慈濟志業大事紀】

一九九七
・9月4日，約旦聯絡處成立。
・9月15日，展開安曼地區長期個案關懷。
・9月30日，關懷安曼一家孤兒院。

一九九八
・1月，關懷安曼的巴喀難民營，每三個月提供一次生活用品，計一千多戶受惠。

一九九九
・9月，在華人圈發起爲臺灣九二一震災募款。

二〇〇〇
・4月24日，發放物資予安曼斯威拉赫二十三戶車臣難民。
・5月2日，發放物資予安曼查卡城四十六戶車臣難民。
・8月3日，發放物資予阿卡巴難民營醫療中心五十戶巴勒斯坦貧民。
・11月11日，致贈十臺輪椅予杰拉什難民營復健中心。
・11月25日，發放物資予杰拉什難民營兩百八十戶難民。

二〇〇一
・3月19日，伊拉克難民湧入約旦境內，與哈希米組織、人道救援團體，展開關懷難民行動。
・4月14日，發放物資予斯威拉赫及查卡城兩地六十二戶車臣難民。

・6月16日，發放物資予杰拉什難民營三百九十戶難民。

・9月1日，致贈十一臺輪椅予杰拉什難民營復健中心。

・11月16日～12月7日，提供物資予各難民營，計一千一百三十四戶受惠。

二〇〇二

・9月8～10日，致贈書包與文具予十五所學校五百五十位學童。

・11月1日，與約旦政府合作，在齋戒月前，發放糧食予死海附近五個村落共四百八十戶貧困家庭。

二〇〇三

・3月18日，美伊戰事一觸即發，購買五百個口罩以及紗布、木炭，製作簡易「防毒口罩」，發送予會員、志工及家眷；整理當地臺商捐贈的一萬噸舊衣，準備發放。

・3月19日，協同哈希米組織與人道救援團體，在邊境拉夏德地區搭設兩千個帳棚，作爲難民容身處。

・3月27日，本會寄來三百個防毒面具，提供救難人員、華僑、志工及會員使用。

・3月28日，約旦河兩岸農地遭融雪淹沒，提供物資予九十四戶受災居民。

・4月4日，發放三千瓶礦泉水、十六箱衣物、二百八十公斤糖、二十八公斤茶葉和文具用品，予魯威西難民營。

・4月4日，一百多位庫德族及伊拉克難民湧入魯威西難民營，緊急採購物資前往發放。

・5月15日，提供二十二噸物資予伊拉克首都巴格達郊區法路加綜合醫院。

・5月16日，訪視巴格達城外約旦野戰醫院，並致贈六噸食品予巴格達地區巴勒斯坦難民營，共三百三十七戶、八千多人受惠。

・12月5～6日，發放物資予杰拉什難民營及北部伊爾比德省沙哈拉村莊、約旦河谷地區，總計五百三十三戶家庭。

二〇〇四

・4月16日，發放物資予札塔里貝都因帳棚區貧苦人家。

・8月30日，為四位長期個案家庭學子繳交註冊費，並贈送制服與書包。

・9月2～14日，發放書包及文具等予一千五百五十位學童。

・12月10日，捐贈四十二個煤油暖氣爐、兩百七十七床毛毯，予安曼市那薩山頭伊斯蘭慈善中心哈山難民營。

二〇〇五

・2月25日，發放物資予約旦河谷一百五十戶農工貧戶。

・10月21日，發放物資予馬夫拉克一百五十戶長期個案。

二〇〇六

・11月9日，安曼三家旅館發生恐怖爆炸案，志工前往醫院關懷傷者。

・9月15日，安曼雙子星大樓興建工程發生意外，發放予五位傷者每人一百丁（約新臺幣五千元）慰問金。

二〇〇七

・9月4日，阿布都拉盲童育樂中心援建啓用。

二〇〇八

・5月24日，發放物資及文具予佩特拉地區貝都因貧戶。

二〇〇九

・1月5日，發放應急金兩百丁、毛毯兩條和巧克力糖，予阿力亞皇后紀念醫院因以巴戰禍而轉赴約旦就醫的八名加薩傷患。

・1月16日，發放熱食、蛋糕和水果，予安曼窪地阿頓帳棚區貧戶。

・1月23日，發放物資予安曼古威斯馬一百零五戶貧戶。

・1月25日，贈送福慧紅包、甜點、夾克，予阿力亞皇后紀念醫院的八名加薩傷患。

・3月9日，第三度前往阿力亞皇后紀念醫院，關懷八位加薩傷患。

・8月14日，前往沙格拉、阿巴西亞、窪地芬難，進行齋戒月物資發放。

・11月15日，籌備人醫會，共二十五位醫師加入。

・12月25日，前往窪地阿頓發放熱食、冬令物資與義診。

二〇一〇．5月6日，爲窪地芬難貝都因族人舉行牙科義診，共計三十七人受惠。

．10月2日，頒發獎助學金予清寒學子。

二〇一一．12月23日，敘利亞難民湧入約旦北部城市馬夫拉克，前往發放物資予三百戶難民。

二〇一二．6月11日，與哈山基金會於河谷地區卡利曼女子高中合辦牙科義診與衛教，嘉惠三十九人。

．8月3～4日，於齋戒月發放食物予七百多戶敘利亞難民。

．9月25日，啓動「援助敘利亞難民」專案，提供毛毯、食物、衣物等生活物資，至二〇一三年六月。

．11月3日，發放物資予南薩地區尼安美鎮三百六十八戶敘利亞難民。

．11月4日，發放物資予南薩地區撒哈何蘭鎮五百五十一戶敘利亞難民。

．12月29～31日，與阿爾塔卡富組織合作，於北部邊境南薩地區展開敘利亞難民關懷行動，共發放三千五百二十一份物資。

二〇一三．1月12～14日，以工代賑僱請敘利亞難民，協助發放二手冬衣，嘉惠南薩市兩千一百七十九戶敘利亞難民。

・1月26～28日，發放二手冬衣及毛毯，予南薩市兩千兩百三十八戶敘利亞難民。
・2～3月，發放一千兩百桶瓦斯予五百戶敘利亞難民。
・5月30日，發放物資予南薩地區一千三百戶貧民。
・6月17日，發放奶粉予南薩地區敘利亞難民，嘉惠上千位嬰幼兒。
・12月15、25、27日，贈送暖爐、文具用品和物資，予安曼薩哈巴地區新成立的敘利亞難民營。

6. 聯合國難民署（UNHCR）網頁：
http://www.unhcr.org.hk/files/Emergency/emergency%20report/2012%20Syria/UNHCR_Regional%20ExternalUpdate_Syria%20Refugee%20Response_18%20Nov.pdf
7. 〈窮人的騷動——突尼西亞茉莉花革命與埃及反政府運動〉，鍾秀梅，臺灣立報，
http://www.lihpao.com/?action-viewnews-itemid-104285
8. 約旦旅遊局官方網站，http://cht.visitjordan.com/
9. 〈奧圖曼帝國〉，蔣耀蘭，中華百科全書網路版，
http://ap6.pccu.edu.tw/Encyclopedia/data.asp?id=8826
10. Pew-Templeton Global Religious Futures Project，
http://www.globalreligiousfutures.org/countries
11. 〈十字軍東征〉，大紀元文化網專題，
http://www.epochtimes.com/b5/1/11/4/c6855.htm
12. 〈薩拉丁抗擊十字軍〉，吳冰冰，中國網
http://big5.china.com.cn/chinese/junshi/449370.htm
13. 〈阿拉伯≠反基督：阿拉伯世界看基督徒 激進和平共存〉，李威撰、謝雯　，臺灣立報
http://www.lihpao.com/?action-viewnews-itemid-102286
14. 〈圖拉真〉，百度百科http://baike.baidu.com/view/25927.htm
15. 〈五賢帝時代〉，教育部數位教學資源入口網，
https://isp.moe.edu.tw/resources/search_content.jsp?rno=172585
16. 〈希臘化時代〉，國立師範大學「全人教育百寶箱」，
http://hep.ccic.ntnu.edu.tw/browse2.php?s=646
17. 〈以色列希望臺灣將中國辛德勒事蹟列入教材〉，華夏經緯網，
http://big5.huaxia.com/xw/gdxw/2010/07/1984300.html
18. 〈敘利亞化武疑雲〉，中國報新聞網，
http://www.chinapress.com.my/taxonomy/term/1226
19. 〈敘利亞化武出海：中美俄軍艦全程「護送」並摧毀〉，天津在線，
http://www.72177.com/html/201401/12/1520139.htm
20. 〈桶裝炸彈與恐怖組織，敘利亞的荒謬絕境〉，闔紀宇，風傳媒，
http://www.stormmediagroup.com/opencms/review/detail/888b752d-8ef1-11e3-83f1-ef2804cba5a1/?uuid=888b752d-8ef1-11e3-83f1-ef2804cba5a1

【慈濟本會及志業體內部資訊】
1.慈濟醫院臺北分院日誌
2.慈濟年譜
3.慈濟新聞全文資料庫
4.慈濟全球資訊網

【參考書目】

1. 《宗教學通論》，呂大吉著，2003.04，博遠出版
2. 《非請勿進敘利亞約旦》，呂逸偉著，2011.03，萬里書店
3. 《走進大絲路中東段：以色列、巴勒斯坦、約旦、黎巴嫩、敘利亞五國十九個世界遺產紀行》，林婉美著，2012.08，貓頭鷹出版社
4. 《敘利亞史：以阿和平的關鍵國》，周煦著，2003.08，三民書局
5. 《約旦史：一脈相承的王國》，冀開運著，2004.06，三民書局
6. 《大衛之星－以色列建國與經典戰役》，Windward、袁名忠著，2010.02，知兵堂出版社
7. 《大漠鐵騎：1948-2006中東裝甲戰》，鄧濤著，2012.05，知兵堂出版社
8. 《世界軍武發展史－飛彈篇》，孫旭等編著，2003.01，世潮出版公司
9. 《海風泱泱：從忠義計畫到拉法葉艦的故事》，李志德著，2006.03，商周出版社

【期刊論文】

1. 〈析論中東「阿拉伯之春」的衝擊與影響〉，程富陽，《國防雜誌》第27卷第1期。
2. 〈兩個皇帝的故事──嬴政與哈德良〉，張光仁，《博物館學季刊》2009年7月。
3. 〈波濤中的寧靜：中東亂局〉、〈聖人不仁，以百姓為芻狗──敘利亞的新情勢〉，孫若怡，《海峽評論》第255、259期。
4. 〈永遠忠誠的陸戰隊精神──我國三位跆拳道九段者的敘說研究〉, 李建興、李佳融，《大專跆拳道學刊》第2期
5. 〈北方巨人俄羅斯〉，李慧菊、陳季蘭，《未來少年》，2013年1月28日出版。

【網站資訊及電子書報】

1. 〈約旦國家基本資料〉外交部領事事務局
http://www.boca.gov.tw/ct.asp?xItem=456&ctNode=753&mp=1
2. 〈伊斯蘭遜尼派和什葉派的千年之爭與當前中東危局〉，孫曉蘭，新疆哲學社會科學網，
http://big5.xjass.com/mzwh/content/2013-11/25/content_305095.htm
3. 〈敘利亞國防和軍力〉，楊濟源，中東戰爭百科，
http://zhongdongzhanzheng.h.baike.com/article-120916.html
4. 〈敘利亞內戰，基督徒遭殃〉，一神信仰討論網，
http://www.faithfuleye.com/simp/node/3529
5. 〈阿拉伯之春大事紀〉，美國之音，
http://www.voacantonese.com/content/article-20110816arab-spring-timeline-127868043/932822.html

地球村系列 005 · 約旦

烽火邊緣 愛的約定

撰　　文／葉子豪
攝　　影／蕭耀華

創 辦 人／釋證嚴
發 行 人／王端正
總 編 輯／王慧萍
主　　編／陳玫君
編　　輯／涂慶鐘
校對志工／張勝美、廖信吉、李秀娟、楊翠玉、顏婉婷
美術編輯／林家琪
出 版 者／慈濟傳播人文志業基金會
　　　　　中文期刊部
地　　址／11259臺北市北投區立德路2號
編輯部電話／02-28989000分機2065
客服專線／02-28989991
傳真專線／02-28989993
劃撥帳號／19924552　戶名／經典雜誌
製版印刷／新豪華製版印刷股份有限公司
經 銷 商／聯合發行股份有限公司
　　　　　23145新北市新店區寶橋路235巷6弄6號2樓
電　　話／02-29178022
出版日期／2014年4月初版一刷
　　　　　2014年8月初版二刷
定　　價／新臺幣390元

國家圖書館出版品預行編目（CIP）資料

烽火邊緣愛的約定／葉子豪撰文
一初版.一臺北市：慈濟傳播人文志業基金會，2014.04
444面；15×21公分一（地球村系列：5）
ISBN 978-986-5726-03-4（平裝）
1.佛教慈濟慈善事業基金會 2.社會福利 3.人文地理 4.中東
548.126　103006984

地球村系列